16	3	2	13
5	10	11	8
9	6	7	12
4	15	14	1

Universidade de São Paulo
Reitor: Prof. Dr. João Grandino Rodas
Vice-Reitor: Prof. Dr. Hélio Nogueira da Cruz

Faculdade de Filosofia, Letras e Ciências Humanas
Diretora: Profa. Dra. Sandra Margarida Nitrini
Vice-Diretor: Prof. Dr. Modesto Florenzano

Departamento de Letras Clássicas e Vernáculas
Chefe: Profa. Dra. Ieda Maria Alves
Vice-Chefe: Prof. Dr. João Roberto Gomes de Faria

Coordenação do Curso de Pós-Graduação em Literatura Brasileira
Coordenadora: Profa. Dra. Cilaine Alves Cunha
Vice-Coordenador: Prof. Dr. Murilo Marcondes de Moura

 Apoio: PROEX-CAPES

Ivan Marques

CENAS DE UM MODERNISMO DE PROVÍNCIA

Drummond e outros rapazes de Belo Horizonte

editora■34

EDITORA 34

Editora 34 Ltda.
Rua Hungria, 592 Jardim Europa CEP 01455-000
São Paulo - SP Brasil Tel/Fax (11) 3816-6777 www.editora34.com.br

Copyright © Editora 34 Ltda., 2011
Cenas de um modernismo de província © Ivan Marques, 2011

A FOTOCÓPIA DE QUALQUER FOLHA DESTE LIVRO É ILEGAL E CONFIGURA UMA
APROPRIAÇÃO INDEVIDA DOS DIREITOS INTELECTUAIS E PATRIMONIAIS DO AUTOR.

Imagem da capa:
Amilcar de Castro, Vista de Ouro Preto, *1949, lápis de cera s/ papel,
38 x 55 cm, coleção Antônio Carlos de Castro, Belo Horizonte*

Imagens de Carlos Drummond de Andrade:
*Arquivo Carlos Drummond de Andrade - AMLB/FCRB
Carlos Drummond de Andrade @ Graña Drummond
www.carlosdrummond.com.br*

Capa, projeto gráfico e editoração eletrônica:
Bracher & Malta Produção Gráfica / Mariana Leme

Revisão:
Isabel Junqueira, Fabrício Corsaletti, Alberto Martins

1ª Edição - 2011

CIP - Brasil. Catalogação-na-Fonte
(Sindicato Nacional dos Editores de Livros, RJ, Brasil)

Marques, Ivan

M668c   Cenas de um modernismo de província:
Drummond e outros rapazes de Belo Horizonte /
Ivan Marques — São Paulo: Ed. 34, 2011.
272 p.

ISBN 978-85-7326-462-3

1. Literatura brasileira - História e crítica.
2. Modernismo - História e crítica. 3. Literatura
brasileira - Minas Gerais. I. Título.

CDD - 809

CENAS DE UM
MODERNISMO DE PROVÍNCIA

Nota introdutória 7

1. O modernismo em Minas 9
   O grupo modernista de Belo Horizonte 15
   Modernismos de província 23
   O mito da mineiridade 30
   A *Revista* e o diálogo com Mário de Andrade 36
   Modernismo e carnaval 42

2. Eta vida besta!
   A poesia *gauche* de Drummond 49
   Nasce o poeta *gauche* 53
   "Comprida história que não acaba mais" 66
   Um sobrevivente no meio do caminho 81
   Drummond e o nacionalismo 91
   Um homem e seu carnaval 102

3. Emílio Moura: lirismo e ingenuidade 117
   Sob o signo da pergunta 121
   Elevação e humildade 129
   Um mundo em ruínas 137
   Carnaval em penumbra 143
   Toada dos que não podem amar 148

4. Retalhos do arrabalde:
   a ficção de João Alphonsus 157
   O homem na sombra 161
   O humilde cotidiano 167
   Piedade e crueldade 172
   Entre a cidade e o sertão 178
   O cronista de Belo Horizonte 182

5. Balanço de geração:
   o amanuense de Cyro dos Anjos 197
   A gestação do diário 203
   Em busca do presente 214

O carnaval de Belmiro 226
Literatura e política 230
Autocrítica do *gauche* 237

Considerações finais:
"A verdade está na Rua Erê" 245

Bibliografia 257

Sobre o autor 271

Nota introdutória

Este estudo sobre o modernismo mineiro foi apresentado originalmente como tese de doutoramento em Literatura Brasileira na Universidade de São Paulo. A defesa ocorreu em 2005, e a banca examinadora foi composta pelos professores Valentim Facioli (orientador), John Gledson, Iumna Maria Simon, Vagner Camilo e Gilberto Figueiredo Martins. A eles, e também aos professores Alcides Villaça, Joaquim Alves de Aguiar e Iná Camargo Costa, que participaram dos exames de qualificação, gostaria de agradecer pelos valiosos apontamentos, críticas e sugestões. Registro também minha gratidão a Fábio Lucas, Fernando Correia Dias, Eucanaã Ferraz e Donizete Galvão, pela leitura generosa de partes do trabalho. A Adilson Miguel agradeço pela troca constante de ideias e pela inestimável ajuda em todas as etapas do projeto. E finalmente, pelo apoio dado à publicação, sou grato ao Programa de Pós-Graduação em Literatura Brasileira (FFLCH-USP), especialmente à professora Cilaine Alves Cunha.

| Num. I | Bello Horizonte, Julho de 1925 | Anno I |

A REVISTA

SUMMARIO

PARA OS SCEPTICOS.	Redacção
CAPITULO	Mario de Andrade
MOMENTO BRASILEIRO	Magalhães Drummond
FUNDO DE GAVETA	Milton Campos
IRARIGOAN.	Austen Amaro
A SITUAÇÃO	G. Canêdo
TEJUCO.	Pedro Nava
INGENUIDADE.	Abgar Renault
DUAS FIGURAS.	Alberto Campos
JANEIRO	João Alphonsus
SÊDE DA COMARCA DE GORU-TUBA.	Alberto Deodato
SOBRE A TRADIÇÃO EM LITE-RATURA	Carlos Drummond
A' MARGEM DE PASCAL. . . .	Martins de Almeida
RENASCENÇA DO NACIONALIS-MO.	Emilio Moura

MARGINALIA — OS LIVROS E AS IDÉAS

EDITORA: *Typ. do Diario de Minas* — Rua da Bahia, 1210 1220

Capa de *A Revista*, nº 1, periódico modernista editado em Belo Horizonte entre julho de 1925 e janeiro de 1926.

1.

O modernismo em Minas

O modernismo é uma noção larga e imprecisa. Na sucessão das épocas, na passagem de um continente a outro, no caminho entre as regiões de um mesmo continente ou país, a expressão do moderno conheceu inúmeras variações. Daí a necessidade que às vezes sentimos de usar o termo "modernismo" no plural, reconhecendo como sua verdadeira essência esse caráter heterogêneo e contraditório.

O movimento internacional das vanguardas no começo do século XX não aconteceu apenas por obra do cosmopolitismo de europeus "desenraizados", mas sobretudo porque os anseios de renovação — cindidos desde a origem numa profusão de *ismos* — chegaram a desenvolver expressões particulares em cada realidade histórica aonde aportaram. Se fossem meras cópias dos movimentos europeus de vanguarda, os modernismos latino-americanos, como é fácil reconhecer, não teriam logrado obter a repercussão, inclusive internacional, que tiveram ao longo do século e possivelmente já estariam esquecidos.

No Brasil, o credo modernista agitou São Paulo nos anos 20 e se propagou rapidamente por outras regiões. Mas em cada constelação provinciana, para além da simples imitação da vanguarda paulista, o movimento foi adquirindo uma feição particular, determinada pelas condições locais. Conhecer essas especificidades é um passo fundamental para a compreensão do modernismo brasileiro. Não se trata simplesmente de pôr em relevo a variedade dos sotaques, que nesse caso valeriam por sua feição exótica, mas de perceber como a incorporação da matéria local resultou em diferenças importantes, algo que tornaria o modernismo mais denso e complexo do que parecia antes, quando associado em demasia ao escândalo da Semana de 22. Tal disposição parece ter aumentado

O modernismo em Minas   9

nos últimos tempos, talvez em decorrência dos sucessivos ataques que vem sofrendo a ideia da centralidade do modernismo paulista na cultura brasileira do século XX — visão endossada ao longo de décadas por grandes nomes da literatura e da crítica. Assim como em outros estados, em Minas Gerais, como observou há tempos Otto Maria Carpeaux, o modernismo "assumiu feições próprias".[1] Embora tenham estreado em livro só no início da década de 30, quando o combate já tinha resultado em triunfo das novas ideias, os "rapazes de Belo Horizonte" não podem ser considerados apenas como "partogênese" (ou consolidação) do movimento de 22. Carlos Drummond de Andrade, Emílio Moura, João Alphonsus, Pedro Nava, Martins de Almeida, Abgar Renault, entre outros, escreviam poemas e artigos já na época da Semana de Arte Moderna, marcando presença não só nos periódicos locais, mas também nos de outros estados.

"É de São Paulo, terra admirável, onde há café e grandes indústrias, que nos vem o grito do futurismo nacional", escreveu Drummond em sua resenha do romance *Os condenados*, publicada no *Diário de Minas* em 30 de setembro de 1922.[2] De mistura com muita retórica e convencionalismo (era dannunziano ainda o livro de estreia de Oswald de Andrade), de São Paulo chegavam o frêmito industrial, a energia transformadora, o "claro riso dos modernos". Alfredo Bosi chegou a afirmar uma "condição paulista do modernismo". Segundo ele, a cidade "já entrada na era da máquina e das relações capitalistas" abriu as perspectivas que possibilitaram a assimilação das ideias modernistas: "Aqui a ruptura foi possível, porque só aqui o processo social e econômico gerava uma sede de contemporaneidade junto à qual o resto da Nação parecia ainda uma vasta província de Parnaso".[3] Cidade obcecada pelo

---

[1] Otto Maria Carpeaux, *Pequena bibliografia crítica da literatura brasileira*, Rio de Janeiro, MEC, 2ª ed., 1955, p. 267.

[2] *Apud* Maria Zilda F. Cury, *Horizontes modernistas: o jovem Drummond e seu grupo em papel jornal*, Belo Horizonte, Autêntica, 1998, p. 121.

[3] Alfredo Bosi, "Moderno e modernista na literatura brasileira", *in Céu, inferno*, São Paulo, Duas Cidades/Editora 34, 2003, p. 209.

novo e pela velocidade, São Paulo parecia um cenário sob medida para o ataque ao passado e para a contestação da velha ordem — numa palavra, a polêmica contra o Brasil agrário e atrasado, que a cultura nova do paulista, "homem de ação", naquele momento tratava de suplantar. Entretanto, diante das variadas respostas que seriam dadas pelos modernismos de outras regiões, pondo em evidência muitas vezes o próprio ruralismo recalcado, torna-se impossível considerar os escritores e grupos modernistas provincianos como meros desdobramentos do "futurismo paulista".

Contraditoriamente, foi o patrocínio da fração mais europeizada da aristocracia rural de São Paulo, aberta às influências internacionais, que permitiu o florescimento das inovações estéticas. O café pesou mais do que as indústrias. Os velhos troncos paulistas, ameaçados em face da burguesia e da imigração, se juntaram aos artistas numa grande "orgia intelectual", conforme a definição de Mário de Andrade. Segundo ele, "foi da proteção desses salões que se alastrou pelo Brasil o espírito destruidor do movimento modernista".[4] O cosmopolitismo era a face refinada de uma classe em descompasso com o processo histórico. O coronelismo continuava na base das principais agremiações partidárias do país — o Partido Republicano Paulista e o Partido Republicano Mineiro —, que apoiaram os vanguardistas. Não fosse São Paulo uma "cidade grande mas provinciana", dificilmente teria ocorrido não só o escândalo, mas o projeto mesmo da Semana de Arte Moderna.

Segundo Antonio Candido, o modernismo e o romantismo foram momentos decisivos na literatura brasileira, nos quais "o mergulho no detalhe brasileiro" teria operado uma espécie de síntese na dialética do local e do universal.[5] Para os românticos, a arte deveria manifestar a alma profunda de um povo, suas particularidades étnicas, históricas e culturais. Já os modernistas radicalizaram o interesse pela arte popular e pelo pensamento selvagem, que

[4] Mário de Andrade, "O movimento modernista", in *Aspectos da literatura brasileira*, São Paulo, Martins, 5ª ed., 1974, p. 240.

[5] Antonio Candido, "Literatura e cultura de 1900 a 1945", in *Literatura e sociedade*, São Paulo, Companhia Editora Nacional, 5ª ed., 1976, p. 112.

O modernismo em Minas

pareciam tornar o movimento mais natural em terras americanas do que no seu solo de origem. Graças ao "amor dos primitivismos", os artistas brasileiros puderam estabelecer a conexão entre o nacionalismo (o velho imperativo das culturas periféricas) e a estética da arte moderna, que desprezava os valores nacionais. Essa coincidência permitiu não apenas atar o imaginário de 1922 ao irracionalismo europeu, mas também, no passo seguinte, superar o período experimental das vanguardas sem abrir mão de suas principais conquistas. Em 1925, num artigo publicado no *Jornal do Commercio*, de Recife, Mário de Andrade escreve: "Não tem dadaístas nem super-realistas nem futuristas nem expressionistas no Brasil. É possível que algumas vezes uma ou outra manifestação se pareça mais ou menos com o que se faz pela Europa mas é simples coincidência de objetivos. Estamos com o espírito inteiramente voltado pro Brasil. E cada um realiza o Brasil segundo a própria observação".[6]

"*Brésiliens, gardez vos trésors!*", dizia o poeta franco-suíço a quem Oswald de Andrade dedicou seu livro *Pau-Brasil* em 1925 ("A Blaise Cendrars, por ocasião da descoberta do Brasil"). Em sua companhia, Mário, Oswald, Tarsila e dona Olívia Guedes Penteado fizeram a célebre excursão às cidades históricas mineiras. Esse gesto meio "bandeirante" revelou ao grupo não apenas um país desconhecido e profundo — a "fruta paulista" que "frutificou mineira", conforme lemos no poema "Noturno de Belo Horizonte", de Mário de Andrade —, mas também a existência entre montanhas de um grupo de jovens escritores com espírito rebelde (e desde então fortalecidos em seu ímpeto de renovação). A viagem a Minas passou a simbolizar um ponto de viragem nos anais do modernismo brasileiro. Com o aval "futurista" de Blaise Cendrars, a vanguarda artística de São Paulo descobre o misticismo e as tradições de um país arcaico. A partir dessa "epifania barroca", surgem os poemas oswaldianos do "Roteiro de Minas" e o citado poema

---

[6] *Apud* Neroaldo Pontes de Azevedo, *Modernismo e regionalismo: os anos 20 em Pernambuco*, João Pessoa, Secretaria de Educação e Cultura da Paraíba, 1984, p. 224.

de Mário de Andrade. Retornando à simplicidade de sua infância na fazenda, Tarsila atinge a melhor fase de sua obra, realizando a síntese entre as lições do cubismo e a temática desordenada de sua paisagem local. Entretanto, essa fusão do "instinto caraíba" com a "maquinaria" acabou transformando o Brasil num território mítico, "tupi-barroco-surreal", no dizer de Alfredo Bosi, sem as determinações de um país histórico e concreto, que seria descoberto apenas na quadra seguinte, com o romance e a poesia de 30.[7] Ainda nos anos 20, a composição rapsódica de *Macunaíma*, juntando ao nacionalismo eufórico a agudeza do pensamento crítico, revela um impasse cruciante: a impossibilidade de aderir às mitologias do caráter nacional. Fugindo às intenções do autor, o livro é a constatação de que a síntese pau-brasil exprimia na verdade uma série de carências: a nossa profunda falta de caráter, de forma, de organização, de projeto. Daí a tristeza de Mário de Andrade, seu cansaço do "brasileirismo de estandarte" e a conclusão de que *Macunaíma* representava o fim de uma etapa. Não encontrando um lugar próprio nem na mata nem na metrópole, imbuído do sentimento de sermos "desterrados em nossa terra" (que seria definido por Sérgio Buarque de Holanda), o escritor desiste de percorrer o país com passos de gigante. Essa crise de Mário ocorre paralelamente à descentralização do movimento modernista, que logo conheceria uma "segunda fase", consolidando-se não pela radicalização das experiências de linguagem, mas pelo aprofundamento de suas visões da realidade.

Complexidade psicológica, densidade de pensamento e ampliação intelectual são algumas das conquistas atribuídas aos poetas Murilo Mendes e Carlos Drummond de Andrade. De acordo com José Guilherme Merquior, por operar "uma metamorfose profunda do lirismo modernista", ambos passam a compor, ao lado das experimentações mais "carnavalescas" de Mário e Oswald, o "maciço central da modernidade" na história do nosso modernismo. O crítico mostra que, dentro do "condomínio de estilos" que se instalou a partir dos anos 20 no país (o complexo estilístico em que

---

[7] Cf. Alfredo Bosi, *op. cit.*, pp. 217-8.

O modernismo em Minas

se juntaram correntes díspares como o anarcoprimitivismo de Mário e Oswald, o esteticismo metafísico de Graça Aranha, o Verde-Amarelismo xenófobo, o espiritualismo da revista carioca *Festa* e o regionalismo de Recife, entre outras "facções"), havia modernismos autenticamente modernos e outros pré e mesmo antimodernos. Ao lado dos vanguardistas de São Paulo, segundo Merquior, só os mineiros teriam assimilado todas as características da estética moderna.[8]

Publicados em 1930, os livros de estreia de Murilo e Drummond ainda se encontram, na verdade, bastante ligados ao vanguardismo de 20. Ao inaugurar seu jogo poético de "conciliador de contrários", conforme a expressão de Manuel Bandeira, Murilo Mendes combina a inspiração surrealista com uma linguagem cheia de coloquialismos, pintando de modo despachado e subversivo cenas da vida urbana e suburbana: os casais grudados nos portões, os "criouléus suarentos", a noite carioca cheia de sambas, os "maxixes desenfreados", os negaceios da malandragem popular. Mário enfatizou de imediato o brasileirismo visceral que ali se encontrava "como em nenhum outro poeta do Brasil". Para ele, a naturalidade com que o autor deslizava entre os planos da realidade e da alucinação ("as colunas da ordem e da desordem") só seria admissível no *"gavroche* carioca", e Murilo Mendes, conclui, "embora mineiro de nascença, é dono de todas as carioquices".[9] Já Drummond, com *Alguma poesia*, substituindo a libertinagem pelo recolhimento (o *gavroche* pelo *gauche*) e dando à comicidade uma versão mais sombria e cética, não deixou de pagar tributo a todas as propostas do movimento. O livro tem feição compósita. Além de ser uma espécie de balanço ou súmula das conquistas da déca-

---

[8] Cf. José Guilherme Merquior, "Notas em função de *Boitempo*", *in* Sonia Brayner (org.), *Carlos Drummond de Andrade: fortuna crítica*, Rio de Janeiro, Civilização Brasileira, 2ª ed., 1978, p. 124; e "A estética do modernismo do ponto de vista da história da cultura", *in Formalismo e tradição moderna: o problema da arte na crise da cultura*, parte II, Rio de Janeiro/São Paulo, Forense Universitária/Edusp, 1974, pp. 88-91.

[9] Mário de Andrade, "A poesia em 1930", *in Aspectos da literatura brasileira*, cit., p. 43.

Cenas de um modernismo de província

da de 20, submetendo a ingenuidade modernista à autocrítica de seus impasses, também contém em germe todas as inquietudes da trajetória posterior do poeta.

As obras de Drummond e Murilo deram a impressão de surgir "juntas e diversas, prontissimamente modernas", como escreveu Merquior.[10] Mas é exagero concluir que Murilo tenha sido um "bicho-da-seda" (outra expressão famosa de Bandeira), tirando tudo de si mesmo, quando na verdade coube a ele ser o "universalizador do modernismo", um dos maiores representantes do cosmopolitismo cultural no Brasil. E dizer, como muitos o fizeram, que Drummond "nasceu modernista" significa ignorar suas primeiras influências literárias, o grosso de sua produção da juventude e a passagem que, a exemplo dos mestres Mário e Bandeira, ele teve que fazer do simbolismo decadente para seu modernismo suado e construído.

O GRUPO MODERNISTA DE BELO HORIZONTE

A formação do grupo que em 1925 editaria *A Revista* ocorreu logo no começo da década, como relata Pedro Nava:

"Desde 1921 constituiu-se em Belo Horizonte numeroso grupo de moços integrado pelos nomes de Abgar Renault, Alberto Campos, Carlos Drummond de Andrade, Emílio Moura, Francisco Martins de Almeida, Gabriel de Rezende Passos, Gustavo Capanema Filho, Hamilton de Paula, Heitor Augusto de Souza, João Alphonsus de Guimaraens, João Guimarães Alves, João Pinheiro Filho, Mário Álvares da Silva Campos, Mário Cassanta e Milton Campos. Era o chamado Grupo do Estrela — nome do café em que se reuniam. Dele fiz parte desde os primeiros momentos, assim como vieram a

---

[10] José Guilherme Merquior, "Notas para uma muriloscopia", *in* Murilo Mendes, *Poesia completa e prosa*, Rio de Janeiro, Nova Aguilar, 1994, p. 11.

O modernismo em Minas

completá-lo mais tarde, Ascânio Lopes, Cyro dos Anjos, Dario de Almeida Magalhães, Guilhermino César e Luís Camilo de Oliveira Neto."[11]

A partir de 1924 — com a visita dos paulistas e o início de sua amizade com os jovens modernistas de Minas —, o grupo de Belo Horizonte finalmente colocou mãos à obra. Desse encontro, segundo Drummond, "o nosso modernismo, até então quase que solitário, tirou seiva para se encorpar". O poeta enfatiza o impacto causado sobretudo pelo autor da *Pauliceia desvairada*: "Mário foi para nós, mais do que a Semana, o tempo modernista, sua encarnação e exemplificação mais direta e empolgante".[12] Dois anos depois, a Semana de Arte Moderna, da qual não participaram os mineiros, parecia se reproduzir ali, nos salões do Grande Hotel de Belo Horizonte, graças à presença daquelas "personalidades agressivamente novas e fascinadoramente irradiantes".

A época modernista (anos 20-40) foi fortemente marcada pela sociabilidade literária, e os "rapazes de Belo Horizonte" passaram à história como uma das principais gerações intelectuais surgidas no período. Na abundante crônica literária e boêmia de Minas Gerais, o lugar que eles ocupam é central. Não faltam depoimentos sobre essa "turma da pesada" (a expressão é de Drummond) de onde saíram tanto "homens de letras" quanto "homens de política" (deputados, secretários, ministros e até governadores). A literatura sobre a rua da Bahia, o Café Estrela e a Livraria Alves chega a ser tão copiosa quanto a descrição dos aristocráticos salões de São Paulo. Não se tratava, porém, de um grupo arregimentado. Em suas evocações, os membros da geração faziam questão de realçar o descompromisso e a pouca ambição que punham no projeto, como se tudo tivesse acontecido sem cálculo nem consciência, ape-

---

[11] Pedro Nava, "Recado de uma geração", prefácio à edição fac-similar de *A Revista*, São Paulo, Metal Leve, 1978.

[12] *Apud* Luciana Teixeira de Andrade, *Representações ambivalentes da cidade moderna: a Belo Horizonte dos modernistas*, Rio de Janeiro, IUPERJ, Tese de Doutoramento, s.d., p. 74.

nas como "expansão natural da mocidade" — um arroubo romântico de quem viveu a aventura de ter "vinte anos nos anos 20".

Uma figura importante na história do grupo foi Aníbal Machado, que promovia iniciações literárias em sua casa na rua Tupis. Depois, morando no Rio, faria o mesmo na famosa casa da rua Visconde de Pirajá, revelando aos brasileiros o mundo dos surrealistas. O escritor costuma ser comparado a Mário de Andrade por seu papel de animador das letras e também por ter escrito *João Ternura*, um romance lírico e ao mesmo tempo satírico, que faz lembrar *Macunaíma*. Na expressão de Carpeaux, Aníbal Machado representou para o país "o Colombo de novos continentes poéticos".[13]

Os modernistas de Belo Horizonte tinham nascido em cidades do interior, a maioria em famílias tradicionais de Minas. Na capital, moravam em pensões, trabalhavam como funcionários públicos, estudavam ou simplesmente vadiavam, como era o caso assumido do mais engajado deles, o jovem poeta de Itabira que seria o líder do grupo. Nas mesas dos bares, discutiam literatura, política e "histórias pornográficas". Os mais inventivos, como Nava e Drummond, se entregavam ainda a "impulsos negativos" como arrancar placas, incendiar bondes e outros vandalismos em que exprimiam seu protesto contra a "paz mineira". Eram tempos de "poesia e incêndio", conforme escreveu Drummond numa dedicatória ao amigo.

Da Semana de Arte Moderna, os rapazes do Grupo do Estrela nem chegaram a tomar conhecimento, conforme repetem em seus depoimentos. Os jornais paulistas raramente eram lidos em Minas. Segundo Pedro Nava, "naquele Belo Horizonte de 1922 havia vagas e escassas notícias de uns chamados *futuristas*".[14] A insistência parece excessiva, como se os escritores desejassem provar que, antes do contato com Mário de Andrade, aquela geração

---

[13] Otto Maria Carpeaux, "Presença de Aníbal", *in João Ternura*, Rio de Janeiro, José Olympio, 5ª ed., 1980, p. 11.

[14] Pedro Nava, *Beira-mar*, Rio de Janeiro, Nova Fronteira, 4ª ed., 1985, p. 177.

já tinha uma vida intelectual em andamento. Há quem force ainda mais a nota, afirmando que Drummond já escrevia poemas com liberdade métrica e despojamento retórico, o que lhe daria o posto de precursor do modernismo no Brasil — um poeta "influente", não "influído", cuja força renovadora teria vingado mesmo se o movimento não tivesse existido.[15] Descontado o exagero, é preciso convir que as ideias estavam mesmo no ar e que cada um as apanhava como podia: lendo os manifestos e periódicos das vanguardas, fazendo viagens a Europa ou, no caso de Belo Horizonte, devorando os livros que chegavam da França nos caixotes da Livraria Alves. Na hora certa, os jovens compareciam à abertura dos pacotes, de onde extraíam sua intoxicação diária de Anatole France, Maupassant, Baudelaire, Verlaine, Rémy de Gourmont, Apollinaire, Reverdy, Proust, Gide... A cena contém um sabor tipicamente provinciano, mas a busca das novidades estrangeiras também revela o interesse cosmopolita que está na base do "espírito moderno". Se as obras importadas estavam longe de ser os *derniers cris*, o mergulho nas tentações francesas produzia de qualquer modo um efeito "desprovincianizador".

Líder atualizadíssimo, Drummond em pouco tempo estaria apto a criticar a timidez do modernismo brasileiro em face das novas construções poéticas da Europa e mesmo da América do Sul. Numa carta de 1927, o poeta comunica a Mário de Andrade o plano de editar uma *"Antologia dos quatro poetas mineiros* (João Alphonsus, Nava, Emílio Moura e eu)"*, com prefácio de Martins de Almeida. A antologia nunca foi publicada, assim como os versos do poeta bissexto Pedro Nava, que só nos últimos anos de sua vida lançaria seus livros de memórias, recebidos com festa no meio literário — deles foi dito, entre outros elogios, que significavam "uma das realizações supremas do modernismo".[16] Em comum

---

[15] Abgar Renault, "Depoimento", *in* Solange Ribeiro de Oliveira e Affonso Henrique Tamm Renault (orgs.), *Abgar Renault*, Belo Horizonte, Centro de Estudos Literários/Edições Ouvidor, 1996, p. 42.

[16] José Guilherme Merquior, "A estética do modernismo do ponto de vista da história da cultura", *in Formalismo e tradição moderna*, cit., p. 102.

com os companheiros de geração, Nava possuía o apego exagerado às tradições. Era "um homem das coisas antigas, fanático por genealogia, perito em brasões, nutrido de velhas leituras e *petite histoire*", conforme resumiu Antonio Candido.[17] Mas Nava considerava o classicismo "uma doença grave". Por seu estilo barroco e abundante, as *Memórias* diferem bastante da linguagem comedida de Drummond, Emílio Moura ou Cyro dos Anjos. Em contraste com esses *gauches* quase sempre quietos no seu canto, Nava surpreende com seu feitio irreverente, passional, pantagruélico — suntuosidade que Mário de Andrade já havia apontado ao comentar os poemas avulsos da década de 20.[18]

Ao contrário de Nava e Drummond, a maioria daqueles rapazes dedicados às letras era composta por gente sóbria (e, em pouco tempo, até mesmo os "vagabundos" estariam bem sentados em seus gabinetes). Não por acaso, eles constituíram um grupo modernista que não escreveu manifestos — essa arma imprescindível a toda vanguarda. De acordo com Cyro dos Anjos, "o movimento foi, ali, discreto, fez-se em surdina, pois a ordem mineira, pesada e conservadora, não apreciava badernas, ainda que literárias".[19] Além do emprego público, o jornalismo oficial também serviu de abrigo para os modernistas. Assim como fez o *Correio Paulistano*, órgão do Partido Republicano Paulista, com a vanguarda de São Paulo, o jornal conservador do Partido Republicano Mineiro, o *Diário de Minas*, também deu apoio aos jovens escritores de Belo Horizonte, que dele fizeram o "quartel-general do modernismo mineiro". Leiam-se as evocações do poema intitulado "Poeta Emílio", que Drummond publicou no livro *Versiprosa*:

---

[17] Antonio Candido, "Drummond prosador", *in* Carlos Drummond de Andrade, *Poesia e prosa*, volume único, Rio de Janeiro, Nova Aguilar, 8ª ed., 1992, p. 1.133.

[18] Cf. Joaquim Alves de Aguiar, *Espaços da memória: um estudo sobre Pedro Nava*, São Paulo, Edusp, 1998, p. 173.

[19] Cyro dos Anjos, *A menina do sobrado*, Belo Horizonte/Rio de Janeiro, Garnier, 1994, p. 390.

[...]
O *Diário de Minas*, lembras-te, poeta?
Duas páginas de Brilhantina Meu Coração e Elixir de
[Nogueira,
uma página de: Viva o Governo,
outra — doidinha — de modernismo
[...]

No poema "Verbo e verba", de *Boitempo*, Drummond também se recorda desse jornal que parecia dois, "boletim do PRM" e "clarim do modernismo":

É redação?
É academia, Parnaso?
Afonso Arinos cintilante,
Emílio Moura evanescente,
João Alphonsus calado-irônico,
Cyro dos Anjos expectante,
Horácio Guimarães, gravura a talho-doce
de uma remota, simbolista
Belo Horizonte.
[...]

Agasalhados na sombra do palácio, os redatores do *Diário de Minas* insinuavam na província a "pimenta modernista". Essa coexistência de dois espíritos — o vanguardismo literário e o tradicionalismo político — foi explicada pelo fato de que o jornal não possuía circulação e era ignorado pelos próceres do partido. Mas a verdade é que aquele bando de simbolistas, envolvidos com a continuidade do *Ancien Régime* em Minas, parecia ter assimilado bem o senso mineiro da "ordem". Talentosos e bem-nascidos, eles acabariam sendo encampados pelas oligarquias em seu projeto de modernização conservadora, iniciado em fins do século XIX com a construção da nova capital.

A aliança entre tradição e modernidade ficava evidente na justaposição da matéria política com a poesia de vanguarda, mas também podia ser flagrada no interior da página "doidinha" de modernismo. Esse elo (ou contradição) produzido pelo choque (ou acomodação) de dois tempos históricos é o que define o grupo de Belo Horizonte, como se pode ver na boa síntese de Antonio Candido:

"Como acontece na província, fez parte da formação deles algum atraso de gosto, misturado ao interesse ativo pela novidade. Assim, ainda poderiam discutir longamente sobre quem era melhor, Eça de Queirós ou Camilo Castelo Branco, e se impregnavam de Anatole France. Mas absorviam igualmente textos mais chegados a uma certa pré-modernidade, como os dos pós-simbolistas franceses; e em alguns deles a leitura de Rémy de Gourmont instilou a liberdade nas preferências. De tal modo, que receberam e adotaram com sofreguidão a Semana de Arte Moderna, a ponto de formarem com os paulistas o eixo mais radical da vanguarda brasileira [...]."[20]

Embora estimulado pelos acontecimentos de São Paulo, o modernismo teria conhecido em Minas uma dinâmica própria, ou melhor, um ponto de equilíbrio em que se combinavam a ousadia das inovações e a fidelidade ao passado literário: "curiosa modernidade mineira", conclui Antonio Candido, "feita com o sumo dos clássicos". Como isso seria possível, se o pensamento dito moderno e de vanguarda se define justamente pela oposição ao passado? De acordo com Sartre, o classicismo vinga nas sociedades penetradas pelo mito da perenidade, que não dissociam o presente do passado, percebendo na duração histórica apenas uma eterna repetição.[21] O espírito clássico, exprimindo o desejo de permanência, está nos antípodas de uma arte que se pretende impura e imperfeita, porque transitória.

[20] Antonio Candido, "Drummond prosador", cit., p. 1.132.

[21] Cf. Jean-Paul Sartre, *Qu'est-ce que la littérature?*, Paris, Gallimard, 1999, pp. 99-100.

O modernismo em Minas

Desse cultivo dos valores tradicionais que marcou a geração modernista mineira, um dos maiores exemplos é Abgar Renault. O decoro foi a principal marca desse poeta amante do verbo austero e nutrido de sólidas humanidades. Só em 1968 ele editou seu primeiro livro, *Sonetos antigos*, um conjunto composto ainda na adolescência. O poeta considerava nula sua participação no modernismo e explicava a adesão ao grupo de *A Revista* principalmente pelo afeto aos companheiros: "De início, não me despertou entusiasmo o movimento modernista. Não o compreendi bem; por deficiência crítica ou por preconceito recebi-o inicialmente como um processo de alteração, ou melhor, de destruição formal [...]. Deve ter contribuído, e muito, para essa postura, a minha formação rigidamente parnasiana [...]. Nenhuma novidade, portanto, fluiria da minha pena".[22] Com efeito, mesmo ao atingir seu ápice em *Sofotulafai*, escrito em 1951 mas publicado apenas nos anos 70, o vanguardismo de Abgar Renault nunca abandonou a feição clássica.

Os próprios escritores que não resistiram às ideias modernistas, tornando-se os mais engajados do grupo de Belo Horizonte, exploraram com parcimônia os novos recursos formais. Em contraste com o "lirismo luminoso, de pura solução técnica", empregado por Oswald de Andrade,[23] os mineiros proporiam um "modernismo humanizado" e um lirismo de "sondagem interior", demonstrando maior interesse pela vivência particular do que pelo mito nacional. Tampouco foram atraídos pela proposta regionalista, tão valorizada nos estados do Sul e do Nordeste. Ao comentar o livro de estreia de Drummond, que considera "semente" e "árvore", Guilhermino César destaca o fato de que, "sendo visceralmente mineiro, não se afoga, *Alguma poesia*, no corguinho dos paroquialismos. Ou por outra, universaliza tudo em que pega".[24]

---

[22] *Apud* Solange Ribeiro de Oliveira e Affonso Henrique Tamm Renault (orgs.), *op. cit.*, p. 44.

[23] Cf. Roberto Schwarz, "A carroça, o bonde e o poeta modernista", *in Que horas são?*, São Paulo, Companhia das Letras, 1987, p. 22.

[24] Guilhermino César, "Tempos de *Alguma poesia*", *in Seminário Car-*

Invertendo o ângulo da observação, poderíamos lembrar como esses escritores pareciam grudados à terra natal, referindo-se às suas raízes ainda quando pareciam tratar de problemas universais.

MODERNISMOS DE PROVÍNCIA

Num artigo de 1932 sobre "o espantoso grupo de Cataguases", Mário de Andrade reconheceu como consequência importante do movimento modernista "uma circulação mais legítima das literaturas provincianas, com enfraquecimento visível do poder central da Corte".[25] Todavia, ecoando a necessidade de afirmação dos próprios escritores, os pesquisadores que se debruçaram sobre a história dos grupos estaduais nem sempre conseguiram se livrar dos desvios causados pela mistura de bairrismo com revanchismo. Promover reinterpretações, combater diagnósticos de ausência, lutar contra a "exclusão" — eis a preocupação fundamental dos estudos sobre os modernismos de província. O trabalho de repassar jornais, revistas, depoimentos, arquivos particulares etc., todo esse esforço no mais das vezes resultou na mera constatação de que existiram "igrejós regionais" (a expressão é de Mário) com desejos de atualização e características próprias, sem a investigação das razões de tal singularidade e tampouco das limitações desses grupos modernistas, mais vultosas que seu vanguardismo. O recorte histórico-social, conduzido de maneira quase sempre ortodoxa, predominou sobre a análise e a interpretação literária. Enquanto isso, os problemas se acumulavam nos textos e nos poemas, que mal eram lidos.

No caso do modernismo mineiro, a interpretação estritamente sociológica começou com o estudo pioneiro de Fernando Correia

---

los Drummond de Andrade, *50 anos de Alguma poesia*, Belo Horizonte, Conselho Estadual de Cultura de Minas Gerais, 1981, p. 20.

[25] Mário de Andrade, "Cataguases", *in Táxi e crônicas no Diário Nacional*, São Paulo, Duas Cidades, 1976, p. 549.

O modernismo em Minas

Dias (*O movimento modernista em Minas*, publicado em 1971), que faz uma análise descritiva das condições sociais dos escritores e das afinidades que possibilitaram o surgimento do grupo. Mas a significação sociológica e as características particulares que a sociedade mineira conferiu a seu modernismo ficaram fora de cogitação. O perfil apontado como peculiar (classe média, vida boêmia, burocracia e jornalismo) é comum a escritores de várias épocas, o que torna justa a observação de Wilson Martins: "As pesquisas de Fernando Correia Dias dariam os mesmos resultados se visassem o Romantismo ou o Parnasianismo em Minas".[26] Outro estudo que merece destaque é *Horizontes modernistas*, de Maria Zilda Ferreira Cury. Com a análise dos artigos publicados no *Diário de Minas* entre 1920 e 1925, a autora amplia a investigação, destaca e divulga uma produção pouco conhecida, mas também se restringe a comprovar a presença de ideias "modernistas" em Belo Horizonte.

É a verificação das obras que permite medir a modernidade de um artista, e não a leitura de manifestos e artigos de ocasião, quase sempre carregados de retórica e compromisso. Para não sobrevalorizar as contribuições, é preciso confrontar as intenções manifestas com os resultados alcançados. Abster-se do juízo crítico sobre as criações literárias é um modo de evitar a conclusão desanimadora de que, por trás dos fumos de renovação, o que se esconde muitas vezes, esvaziando qualquer veleidade de disputa, é a ausência de uma estética propriamente modernista. Foi o que observou Lígia Chiappini Moraes Leite ao estudar o modernismo gaúcho. Segundo ela, se a existência do movimento no Sul era verdadeira "no que diz respeito aos fatos verificados (ou seja, a descoberta de que os escritores constituíam um grupo, fizeram uma revista, criaram uma página literária no *Diário de Notícias*, uniram-se e debateram as ideias das vanguardas, envolveram-se em polêmicas etc.), não é propriamente verdade quanto às obras pro-

---

[26] Wilson Martins, "Temas modernistas", *in Pontos de crítica*, v. IX, São Paulo, T. A. Queiroz, 1995, p. 88.

duzidas. Pensando nesses dois aspectos, é possível dizer que *houve e não houve* modernismo no Rio Grande do Sul".[27]

"Houve tempo em que se cuidou de transplantar para o Rio as raízes do movimento", lembra Mário de Andrade em sua conferência no aniversário de vinte anos do modernismo. Segundo Antonio Bento, a capital da República nos anos 20 ainda era o império da arte acadêmica, e tudo quanto havia de pintura moderna na cidade eram as telas de Ismael Nery no quarto de pensão onde morava Murilo Mendes.[28] De um lado, havia o convencionalismo da sede de governo, o passadismo da Academia Brasileira de Letras e da Escola Nacional de Belas-Artes, a militância católica de Jackson de Figueiredo e Alceu Amoroso Lima. Do outro lado, pulsavam a efervescência de uma cidade internacional (que além de "corte" era porto), a música, o carnaval e a célebre malandragem carioca.

Apesar do cosmopolitismo e da irreverência, o Rio não importou da Europa o espírito destruidor do modernismo, ao passo que São Paulo, habitada por "caipiras", estava ao mesmo tempo, segundo Mário, "pela sua atualidade comercial e sua industrialização, em contato mais espiritual e mais técnico com a atualidade do mundo".[29] Angela Maria de Castro Gomes, em seu livro sobre o modernismo no Rio, depois de reivindicar a "inclusão" dos cariocas no debate moderno que se produzia no país, reconhece que a cidade não foi palco de expressões do movimento como as ocorridas em São Paulo e Minas Gerais, "a partir de então identificadas com os cânones de uma 'verdadeira' mudança".[30]

Mas nem tudo era arte oficial na *Belle Époque* carioca, que também foi movimentada pelos intelectuais da geração *Fon-Fon*.

[27] Ligia Chiappini Moraes Leite, *Regionalismo e modernismo*, São Paulo, Ática, 1978, p. 22.

[28] Antonio Bento, *Ismael Nery*, São Paulo, Gráficos Brunner Ltda., 1973, p. 20.

[29] Mário de Andrade, "O movimento modernista", cit., p. 236.

[30] Angela Maria de Castro Gomes, *Essa gente do Rio...: modernismo e nacionalismo*, Rio de Janeiro, Fundação Getúlio Vargas, 1999, p. 25.

O modernismo em Minas

Desde o tempo da Primeira Guerra Mundial, o penumbrismo *vers--libriste* de Mário Pederneiras, Olegário Mariano, Ronald de Carvalho e Ribeiro Couto vinha espalhando fermentos de renovação. De acordo com Antonio Candido, essa tendência costeou o modernismo, "conservando uma atmosfera algo bolorenta de espiritualismo lírico", que constituía não só o contrapeso do localismo mas também um esforço de "reajustamento dos valores sociais, políticos, ideológicos, ameaçados pelas manifestações modernistas".[31] Enfatizando sua hesitação entre a tradição simbolista e as liberdades formais, os integrantes do grupo Festa chamavam a si mesmos de "modernistas espiritualistas". O problema é que seu "modernismo continuador" estava perpetuando uma corrente pouco vigorosa, que não tinha sido capaz de romper com a literatura oficial. Segundo Alfredo Bosi, "o Simbolismo não exerceu no Brasil a função relevante que o distinguiu na literatura europeia, na qual o reconheceram por legítimo precursor o imagismo inglês, o surrealismo francês, o expressionismo alemão, o hermetismo italiano, a poesia pura espanhola. Aqui, encravado no longo período realista que o viu nascer e lhe sobreviveu, teve algo de surto epidêmico e não pôde romper a crosta da literatura oficial. Caso o tivesse feito, outro e mais precoce teria sido o nosso Modernismo [...]".[32] Ainda assim, o crítico observa a presença de um "fundo anárquico-decadente" nas primeiras obras modernas de Mário, Bandeira e Oswald.

Ronald de Carvalho e Ribeiro Couto não se furtaram, entretanto, às conexões com o modernismo paulistano. Diretor da revista *Para Todos*, Álvaro Moreyra também estava aberto às inquietações. Drummond, que com ele mantinha contatos desde 1921, considerava esse "sutil anotador de almas" a principal influência literária de sua juventude. Essa proximidade entre cariocas e mi-

---

[31] Antonio Candido, "Literatura e cultura de 1900 a 1945", in *Literatura e sociedade*, cit., pp. 117 e 135.

[32] Alfredo Bosi, *História concisa da literatura brasileira*, São Paulo, Cultrix, 39ª ed., 1994, p. 269.

neiros, anterior ao entrosamento com os paulistas, é que tornou possível a afirmação de que o modernismo teria chegado a Belo Horizonte "pelo diurno do Rio" — o que não elimina, é claro, a fantasia de que ele havia surgido "no ar", no "vento de leituras" trazido pelos caixotes franceses.[33] Se os espiritualistas defendiam a temática intimista e universalista, no caso dos escritores nordestinos o antimodernismo se apoiou, ao contrário, no mais ferrenho regionalismo. Embora tivessem se beneficiado com as conquistas de 22 (especialmente o abrasileiramento da linguagem), os netos dos senhores de engenho abominavam os "futuristas" por sua atitude iconoclasta, contrária à tradição. Segundo Gilberto Freyre, o movimento em Pernambuco dependeu de suas próprias forças e dos seus próprios contatos com a Europa e os Estados Unidos. José Lins do Rego considerava a Semana de Arte Moderna "uma comédia, sem importância real", e reduzia a linguagem brasileira de *Macunaíma* a um "arranjo de filósofo erudito", sem o vigor que vem "das entranhas da terra, da alma do povo".[34] Graciliano Ramos também dizia ter uma "impressão muito ruim" do movimento modernista: "Sempre achei aquilo uma tapeação desonesta. Salvo raríssimas exceções, os modernistas brasileiros eram uns cabotinos. Enquanto outros procuravam estudar alguma coisa, ver, sentir, eles importavam Marinetti [...]. Enquanto os rapazes de 22 promoviam seu movimentozinho, achava-me em Palmeira dos Índios, em pleno sertão alagoano, vendendo chita no balcão".[35]

Gilberto Freyre e José Lins do Rego buscavam uma crítica e uma arte voltadas para a caracterização histórico-social da região: a arquitetura luso-brasileira, a cozinha tradicional, o móvel antigo, a arte popular etc. Dando continuidade à visão romântica de

---

[33] Cf. Cyro dos Anjos, *op. cit.*, p. 391.

[34] *Apud* José Aderaldo Castello, *José Lins do Rego: modernismo e regionalismo*, São Paulo, Edart, 1961, p. 99.

[35] *Apud* Homero Senna, "Revisão do modernismo", *in* Sônia Brayner (org.), *Graciliano Ramos*, Coleção Fortuna Crítica, Rio de Janeiro, Civilização Brasileira, 2ª ed., 1978, pp. 50-1.

José de Alencar e Franklin Távora, acreditavam esses regionalistas que o Nordeste mantinha, em sua pureza original, a feição primitiva (a alma) do Brasil. A busca da "cor local" se confundia com a saudade de um mundo em ruínas: o engenho, as famílias distintas, a civilização patriarcal esfacelada pela abolição da escravatura. A união de modernismo e regionalismo se manifesta em poetas como Ascenso Ferreira, Jorge de Lima e Joaquim Cardozo, às vezes sem exotismo, mas também carregada de cores fortes, traços sentimentais e bagaços naturalistas, como no romance pitoresco de José Américo de Almeida. Manuel Bandeira, cujo modernismo também se comprazia em reviver o passado, falando sobre Gilberto Freyre e Joaquim Cardoso numa carta de 1926 a Drummond, considerou esses passadistas "muitíssimo mais interessantes do que os 'modernistas' de lá, todos muito fraquinhos". Bandeira se referia ao futurismo inconsistente e deslocado de jovens como Joaquim Inojosa, que conheceu os artistas da vanguarda paulistana em 1922 e, nas palavras de Prudente de Moraes Neto, "foi contar tudo em Recife, onde ficou representando a *Klaxon*". Em 1923 Inojosa criou a revista *Mauriceia* e em 1924 publicou o panfleto "A arte moderna", considerado o primeiro documento do modernismo no Nordeste.[36]

A apologia da terra e da raça também deu o tom ao modernismo no Rio Grande do Sul. Para a maioria dos escritores que formaram o grupo da Livraria do Globo, bastava ser regionalista para ser modernista. Em contraste com o gaúcho amolecido da cidade, esses autores valorizavam o herói que se expandia na Campanha, esse símbolo do Rio Grande histórico e tradicional. Na expressão de Guilhermino César, tinham o gosto nostálgico do primitivo, "o desejo de documentar um paraíso perdido".[37] Na década de 1920, comprovando a renovação do interesse dos gaúchos pelo regionalismo, são reeditadas as obras de Simões Lopes Neto, cuja mestria na incorporação da arte e da fala popular está

[36] Cf. Neroaldo Pontes de Azevedo, *op. cit.*, pp. 35-67 e 137-8.

[37] *Apud* Ligia Chiappini Moraes Leite, *op. cit.*, p. 37.

entre as principais realizações do pré-modernismo no Brasil. Mas o principal modelo dos jovens escritores foi o modernismo diluído e inautêntico do grupo Verde-Amarelo, do qual se serviram para construir a retórica exaltadora que, segundo Lígia Chiappini Moraes Leite, seria depois largamente utilizada pela propaganda da Aliança Liberal.

Esse breve percurso pelos modernismos de província não poderia excluir o exemplo formidável de Cataguases, que acompanhou ardentemente as inovações estéticas de São Paulo e Rio de Janeiro. Na cidadezinha mineira de 10 mil habitantes, vicejou não apenas o nacionalismo — era "tudo 'pau-brasil' até a raiz dos cabelos", como escreveu Tristão de Athayde —, mas também o espírito de guerra e a "ingenuidade malandra" da vanguarda paulista. Em 1927, a revista *Verde* chegava com alarde, restaurando a "alegria criadora" dos primeiros tempos do modernismo.[38] Os "ases de Cataguases" recebiam de toda parte cartas e colaborações (tinham contatos com Cendrars, Max Jacob, Apollinaire), alcançando o feito de temporariamente "centralizar e arregimentar o movimento moderno do Brasil".[39] Rosário Fusco, o mais jovem do grupo, pertence ao time dos "dínamos" do nosso modernismo. Segundo ele, o modernismo chegou a Cataguases por intermédio de Ascânio Lopes, que conviveu em Belo Horizonte com os membros do Grupo do Estrela. Deles é que teria vindo o ânimo para a publicação de *Verde*, conforme se ressalta no manifesto do grupo. Mas os rumos foram bem diferentes: "Apesar de citarmos os nomes dos rapazes de Belo Horizonte, não temos, absolutamente, nenhuma ligação com o estilo e vida literária deles. Somos nós. Somos VERDES".[40] Com efeito, os meninos deseducados de Cata-

---

[38] Cf. Cecília de Lara, "A 'alegre e paradoxal' revista *Verde* de Cataguases", prefácio à edição fac-similar de *Verde*, São Paulo, Metal Leve, 1978.

[39] Mário de Andrade, "Cataguases", in *Táxi e crônicas no Diário Nacional*, cit., p. 550.

[40] "Manifesto do grupo Verde de Cataguases", in Gilberto Mendonça Teles, *Vanguarda europeia e modernismo brasileiro*, Petrópolis, Vozes, 7ª ed., 1983, p. 350.

O modernismo em Minas 29

guases se opunham radicalmente aos *gauches* recatados da capital mineira. Conforme resumiu Mário de Andrade, "a *Verde* chamava às armas, ao passo que a *Revista* nomeava generais", e com seu individualismo "teve apenas a função burguesa de nos apresentar pelo menos dois escritores de grande valor".[41] Tudo era mocidade, sangue e alegria naqueles rapazes que se exprimiam em papel verde berrante. Mas é flagrante o descompasso entre o tom agressivo do manifesto e seu propósito discreto e meio desanimado de "cantar simplesmente a terra brasileira". Nos *Poemas cronológicos*, que Fusco e seus companheiros publicaram em 1928, sobreleva a temática penumbrista da vida simples e ingênua da infância. Em suas cartas, Mário e Drummond concordavam quanto ao passadismo daqueles versos "tão artificiais e copiados". Em contraste com a energia nova, os melhores poemas da coletânea (os de Ascânio Lopes) cantam a modorra do sertão mineiro: a sala pobre de roça, o bordado de sombras na parede, as cadeiras mancas, as teias de aranha, o ar parado e a terra cansada da "fazenda que não dá mais café". Mais uma vez é a decadência que move o canto das tradições. "Não tive essa infância moderníssima de matinês de cinema e partidas de futebol", diz o poeta. Seus retratos descorados representam a inércia e o desânimo que haviam se apoderado dos habitantes de Minas, desde o fim da mineração.

O MITO DA MINEIRIDADE

Com o ciclo do café, São Paulo assumiu o papel de "locomotiva do país". Minas ficou a sonhar com o fastígio do passado — o século aurífero em que o Estado, com sua floração urbana e artística, constituíra o centro intelectual da colônia, um modelo de civilização em terra semibárbara, um ponto de partida para a cul-

---

[41] Mário de Andrade, "Cataguases", *in Táxi e crônicas no Diário Nacional*, cit., p. 550.

tura de todo o Brasil.[42] No século XIX, a perda do poder econômico e político se refletiu também numa longa depressão literária e artística.

Um novo período fecundo na história das letras mineiras só ocorreria com o movimento modernista, pondo fim à pasmaceira que teria sido absoluta, não fosse o aparecimento discreto de algumas exceções (Bernardo Guimarães, Júlio Ribeiro, Afonso Arinos, Alphonsus de Guimaraens, Godofredo Rangel).[43] Ao longo do Império e nas primeiras décadas da República Velha, em meio às ruínas, floresciam as grandes propriedades rurais. Mesmo com a economia em decadência, o Estado era o mais populoso do país e conservava seu peso político, apoiado na relativa unidade que lhe conferiam o "sentimento republicano" e o "senso grave da ordem", conforme as expressões do positivista João Pinheiro. Governador do Estado em 1890 e no período 1906-1908, com participação decisiva no projeto de construção da nova capital, João Pinheiro defendia a modernização econômica e a agenda liberal em Minas, sem prejuízo das práticas protecionistas, excludentes e autoritárias — e não por acaso já foi chamado de "primeiro modernista mineiro".[44]

De formação positivista era também o engenheiro Aarão Reis, que projetou a capital de Minas com inspiração no urbanismo moderno do parisiense Haussmann, reproduzido no mundo inteiro em fins do século XIX. Subjacente à ordem geométrica, o planejamento trazia como novidade o princípio da segregação espacial, o controle social, a exclusão das camadas populares. O conceito de "cidade espetáculo" combinava com os ideais republicanos: racionalidade, ciência, progresso, higiene, elegância. Filha primogênita da República ("poesia da República", diria João do Rio), Belo Ho-

---

[42] Cf. Antonio Candido, "Poesia e ficção na autobiografia", in *A educação pela noite e outros ensaios*, São Paulo, Ática, 2ª ed., 1989, pp. 51-2.

[43] Cf. Waltensir Dutra e Fausto Cunha, *Biografia crítica das letras mineiras*, Rio de Janeiro, MEC/INL, 1956, pp. 11-71.

[44] Cf. Helena Bomeny, *Guardiães da razão: modernistas mineiros*, Rio de Janeiro, Editora UFRJ/Tempo Brasileiro, 1994, pp. 51 e 160-6.

O modernismo em Minas

rizonte foi a primeira cidade de traçado regular no país. Em Minas, o modelo retilíneo e ordenado contrastava enormemente com as curvas de Ouro Preto, a antiga capital barroca. De outra parte, o *glamour* da modernidade e o próprio conceito de urbanidade pareciam voltar-se contra a "alma mineira" que se formara não nos tempos áureos, mas no período de decadência, quando a rica região mineradora do país se converteu em gigantesco latifúndio. Como observou uma estudiosa do mito da mineiridade, a despeito da cultura urbana do século XVIII, o estereótipo do mineiro nasceria na zona rural.[45]

As elites modernizadoras se esforçaram para negar o atraso, mas não a tradição. Embora sonhassem com o progresso, acharam meios de resgatar as origens mineiras, enraizando os ideais republicanos na malograda Inconfidência. Enquanto Ouro Preto era transformada em panteão da pátria, Minas e a "mineiridade" se tornavam emblemas do país. Não por acaso, as ruas e avenidas da nova capital foram batizadas com nomes de estados, rios, tribos indígenas, bandeirantes, figuras históricas, toda uma constelação nacional — "meus brasileiros lindamente misturados", conforme exprimiu Mário de Andrade no poema "Noturno de Belo Horizonte", que pode ser visto como precursor de *Macunaíma*, a rapsódia "desgeografiada".

Mas a cidade continuou ainda por muito tempo provinciana. Em 1920, tinha uma população de apenas 55 mil habitantes, formada por contingentes vindos do interior. Centro político-administrativo, a "capitalzinha funcionária" passou a abrigar uma incipiente classe média. E para o setor burocrático foram transferidos os laços pessoais e familiares, firmemente mantidos pelas oligarquias. O homem rural permanecia, portanto, no indivíduo urbanizado. A fachada moderna convivia com a "angústia do atraso", conforme escreveu Marshall Berman a propósito do modernismo

---

[45] Cf. Maria Arminda do Nascimento Arruda, *Mitologia da mineiridade: o imaginário mineiro na vida política e cultural do Brasil*, São Paulo, Brasiliense, 1999, pp. 109-10.

32   Cenas de um modernismo de província

de São Petersburgo.[46] As velhas estruturas se reproduzem, ainda que os "planos" se multipliquem e novas empreitadas venham reiterar a ficção inicial, como ocorre em Belo Horizonte com a construção em 1929 do viaduto Santa Teresa e da Pampulha nos anos 40 — época em que a cidade, finalmente introduzida na industrialização, abrigou um novo surto desenvolvimentista. Em 1944, Oswald de Andrade comparou a Belo Horizonte de Juscelino Kubitschek com a Pauliceia do modernismo: "Em 22, São Paulo começava. Hoje, Belo Horizonte conclui".[47]

Aos olhos de Drummond, Belo Horizonte pareceu desde o princípio a "cidade do tédio" — "a menos interessante das cidades mineiras; menos interessante do que qualquer estaçãozinha de estrada de ferro, perdida no mato, onde o trem não para", afirma o poeta na crônica "Viagem de Sabará".[48] Num poema de *Boitempo*, desabafa:

RUAS

Por que ruas tão largas?
Por que ruas tão retas?
Meu passo torto
foi regulado pelos becos tortos
de onde venho.
Não sei andar na vastidão simétrica
implacável.
Cidade grande é isso?
[...]

[46] Cf. Marshall Berman, *Tudo que é sólido desmancha no ar*, trad. Carlos Felipe Moisés e Ana Maria L. Ioriatti, São Paulo, Companhia das Letras, 1997, p. 170.

[47] *Apud* Eneida Maria de Souza, *Modernidades tardias*, Belo Horizonte, Editora UFMG, 1978, p. 21.

[48] Carlos Drummond de Andrade, *Poesia e prosa*, volume único, Rio de Janeiro, Nova Aguilar, 8ª ed., 1992, p. 1.365.

Aqui tudo é exposto
evidente
cintilante. Aqui
obrigam-me a nascer de novo, desarmado.

A tortuosidade *gauche*, enraizada nas curvas do interior mineiro, entra em choque com a retidão do espaço urbano. De acordo com José Guilherme Merquior, a saga íntima de Drummond está impregnada de consciência histórica. Produzido por um desvio de linhagem, o "fazendeiro do ar" (título do livro que o poeta publicaria mais tarde, em 1954) exprime como ninguém a "angústia moderna" vivenciada no país agrário que se transforma em sociedade industrial.[49] Em *Alguma poesia*, essa metamorfose se revela desde as primeiras páginas com a justaposição dos antológicos "Poema de sete faces" e "Infância". A descrição da cidade, com suas imagens fugidias e fragmentadas, se opõe drasticamente à contemplação de um passado silencioso e arcaico, do qual estava fadado a desgarrar-se o nosso pequeno Robinson Crusoé. E terá mesmo escapado?

A despeito do progresso, Minas nunca se livrou de sua condição de "estado interior", com todas as desvantagens que isso implica num país litorâneo (só nos anos 20 é que se intensificou a construção de estradas de ferro e rodagem). Do isolamento veio em parte a perpetuação das formas primitivas e o declínio de uma economia que não chegou a ser bafejada pela contribuição dos imigrantes. Daí teria advindo também o apego à tradição, com a população das Minas preservando um legado severo de sinos e oratórios, letras e latim, "estagnadas ausências", como exprimiu Guimarães Rosa.[50] O sentimento de clausura — aliado à tradição rural que se firmou no século XIX — seria responsável, enfim, por todo um temperamento atribuído ao povo mineiro, explicando tendên-

[49] José Guilherme Merquior, "Nosso clássico moderno", *in O elixir do apocalipse*, Rio de Janeiro, Nova Fronteira, 1983, p. 142.

[50] João Guimarães Rosa, "Aí está Minas: a mineiridade", *Suplemento Literário de Minas Gerais*, 29/3/2003, p. 12.

cias não obstante contraditórias como o "saibo de romantismo" e o espírito clássico, a interiorização e o universalismo, o devaneio inspirado pela rotina e o desencanto produzido pela reflexão. Centro montanhoso e áspero do país, Minas estaria condenada a permanecer "no meio do caminho". A pedra, que na visão poética se tornou símbolo de obstáculo e paralisia, para os políticos ostentava ao contrário uma imagem do equilíbrio, da constância, da convergência. Com a ajuda de uns e de outros é que se formou o mito da mineiridade.

Ao "espírito de Minas", embora povoado de sombras, caberia o papel de ser um "claro raio ordenador", como exprime Drummond nos versos de sua "Prece de mineiro no Rio". Viajantes estrangeiros e intelectuais de outros estados também contribuíram para a criação e a difusão do mito. "O tempo não existe em Minas", escreve Alceu Amoroso Lima, "talvez porque o mineiro possui mais o espírito do eterno que o do moderno".[51] Sistematizando no livro *Voz de Minas* o rosário de atributos da índole montanhesa, o crítico faz o elogio da "mineiridade clássica", com sua defesa da ordem em detrimento das revoluções políticas ou estéticas. Convertido ao catolicismo, Alceu projeta em Minas suas próprias ideias reacionárias. Eduardo Frieiro se incomodou com essa redução da voz de Minas a um único timbre, como se não houvesse contrastes entre as diversas regiões do estado.[52] Encobrindo tensões, ideias mistificadoras, como "unidade", "identidade" e "caráter", operam recortes monolíticos, estáticos, que restringem o dinamismo dos processos sociais. Os traços apontados como particulares do "caráter mineiro" aparecem em todos os tempos e lugares (o roceiro é universalmente silencioso, como lembra Frieiro). E a união do particular com o universal (outra "característica" da identidade em questão) na verdade define a própria natureza da lírica e da arte.

[51] *Apud* Helena Bomeny, *op. cit.*, p. 19.

[52] Eduardo Frieiro, "Fantasias em torno do 'mito de Minas'", *in Páginas de crítica e outros escritos*, Belo Horizonte, Itatiaia, 1955, p. 422.

O modernismo em Minas

A *REVISTA* E O DIÁLOGO
COM MÁRIO DE ANDRADE

A mescla de modernismo e conservadorismo — que já se abrigava nas páginas do *Diário de Minas* — volta a se repetir nos três números de *A Revista*, publicados entre julho de 1925 e janeiro de 1926. Depois das revistas *Klaxon* e *Estética*, o periódico veio confirmar a expansão (ou interiorização) do modernismo brasileiro e o reconhecimento nacional do grupo belo-horizontino, até então "montanhosamente solitário". Mário de Andrade e Manuel Bandeira aconselhavam, como se fosse necessário, "diplomacia nas relações com o passadismo mineiro".[53] A maioria dos artigos foi escrita por Drummond e Martins de Almeida. É impressionante o contraste entre o desequilíbrio *gauche*, que nascia por essa mesma época nos poemas, e o tom sisudo de que se revestem as ideias conservadoras e os lugares-comuns expressos em *A Revista*. O que salta aos olhos é justamente a mistura das retóricas passadista e modernista.[54] No texto que introduz a edição fac-similar de 1978, Pedro Nava escreve: "Éramos profundamente brasileiros, nacionalistas e tradicionalistas — apesar de nossa posição esteticamente avançada". Mas os ideais defendidos nos artigos eram contrariados pelo movimento mais complexo da criação literária, cheio de desvios e recuos, como se pode ver pela correspondência dilemática de Mário e Drummond. A dificuldade de se livrar dos "espantalhos acadêmicos" certamente contribuiu para a tardia estreia em livro dos modernistas mineiros. A princípio, segundo Drummond, estavam todos "no escuro" e se compraziam em ser velhos.

"Vejo moços no fundo do poço, tentando sair para a vida impressa e realizada. Como falam! Como escre-

---

[53] Cf. Carlos Drummond de Andrade, "Manuel Bandeira", *in Poesia e prosa*, cit., p. 1.431.

[54] Cf. Antonio Sérgio Bueno, *O modernismo em Belo Horizonte: década de vinte*, Belo Horizonte, UFMG/PROED, 1982, pp. 53-73.

vem! Como bebem cerveja! Estou entre eles, mas não sei que sou moço. Julgo-me até velho, e alguns companheiros assim também se consideram. É uma decrepitude de inteligência, desmentida pelos nervos, mas confirmada pelas bibliotecas, pelo claro gênio francês, pela poeira dos séculos, por todas as abusões veneráveis ainda vigentes em 1924. [...] Havia excesso de boa educação no ar das Minas Gerais, que é o mais puro ar do Brasil, e os moços precisavam deseducar-se, a menos que preferissem morrer exaustos antes de ter brigado."[55]

Entretanto, sob a poeira dos séculos também estava o passado intelectual mineiro de que se orgulhavam os modernistas: a universalizante Escola de Minas, o barroco de Aleijadinho, o lirismo de Alphonsus de Guimaraens... No "solitário de Mariana", antes da eclosão do modernismo, encontraram uma espécie de refúgio antiacadêmico, "um poder de libertação e afastamento dessa matéria poética tão pobre e tão falsa de 1920", nas palavras de Drummond.[56] Para Emílio Moura, sobretudo, foi decisivo o convívio com esse "elegíaco de olhar cansado", cujo ser pairava "angélico" em sua cidade morta. A despeito do contraste entre a melancolia do simbolismo e o humor modernista, Drummond enfatizava a "sutil e subterrânea influência — ou melhor, afinidade — que liga Alphonsus, solitário de 1921-1922, aos poetas brasileiros do modernismo".[57] Mário de Andrade também se incluía entre os admiradores de Alphonsus, a quem visitou em 1917, em sua primeira viagem a Minas. Em 1921, por ocasião da morte do poeta, Oswald declarou que ele era "um lutador da arte nova" e que sua reação contra o atraso nacional seria "rigorosamente continuada" pela

[55] Carlos Drummond de Andrade, "Suas cartas", in *Poesia e prosa*, cit., p. 1.346.

[56] *Apud* Waltensir Dutra e Fausto Cunha, *op. cit.*, p. 81.

[57] Carlos Drummond de Andrade, "Viagem a Alphonsus", in Alphonsus de Guimaraens, *Poesia completa*, Rio de Janeiro, Nova Aguilar, 2001, p. 32.

O modernismo em Minas

geração paulista.[58] Para os mineiros, Alphonsus de Guimaraens legou sobretudo a imagem do poeta melancólico, atraído pela temática da morte, que passaria a representar toda uma geração literária. João Alphonsus começou seguindo os passos do pai, mas logo abandonou a poesia e curiosamente foi dos poucos a ousar aventuras fora do raio simbolista, saindo em busca de uma expressão mais brasileira. Mais danoso que a poeira dos séculos, o "claro gênio francês" era a causa principal do excesso de educação que Mário de Andrade foi o primeiro a apontar nos rapazes de Belo Horizonte. Nas cartas a Drummond, ele dizia considerar o grupo "a coisa mais séria do Brasil literário de hoje" e cobrava a sempre adiada publicação dos livros: "Não vejo em parte nenhuma do Brasil um grupo tão bem cheio harmonioso e exato como o de vocês. Vocês são tão naturais, tão equilibrados tão inteligência sensível e sobretudo tão sem diletantismo literário, tão sem extraordinarices. Pois então façam. Não se merdifiquem que será o maior desgosto da minha vida".[59] Ao mesmo tempo em que encarecia o valor poético e intelectual do grupo, Mário desprezava o espírito bem pensante e a inteligência "muito bem mobiliada... à francesa". Com os elogios, vinham quase sempre as críticas e esculhambações. A "sabedoria de papel", o "pessimismo diletante" e a "dúvida passiva" eram defeitos associados à influência de Anatole France — que "escangalhou os pobres moços fazendo deles uns gastos, uns frouxos, sem atitudes, sem coragem".[60] Eram moços, mas aos olhos de Mário pareciam homens de gabinete: uns "despaisados" que não sabiam viver, que não ousavam ser eles próprios.

---

[58] Oswald de Andrade, "De questões de arte", *in* Alphonsus de Guimaraens, *Poesia completa*, cit., p. 28.

[59] Silviano Santiago (org.), *Carlos e Mário: correspondência de Mário de Andrade e Carlos Drummond de Andrade*, Rio de Janeiro, Bem-Te-Vi, 2002, pp. 151-2.

[60] *Op. cit.*, pp. 67-8.

"Caboclos bovarizados" foi a expressão usada por Eduardo Frieiro para caricaturar os modernistas de Belo Horizonte, que nele encontraram o seu crítico mais severo entre os conterrâneos. Enquanto Mário condenava no grupo a falta de mocidade, a visão provinciana e conservadora de Frieiro repelia, ao contrário, a "audácia da juventude", o neorromantismo e a "brotoeja literária" transmitida a Minas por alguns turbulentos moços paulistas, sem consciência da realidade nacional, "ávidos de repetirem aqui, num cenário tupiniquim, as proezas novidadeiras do italiano Marinetti ou do judeu Max Jacob".[61] Entretanto, Frieiro logo se juntaria aos rapazes do Grupo do Estrela, fundando com eles em 1931 a sociedade Os Amigos do Livro, uma cooperativa ("a mais simpática editora do mundo", segundo Antonio Candido) responsável pelo lançamento de *Brejo das alma*s, de Drummond, e das primeiras obras de João Alphonsus, Emílio Moura e Cyro dos Anjos.

No primeiro número de *A Revista*, atendendo aos clamores de Mário de Andrade, o editorial "Para os cépticos" estampa a adesão dos mineiros ao "mais franco e decidido nacionalismo". No entanto, o desejo de atualização é mais forte que a busca da originalidade, pois "longe de repudiar as correntes civilizadoras da Europa", o grupo "intenta submeter o Brasil cada vez mais ao seu influxo". Já o editorial do segundo número, "Para os espíritos criadores", denuncia o "perigo enorme do cosmopolitismo" e "a ameaça de dissolução do nosso espírito nas reações da transplantação exótica". Escrito por Martins de Almeida, o editorial recebeu aplausos de Gilberto Freyre por defender a necessidade de "construir o Brasil dentro do Brasil ou, se possível, Minas dentro de Minas".[62] Mas os membros do grupo também desejavam "dominar pelo espírito o nosso meio" e não fantasiar a terra brasileira com as "cores quiméricas" de que lançavam mão tanto os regionalistas quanto

[61] Eduardo Frieiro, *O clube dos grafômanos*, Belo Horizonte, Itatiaia, 1981, p. 66.

[62] Gilberto Freyre, "A propósito de regionalismo no Brasil", *in* Neroaldo Pontes de Azevedo, *op. cit.*, p. 225.

O modernismo em Minas 39

os primitivistas. Em favor de uma "geografia interior", repeliam tudo o lhes parecesse exótico, do futurismo ao "folclorismo" que Emílio Moura, no ensaio "Renascença do nacionalismo", propunha substituir por uma "concepção mais humana e mais viva de abrasileiramento".

A crítica ao primitivismo de Oswald tinha começado nos artigos do *Diário de Minas*, com a insistência de que ser brasileiro não significa "ser bárbaro". "Embora quase nada tupis, todos nós tangemos o nosso alaúde", escreve Drummond em junho de 1924.[63] Seu ápice ocorre cinco anos depois, quando o poeta rompe publicamente com Oswald: "A antropofagia não é mais um movimento decente. Nem é uma blague. Sinto muito, mas não posso aderir. [...] Não participo do estado de espírito índio e considero acadêmicas as discussões sobre os jesuítas. Quanto aos outros 'meninos' de Minas, cada um decidirá por si. O João Alphonsus concorda comigo e o João Dornas fundou o crioulismo, cujo órgão oficial sairá no dia 13 deste".[64] *Leite Criôlo* foi uma série de suplementos publicada em 1929 pelo *Estado de Minas*, com direção de João Dornas Filho, Guilhermino César e Aquiles Viváqua. Segundo Gilberto Mendonça Teles, representou "dentro das aberturas do modernismo uma das primeiras preocupações com o negro, preocupação aliás que não fica muito clara, se contra ou a favor".[65] Houve quem chamasse *Leite Criôlo* de "sucursal antropofágica", mas o jornal estava mais próximo das ideias de Gilberto Freyre e exaltava os valores tradicionais.[66]

Na correspondência de Drummond com Mário de Andrade, o dilema entre nacionalismo e internacionalismo foi um dos assuntos mais contumazes. Enquanto o poeta de Minas teimava em se confessar "acidentalmente brasileiro", as cartas vindas de São Pau-

---

[63] *Apud* Maria Zilda Ferreira Cury, *op. cit.*, p. 129.

[64] *Apud* Affonso Ávila, "Nas vertentes da Semana de 22: o grupo mineiro de *A Revista*", *Revista de Cultura Vozes*, jan.-fev. 1972, p. 32.

[65] Gilberto Mendonça Telles, *op. cit.*, p. 369.

[66] Cf. Antônio Sérgio Bueno, *op. cit.*, pp. 127-8.

Cenas de um modernismo de província

lo censuravam a "moléstia de Nabuco" que o impedia de compreender que *ser nacional* era o único modo de *ser*. Mas logo o autor de *Macunaíma* passaria também a detratar o "brasileirismo de estandarte", reconhecendo-o como sinônimo de conformismo e falsificação.

Ao migrar do campo estético para a ordem política, a ideologia nacionalista arrastou em sua cauda a grande maioria dos artistas e intelectuais ligados ao modernismo, que na década de 30 seriam cooptados pelos aparelhos do Estado. Para além da criação de novos padrões literários, esse papel político dos modernistas teria sido, de acordo com Sergio Miceli, a razão principal de seu triunfo no país.[67] Mas não foi apenas pela via do nacionalismo que eles se integraram ao governo Vargas. A Revolução de 1930 resultou em grande parte dos planos de modernização política e cultural que se concebiam em Minas desde o final dos anos 10, em oposição ao liberalismo desagregador da Primeira República. Esse ideário universalista, burocrático e centralizador teve apoio irrestrito dos jovens intelectuais da rua da Bahia.[68]

Belo Horizonte — "sonho de uma ordem" — abrigou um grupo modernista temeroso da dissolução: "Anda por aí, em explosões isoladas, um nefasto espírito de revolta sem organização nem idealismo, que tenta enfraquecer o nosso organismo social".[69] No editorial do segundo número de *A Revista*, Martins de Almeida afirma a necessidade de um governo forte, inflexível: "No momento atual, o Brasil não comporta a socialização das massas populares". O pensamento autoritário, carregado de preconceitos, era difundido nas mesmas páginas em que se pregava a arte livre e atualizada. Em 1978, no lançamento da edição fac-similar de *A Revista*, Drummond criticou o conservadorismo do editorial de Martins de Almeida: "Creio que ele não defenderia hoje a 'centralização do

---

[67] Cf. Sergio Miceli, "Poder, sexo e letras na República Velha", *in Intelectuais à brasileira*, São Paulo, Companhia das Letras, 2001, p. 67.

[68] Cf. Helena Bomeny, *op. cit.*, pp. 57 e 126.

[69] Martins de Almeida, "Para os espíritos criadores", *A Revista*, n° 2, ago. 1925, p. 12.

poder', que a prática demonstrou ser tão nociva [...]. Os 'perigosíssimos elementos de dissolução' que nos ameaçavam 'tanto na política como nas letras' revelaram-se mais saudáveis do que nefastos. Quem cortou a evolução política e social do país, nos últimos tempos, foi precisamente o uso e abuso de poder centralizado".[70] Com a Revolução de 1930, o discurso antidemocrático é coroado. As oligarquias continuam intocadas, mas agora se subordinam ao poder central que preserva a ordem e a autoridade. A transferência dos escritores mineiros ligados ao Grupo do Estrela para o Rio de Janeiro se intensificou nos anos seguintes à Revolução. Uma primeira "diáspora" já havia ocorrido em 1927, quando os rapazes bacharelados, precisando cuidar da vida, experimentaram voltar para suas cidades do interior. Mas o destino agora era o Rio de Janeiro, para onde se dirigiam não por mera "atração litorânea", mas a convite do poder. Conferindo "modernidade" às elites de que procediam, Gustavo Capanema, Rodrigo Melo Franco de Andrade, Francisco Campos e Carlos Drummond de Andrade estavam destinados a exercer papéis centrais na montagem do projeto cultural e educacional de Getúlio Vargas. "Um novo, claro Brasil/ surge, indeciso, da pólvora", escreve Drummond nos versos de "Outubro 1930", de *Alguma poesia*. O poeta sabia, no entanto, que a Revolução era uma mera reforma política, uma transação no interior das classes dominantes, "tudo brigas de cúpula nacional", conforme mais tarde confessaria: "A Revolução de 1930, resultado da violenta campanha de 1929-1930, acabou me desencantando de todas as revoluções".[71]

MODERNISMO E CARNAVAL

Neste estudo, destacamos quatro momentos essenciais da produção literária do modernismo mineiro: os versos de *Alguma poe-*

---

[70] *Apud* Luciana Teixeira de Andrade, *op. cit.*, pp. 85-6.

[71] Silviano Santiago (org.), *op. cit.*, 2002, p. 357.

sia e *Brejo das almas*, escritos por Drummond em grande parte nos anos 20; os poemas dos primeiros livros de Emílio Moura, *Ingenuidade* e *Canto da hora amarga*, editados na década de 30; os contos e romances escritos por João Alphonsus nos anos 20 e 30; e o romance *O amanuense Belmiro*, publicado por Cyro dos Anjos em 1937, após a derradeira dispersão do grupo, como uma espécie de balanço da geração.

O *gauchismo* — condição poética e existencial afirmada por Drummond e encampada, obviamente com modos e consequências diversas, pelos outros autores — é estudado em contraposição ao carnaval, "cena simbólica" dos modernismos que se repete com força em Minas. O caminho do espaço doméstico para o espaço público, com a negação do individualismo em favor da aquisição de um "sentimento do mundo", é o trajeto característico da experiência modernista. O carnaval é uma das metáforas com que se exprime esse esforço dos artistas de se abraçarem com o povo, misturando-se à vida e ao burburinho da rua. Em *O amanuense Belmiro*, percebemos claramente a figura grotesca do burocrata de *pince-nez*, envolvido em desastrados contatos com a multidão.

Em São Paulo, o aspecto carnavalesco de que se revestiu o modernismo na década de 20 não deixou de ser uma resposta eufórica às mutações (reais ou imaginárias) trazidas pelo processo de urbanização que a cidade vivia na época. O carnaval, como se sabe, é uma festa típica das aglomerações citadinas. Se estava presente já nos folguedos rústicos do velho entrudo português, esse caráter urbano ficou ainda mais evidente a partir da segunda metade do século XIX, com a importação dos cortejos e costumes refinados que se praticavam nas cidades evoluídas da Europa — especialmente Paris, eterna fonte de modernidade e elegância.[72] Por significar desde tempos remotos uma transfiguração do cotidiano, o carnaval com suas máscaras sempre foi associado às artes. Na mitologia grega, Orfeu era louvado como celebrante da música e do êx-

---

[72] Cf. Maria Isaura Pereira de Queiroz, *Carnaval brasileiro: o vivido e o mito*, São Paulo, Brasiliense, 1999, pp. 45 e 162.

O modernismo em Minas

tase coletivo. Na arte moderna, que se realiza operando várias formas de inversão e de subversão, o espírito paródico do carnaval também encontra forte ressonância. A festa carnavalesca permite associações com a polifonia poética, a inspiração, o dionisismo, o desrespeito às convenções, a marginalidade etc. Essa profusão de motivos acabou por fazer do carnaval uma espécie de figurino que os nossos álacres modernistas, enfrentando o risco das pedradas, adotaram de bom grado. "Era tão gostoso brincar de modernismo", confessou Drummond.[73]

A capa com losangos de *Pauliceia desvairada*, de Mário de Andrade, faz uma referência direta ao *Arlecchino*, livro publicado em 1918 por Soffici. Além de exprimir a "doida carreira do estado lírico", o traje arlequinal, como observa Telê Ancona Lopez, tem sentido futurista porque aglutina, na simultaneidade, a variada vida metropolitana do século XX. A autora registra o interesse suscitado pelos personagens da *Commedia dell'Arte* na poesia brasileira entre 1919 e 1922: Arlequim, Pierrô e Colombina formam o volúvel trio amoroso do livro *Carnaval*, de Manuel Bandeira; *As máscaras*, *Arlequinada* e "Carnavalada" são títulos de obras publicadas respectivamente por Menotti Del Picchia, Martins Fontes e Guilherme de Almeida. A onda se espalha também para as artes visuais, com arlequins e colombinas sendo retratados por Di Cavalcanti e Ferrignac.[74] Figuração da modernidade caótica, o carnaval pode ser visto também como metáfora dos atemorizantes contatos com a multidão. O uso das máscaras serviria então para fingir uma aproximação a que o poeta, bicho do mato perdido em cenário vertiginoso — ou príncipe das alturas *"exilé sur le sol"*, como escreveu Baudelaire —, se sente obrigado e por vezes atraído.

Além de representar o choque urbano e a tentativa de dissolução do individualismo, no Brasil o carnaval também trouxe inspiração aos modernistas por seu caráter barroco e anárquico, que

[73] Carlos Drummond de Andrade, *Tempo, vida, poesia*, Rio de Janeiro, Record, 2ª ed., 1987, p. 50.

[74] Cf. Telê Porto Ancona Lopez, "Arlequim e modernidade", *in Mariodeandradiando*, São Paulo, Hucitec, 1996, pp. 17-35.

o transformaria num dos "brinquedos nacionalistas" de Mário e Oswald.

Ao longo das décadas de 20 e 30, a moda permanecerá em alta, variando apenas (e não é pouco) as fontes de inspiração, com o fascínio cada vez maior que passa a exercer o carnaval das classes populares, sobretudo o do Rio de Janeiro, que devidamente disciplinado passa a ser entendido como autêntica "expressão nacional".

No que diz respeito aos modernistas mineiros, não importa o significado que se atribua ao carnaval — marca definidora da nacionalidade, metáfora do modernismo, espelho da trepidação urbana, alusão ao engajamento e à mistura de classes etc. —, em qualquer caso eles sempre se mostrarão avessos à folia, dela participando de modo indeciso e incompleto. É o que Drummond observa na poesia de Abgar Renault:

> "Nessa imensa falta de respeito que foi o modernismo, Abgar conservou o respeito próprio e o respeito aos outros. Quebrou os moldes acadêmicos, mas só raramente se permitiu liberdades de linguagem 'brasileira'. Há uns versos em que se lastima: 'Ah! se eu pudesse me embebedar — e cambalear... cambalear...'. Mas não se embriaga nem cambaleia. É, de seu habitual, sereno, sóbrio, policiado."[75]

As mesmas palavras poderiam ser usadas para definir o poema "Um homem e seu carnaval", de *Brejo das almas*, que adiante será analisado. Em Drummond, a despeito de sua forte personalidade literária, Antonio Candido notou um "certo ar de família em relação a outros escritores do mesmo tempo e província".[76] Mas não devemos exagerar na procura da identidade que já sabemos existir entre eles, a ponto de desprezar a configuração das partes.

---

[75] Carlos Drummond de Andrade, "Pessimismo de Abgar Renault", *in Poesia e prosa*, cit., p. 2.341.

[76] Antonio Candido, "Drummond prosador", *in* Carlos Drummond de Andrade, *Poesia e prosa*, cit., p. 1.131.

É na variedade que se dá a unidade, conforme escreveu Mário de Andrade ao observar que havia no grupo de Belo Horizonte, por trás da aparência de "movimento intelectual harmoniosíssimo", uma soma de caramujos ensimesmados, cada um conservando a sua própria feição. O que tinham em comum, segundo ele, era o "espírito mineiro" marcado pelo individualismo e pelo respeito à cultura, que existia na verdade desde os tempos da Inconfidência.[77] Do ponto de vista social e psicológico, há inúmeras características que aproximam os autores focalizados neste livro, a maior parte delas remetendo, com efeito, aos mitos criados em torno da "mineiridade" — equilíbrio, simplicidade, timidez, reserva, desconfiança, ceticismo, ironia etc. Para nosso objetivo, o que importa é descobrir, preservando sempre a especificidade de cada obra, o modo como repercutiu na literatura modernista mineira uma condição histórica e social partilhada por todos. Tendo cumprido uma trajetória parecida, eles viviam atormentados pelos fantasmas do passado rural, deslocados no contexto da modernização. Sem o prestígio das origens, sofriam pela condição social perdida. Ao mesmo tempo, sentiam-se desconfortáveis na situação ambivalente de "modernos aristocráticos". De outra parte, há ambiguidades ligadas ao próprio mito da mineiridade: a junção contraditória do "amor à liberdade" com o desejo de preservar a "herança" — e de manter, sobretudo, a ordem. Relacionada à valorização da memória, há ainda uma mesma atitude de acolhimento (ou pertencimento) em relação à matéria local, valorizada, como veremos, pelo miúdo, nos poemas, contos e romances. O rótulo "poeta telúrico", que Gilberto Freyre atribuiu a Drummond, valeria na verdade para os nossos quatro autores — inclusive para o etéreo e "simbolista" Emílio Moura.

Revoltando-se contra o pressuposto já comentado de uma "condição paulista do modernismo", Laís Corrêa de Araújo viu na estrutura agrária e na mentalidade conservadora de Minas um campo ainda mais propício para a eclosão do modernismo — um

---

[77] Cf. Mário de Andrade, *Entrevistas e depoimentos*, São Paulo, T. A. Queiroz, 1983, p. 69.

"território devastado" no qual os escritores encontrariam "motivação muito mais contundente e dramática do que os modernistas de São Paulo".[78] Na verdade, as emanações do passado rural também tiveram força em São Paulo, a despeito de seu papel de "locomotiva" obcecada pelo novo. Desse convívio entre o novo e o velho é que se nutre, em grande parte, a estética modernista. Daí ser comum que ela floresça em locais atrasados — nos terrenos pedregosos em que a novidade irrompe da própria repetição. Modernista e passadista, atualizado e provinciano, o vanguardismo dos rapazes de Belo Horizonte nasce do encontro de tempos que define o modernismo em todas as épocas e lugares. No contexto brasileiro, o embate entre a cultura urbana e a herança rural marca essencialmente não só o modernismo, mas a própria formação social do país. Afinal, concluiremos que tudo são partes da mesma história.

---

[78] Laís Corrêa de Araújo, "A poesia modernista de Minas", *in* Affonso Ávila (org.), *O modernismo*, São Paulo, Perspectiva, 1975, p. 190.

Carlos Drummond de Andrade (1902-1987) flagrado por um fotógrafo de rua em Belo Horizonte, em abril de 1932.

2.

Eta vida besta!
A poesia *gauche* de Drummond

"Hoje tem festa no brejo!" Em 1930, a saparia coaxou como há muito não se via na província literária de Minas. Num ano cheio de acontecimentos decisivos para a história do país, finalmente vinha a lume, em modesta tiragem de quinhentos exemplares, mas com ampla repercussão nacional, a obra de estreia do poeta *gauche* que se tornaria um dos pilares de nossa literatura moderna. Para os leitores de hoje, o mais espantoso talvez seja descobrir, por trás de sua estrepitosa modernidade, a marca forte e contrária do acanhamento provinciano que atravessa de ponta a ponta o primeiro livro de Carlos Drummond de Andrade. A escolha do título *Alguma poesia*, somada aos adiamentos da publicação, fazia tudo soar mineiramente restritivo e irônico, como se ao poeta do brejo e da montanha fossem permitidos apenas os pequenos voos do lirismo. Entretanto, a subjetividade que se afirma nos poemas é vasta, imperiosa, altiva. "Estou purgado de dez anos de lirismo desenfreado", confessou o itabirano numa carta ao amigo Mário de Andrade, a quem o livro foi dedicado.[1]

Alguma poesia foi a estreia tardia de um autor nada estreante, que tinha amadurecido com as lutas do modernismo. A temática feita de evocações de infância, haicais urbanos e assuntos brasileiros reaparece no livro com a mesma falta de respeito que marcou o piadismo tipicamente modernista. A linguagem coloquial e certas inovações de vanguarda (fragmentação, montagem, simultaneísmo) o poeta não apenas acolhe, mas radicaliza. Modernista desde a primeira hora, Drummond realizou combates heroicos. Os

---

[1] Silviano Santiago (org.), *Carlos e Mário: correspondência de Mário de Andrade e Carlos Drummond de Andrade*, Rio de Janeiro, Bem-Te-Vi, 2002, p. 369.

poemas desse primeiro livro foram escritos ao longo da década de 20. Guardados por muito tempo na gaveta, poderiam parecer velhos no momento da publicação. No entanto, para além dos tiques modernistas, o que se observou de imediato foi a espontaneidade, a vivência profunda, o sentido da arte moderna (não só a aparência) que se abrigava na *persona* lírica de que um anjo torto havia se apoderado.

O livro estava longe de parecer datado porque a adesão aos programas do modernismo não tinha sido irrestrita. A insolência, de que o poeta abusa, convive com a sobriedade de um espírito desencantado. Segundo Manuel Bandeira, Drummond foi o primeiro grande humorista de nossa poesia. Mas essa ironia, tantas vezes associada ao homem interiorizado das montanhas, chega às vezes a parecer trágica. A ambiguidade de tom e a mistura de estilos são desnorteantes. De costas para o nacionalismo, que foi aceito apenas no começo e sem convicção, um "eu todo retorcido" decide expor e expiar o seu mundo interior problemático. Mas a investigação não tem caráter apenas psicológico ou individualista. Síntese das conquistas do modernismo, o livro também prenuncia a visão crítica da realidade brasileira que chegaria logo depois com o romance e o ensaio da década de 30. *Alguma poesia* contém a pulsação e o frescor das obras de transição — qualidades que certamente contribuíram para que os poemas da coletânea figurem até hoje entre os mais populares de Drummond.

As cambalhotas do autor encontraram uma expressão tão simples, seu modernismo pareceu tão natural, que muitos leitores se esqueceram de que, antes de (re)nascer como *gauche*, ele tinha cultivado intensamente as influências do ceticismo elegante. Admirador de Oscar Wilde, Anatole France e simbolistas tardios como Maeterlinck, Samain e Jules Laforgue, o poeta colaborou na primeira metade da década de 20 com as revistas cariocas *Ilustração Brasileira* e *Paratodos* e não tinha pudor de confessar seu "alvaro-moreyrismo descarado".[2] Daí as inúmeras reticências (que "alon-

---

[2] Carlos Drummond de Andrade, *Tempo, vida, poesia*, Rio de Janeiro, Record, 2ª ed., 1987, p. 27.

gavam, refinavam e musicalizavam o bloco de palavras"), a atitude contemplativa e o tom melancólico que se espalham pelos textos da época. Uma boa amostra desses vagidos pós-simbolistas é o poema "Sê como as torres longas e finas", publicado no *Diário de Minas* em dezembro de 1922 com a nota explicativa de que "sorriam" ao autor "os moldes francos e largos da nova poesia". Mas a atmosfera crepuscular, cheia de efeitos de atenuação, está longe ainda das ousadias temáticas e estilísticas do modernismo: "As torres querem meditar...// Lá baixo, a girar e regirar/ a vida tumultuosa e inútil/ a vida vertiginosa e anônima/ cobre-se toda de poeira...// As torres finas/ ferem o céu, longas e indiferentes". Inédito em livro, o poema foi citado por John Gledson como uma demonstração da linguagem tradicional usada por Drummond no começo dos anos 20, embora companheiros como Abgar Renault insistissem na ideia de que o poeta era modernista antes mesmo da Semana de Arte Moderna.[3]

Em 1926, quando enviou a Mário de Andrade o caderno intitulado *Minha terra tem palmeiras*, com a primeira arrumação de seus versos, Drummond disse que estava orgulhoso de ter rompido com "o pós-simbolismo, o penumbrismo e outras covardias intelectuais". Mas a imagem do ser ensimesmado persistiu sob as novas faces, a figura agreste (seca, desconfiada) se confundindo cada vez mais com a poesia áspera e reflexiva. Ao mesmo tempo, o poeta abraçava com entusiasmo o modernismo. A experiência de sair da torre para se misturar à cidade foi um trauma vivido com naturalidade pelo estudante vadio, que tinha fama de anarquista. Além de não trabalhar, perdia tempo com um curso anódino de farmácia, o mais curto e o menos valorizado à época na hierarquia das profissões. Tempo ele possuía de sobra, não apenas para as letras mas também para os incêndios. A insubordinação mental e a indisciplina eram atributos antigos que, segundo a lenda, Drummond levou a extremos na companhia de Pedro Nava.

---

[3] John Gledson, *Poesia e poética de Carlos Drummond de Andrade*, São Paulo, Duas Cidades, 1981, pp. 26-7.

Eta vida besta! A poesia *gauche* de Drummond

Na passagem do penumbrismo ao modernismo, como em todas as mudanças de rumo que depois ocorreriam na obra do poeta, há muito espaço para a dúvida. Em vez de uma sequência linear, o que notamos ao longo de toda a trajetória é a permanente alternância das polaridades: o sério e o incendiário, o trágico e o irônico, o individualista e o público, o urbano e o rural etc. As faces parecem insuficientes, e o poeta precisa de todas para compor sua instável fisionomia. Ainda assim, a crítica procurou dividir em fases a obra de Drummond, identificando uma progressão (individualismo e ironia na primeira etapa, depois o lirismo social e político) sintonizada com o movimento geográfico que o conduziu das montanhas mineiras para o mar aberto do Rio de Janeiro. A visão dos livros iniciais como simples preparação para a obra madura foi alimentada pelo próprio autor numa crônica do começo da década de 40:

> "Meu primeiro livro, *Alguma poesia* (1930), traduz uma grande inexperiência do sofrimento e uma deleitação ingênua com o próprio indivíduo. Já em *Brejo das almas* (1934), alguma coisa se compôs, se organizou; o individualismo será mais exacerbado, mas há também uma consciência crescente da sua precariedade e uma desaprovação tácita da conduta (ou falta de conduta) espiritual do autor. Penso ter resolvido as contradições elementares da minha poesia num terceiro volume, *Sentimento do mundo* (1940)."[4]

Essa evolução foi delineada pelo poeta num momento ainda precoce de sua carreira, quando contava apenas com três livros publicados e se achava envolvido com a espinhosa questão da arte engajada, sem conseguir escapar das pesadas revisões que ocorriam por essa época na história do modernismo (em 1942, aparecia também a famosa conferência de Mário de Andrade sobre as levian-

[4] Carlos Drummond de Andrade, "Autobiografia para uma revista", *in Poesia e prosa*, Rio de Janeiro, Nova Aguilar, 8ª ed., 1992, p. 1.344.

dades e limitações do movimento). Se Drummond houvesse de fato resolvido suas "contradições elementares", os leitores não seriam surpreendidos logo em seguida com as inquietações dilemáticas de sua poesia social, nem com o recuo que marcaria a transição do livro *A rosa do povo* para o lirismo mais hermético e "individualista" de *Claro enigma*. Parece impróprio falar em abertura ou superação quando persiste em toda a obra o aporrinhar das mesmas obsessões, os "mesmos sem roteiro tristes périplos". De preferência à ideia de evolução, a crítica tem reconhecido que as tensões dramáticas convivem o tempo todo na poesia dialética de Drummond, apenas com as modulações específicas de cada época. É como se a trajetória completa estivesse contida em cada uma de suas etapas. Não haveria fases, mas faces. É por essa razão que o conjunto de estrofes aparentemente desconjuntadas que abre o livro de estreia — o "Poema de sete faces" — pode ser visto como pórtico e prefiguração da obra inteira do poeta.

NASCE O POETA GAUCHE

POEMA DE SETE FACES

Quando nasci, um anjo torto
desses que vivem na sombra
disse: Vai, Carlos! ser *gauche* na vida.

As casas espiam os homens
que correm atrás de mulheres.
A tarde talvez fosse azul,
não houvesse tantos desejos.

O bonde passa cheio de pernas:
pernas brancas pretas amarelas.
Para que tanta perna, meu Deus, pergunta meu coração.
Porém meus olhos
não perguntam nada.

Eta vida besta! A poesia *gauche* de Drummond   53

O homem atrás do bigode
é sério, simples e forte.
Quase não conversa.
Tem poucos, raros amigos
o homem atrás dos óculos e do bigode.

Meu Deus, por que me abandonaste
se sabias que eu não era Deus
se sabias que eu era fraco.

Mundo mundo vasto mundo,
se eu me chamasse Raimundo
seria uma rima, não seria uma solução.
Mundo mundo vasto mundo,
mais vasto é meu coração.

Eu não devia te dizer
mas essa lua
mas esse conhaque
botam a gente comovido como o diabo.

Em contraste com o título modesto e restritivo, a abertura da primeira coletânea de Drummond se faz com um poema de estrutura compósita, múltipla, vertiginosa. Após a sobriedade do nome *Alguma poesia*, vem o desfile das faces variadas e do coração orgulhoso (o eu retorcido porém vasto), por meio do qual se reencena o dramático nascimento do homem moderno. No embate com o mundo excessivo e fragmentado, a subjetividade igualmente se desmonta. Como observou Davi Arrigucci Jr., a obra de Drummond manifesta, já ao abrir-se, a "envergadura da grande poesia" — a força de conhecimento do ser no mundo e a consciência dos limites da linguagem —, de modo que seria impossível reduzir a complexidade dessa primeira fase ao espalhafato da militância modernista.[5]

[5] Davi Arrigucci Jr., *Coração partido: uma análise da poesia reflexiva de Drummond*, São Paulo, Cosac Naify, 2002, pp. 27 e 42.

Em todo caso, não se pode desconsiderar a influência das vanguardas europeias e do desvairismo de Mário de Andrade. Verso livre, "palavras em liberdade", descontinuidade, enumerações caóticas, técnicas de montagem, mistura de gêneros e de estilos etc. De tudo se serve o poeta para desenhar a elasticidade das faces no turbilhão do tráfego. Por todo o livro se irradiam as marcas da instabilidade. Os demais poemas também apresentam múltiplos temas, estilos e inflexões. O leque vai do epigrama à confissão, da memória sentimental à crônica do cotidiano, do nacionalismo à temática amorosa: um arsenal de "notações sensíveis, descontínuas", segundo a expressão de Carpeaux,[6] com inúmeras formas de poesia se abrigando sob o título circunspecto.

A influência de Mário de Andrade foi desde cedo reconhecida: "Permiti-me, nos meus versos (quase todos inéditos), algumas audácias que só a *Pauliceia* tornou possíveis", escreveu o poeta numa carta de 1924.[7] O que o impressionou foi não apenas o estilo agressivamente moderno, mas também a *persona* dividida e caótica que conduzia os versos em direção ao seu "ritmo largo e desabusado". A figura cômica do Arlequim, o personagem do *Cinquecento* italiano cujas origens são diabólicas como a do *gauche*, permitiu a Mário compor um lugar metafórico — o traje de losangos — onde elementos contrários se cruzam com velocidade estonteante. De acordo com João Luiz Lafetá, tudo na *Pauliceia desvairada* (o eu, a cidade, a linguagem) é submetido à fragmentação: "Nunca se pode apreender diretamente o sujeito lírico, que desliza de metamorfose em metamorfose, manifestando-se móvel, arlequinal".[8] Daí o caráter dissonante e inacabado dos poemas. O desvairismo, que também foi chamado de "tormento pirandelliano

---

[6] Otto Maria Carpeaux, "Fragmento sobre Carlos Drummond de Andrade", *in Origens e fins*, Rio de Janeiro, CEB, 1943, p. 333.

[7] Silviano Santiago (org.), *Carlos e Mário: correspondência de Mário de Andrade e Carlos Drummond de Andrade*, cit., p. 60.

[8] João Luiz Lafetá, "A representação do sujeito lírico na *Pauliceia desvairada*", *in A dimensão da noite*, São Paulo, Duas Cidades/Editora 34, 2004, p. 359.

da multiplicidade", é uma espécie de disfarce que serve para encobrir a timidez do poeta. Estudando a linguagem da *Pauliceia desvairada* e de *Alguma poesia*, John Gledson observou a influência de Mário sobre vários poemas drummondianos: "Europa, França e Bahia", "Lanterna mágica", "Nota social", "Coração numeroso", "Explicação" e "Poema de sete faces" são alguns deles.[9] Entre Mário e Drummond, o campo de afinidades é tão amplo que não seria exagerado ver no amálgama das sete faces uma contrafação do traje arlequinal.

Inevitáveis, os choques no meio do tráfego se tornariam decisivos na constituição da dilacerada literatura moderna. São os impasses que Drummond volta a representar, com tonalidades variadas, nos versos do seu livro de estreia. Em contraste com o movimento sugerido pelo tema e pela forma do "Poema de sete faces", o indivíduo que se (de)compõe ao longo das estrofes está paralisado, encarcerado em fotogramas paratáticos, sem relação com os excessos do mundo exterior. O mesmo ocorre em "Coração numeroso", a peça mais antiga de *Alguma poesia* juntamente com "Nota social" (ambas são de 1923), na qual o poeta registra as reações de seu espírito provinciano em uma primeira viagem ao Rio de Janeiro. Mário de Andrade não gostou da "extravagância procurada" e dos "meneios desnaturais de sintaxe" dessa construção calidoscópica, que depois seria radicalizada no "Poema de sete faces". Mas Drummond conservou as irregularidades sintáticas, considerando-as não artificiais, mas sinceras, uma vez que a simultaneidade havia sido produzida por uma "grande perturbação sensorial".[10] Aos olhos do poeta mineiro que tinha "sonhos paralíticos" e vontade de morrer, o Rio significa a promessa do mar, a voluptuosidade do calor, o frêmito dos bondes — "Automóveis trânsito carnaval!", como exprimiu em outros versos, escritos em diferente contexto e enviados a Mário em 1925. O coração bate for-

---

[9] Cf. John Gledson, *Influências e impasses: Drummond e alguns contemporâneos*, São Paulo, Companhia das Letras, 2003, pp. 58-91.

[10] Cf. Silviano Santiago (org.), *Carlos e Mário: correspondência de Mário de Andrade e Carlos Drummond de Andrade*, cit., pp. 152 e 158.

te, num entusiasmo crescente que faz o poeta vociferar nos versos finais: "A cidade sou eu/ sou eu a cidade/ meu amor". Mas o coração suicida que subitamente se torna numeroso realiza um movimento contrário no poema "Rio de Janeiro", também de *Alguma poesia*, no qual se mostra assustado em meio ao mundo vasto e futurista de "fios nervos riscos faíscas", encolhendo-se "molemente dentro do táxi".

Conhecedor da timidez do amigo e de sua tendência penumbrista ao recolhimento, Mário dificilmente deixaria de notar as falsificações do poema "Coração numeroso" — defeitos que ele considerou apenas de um ponto de vista linguístico, enquanto resultado de um "modernismo técnico exterior". É como se a personalidade *gauche*, conquanto afeita aos saltos e cambalhotas, não possibilitasse as inversões que soam mais cabíveis com o traje de Arlequim. Mas ambos são palhaços cheios de contradições — um mais aberto e desvairado, o outro mais retorcido, com seu talhe de Pierrô. Talvez por apresentar um caráter fortemente autobiográfico, como observou John Gledson, a máscara usada por Drummond se revela mais convincente do que a que desfila pela *Pauliceia*.

Acompanhemos, face por face, a construção do poema de abertura de *Alguma poesia*.

> Quando nasci, um anjo torto
> desses que vivem na sombra
> disse: Vai, Carlos! Ser *gauche* na vida.

Neste poema, publicado pela primeira vez no dia 25 de dezembro de 1928, entre as várias paródias realizadas pelo autor, de saída chama atenção a imitação indiscreta (cheirando a blasfêmia) do tradicional auto natalino, para relatar o nascimento não de Jesus Cristo, a quem o poeta todavia se compara, mas de um sujeito decaído, tateando nas trevas, sem esperança de caminhar firme na vida. O conluio de citação religiosa e provocação demoníaca produz efeito cômico, o mesmo ocorrendo com a mescla sem cerimônia das referências cultas (a língua francesa, os poemas de Baudelaire e de Gonzaga, a própria Bíblia) com o prosaísmo do vocabulário e do ritmo. Embora as misturas façam rir, em nenhum momento se suspeita da seriedade do assunto, isto é, da maldição que pesa sobre os ombros do *gauche*. Mas a presença da ironia, acusando o excesso de literatura empenhado na construção dessa "face mítica", também não deixa dúvidas quanto ao projeto do poeta de compor uma imagem crítica de si mesmo.

Na estrofe de abertura do "Poema de sete faces", em contraste com os doze alexandrinos que Baudelaire utilizou em "O albatroz" para exprimir a trágica queda do poeta (o "príncipe das nuvens") no mundo dessacralizado — *"comme il est gauche et veule!"* —, o que se tem é um simples terceto feito de versos livres e de linguagem coloquial. É como se pela diminuição do registro o poeta desejasse indicar a sua recusa da excepcionalidade e das idealizações próprias do gosto romântico. Entretanto, a *persona* poética drummondiana se define precisamente como um temperamento de exceção. O *gauche* se sente vítima de um deslocamento que se dá tanto em face do "vasto mundo" moderno quanto nos domínios da "vida besta" provinciana — e que também implica a indefinição de *status* que marcou fortemente a trajetória desse "fazendeiro do ar". Na expressão de Alcides Villaça, o *gauchismo* funciona "como confissão psicológica, dinâmica do estilo e lugar social".[11]

Os anjos que percorrem *Alguma poesia* (o volume é aberto e fechado por eles) parecem confirmar que a essência do livro reside na instabilidade. A forma tortuosa do anjo no "Poema de sete faces" lembra a deformação dos "seres inacabados e inábeis" de que fala Walter Benjamin.[12] A despeito do passadismo existente na imagem das asas brancas, é à semelhança desses anjos caídos ("que vivem na sombra") que o poeta se concebe como *gauche*. Depois de perceber sua inadequação ao mundo, o eu lírico se volta sobre si mesmo. As inquietudes geram uma torção que, segundo Antonio Candido, mais do que um tema, é o "núcleo emocional a

[11] Alcides Villaça, *Passos de Drummond*, São Paulo, Cosac Naify, 2006, p. 18.

[12] Cf. Jeanne Marie Gagnebin, *Sete aulas sobre linguagem, memória e história*, Rio de Janeiro, Imago, 1997, p. 128.

cuja volta se organiza a experiência poética".[13] A *gaucherie* foi elevada à condição de princípio estético, significando não apenas o ritmo desnorteante e o verso musicalmente desajeitado, mas sobretudo a permanente quebra de expectativas, os tropeços e a "falta de naturalidade" dos quais Drummond retirou muito de sua força poética.

> As casas espiam os homens
> que correm atrás de mulheres.
> A tarde talvez fosse azul,
> não houvesse tantos desejos.

A matéria da segunda estrofe, figurada em versos prosaicos de oito sílabas, é a vida terrestre — "besta" — na qual, por maldição do anjo torto, veio cair o *gauche*. Diante da multiplicidade contraditória do mundo, sua reação não é de espanto nem de embriaguez, como conviria a um espírito romântico. Incapaz de agir, ele se limita ao tímido papel de *voyeur*. Em vez de flanar como Baudelaire, procurando abrigo na multidão, o poeta surge petrificado nas casas que apenas "espiam", aferrado ao recato de onde pratica a sua individualista "arte de olhar". O eu lírico parece ausente do espaço urbano coalhado de desejos e de movimentos rápidos (cena agitada que ele observa de longe, a exemplo do que ocorre no poema "Quadrilha"), mas no fundo se identifica com o mundo fragmentado e sombrio, com a tarde que "talvez fosse azul" se os homens, assim como o poeta de sete faces, não estivessem destinados à errância e ao desequilíbrio.

> O bonde passa cheio de pernas:
> pernas brancas pretas amarelas.
> Para que tanta perna, meu Deus, pergunta meu coração.
> Porém meus olhos
> não perguntam nada.

[13] Antonio Candido, "Inquietudes na poesia de Drummond", *in Vários escritos*, São Paulo, Duas Cidades, 2ª ed., 1977, p. 98.

Na terceira estrofe, o bonde modernista vem complicar o cenário quase provinciano que se armava anteriormente com a imagem das casas silenciosas, embora a ênfase já estivesse colocada na correria dos desejos. O *voyeur* continua em cena, focalizando desta vez o quadro futurista e cinematográfico das "pernas brancas pretas amarelas". A ausência de vírgulas se junta à irregularidade métrica para configurar o escarcéu metropolitano, esse mundo amorfo e plural em que tudo soa paradoxalmente repetitivo. Na multidão que passa com velocidade, os transeuntes são percebidos de modo fragmentado e fugaz (daí as metonímias), e a ninguém é dado constituir de fato uma individualidade. Todos permanecem anônimos, em trânsito, momentaneamente desgarrados de seus papéis sociais.

O poeta, pelo menos, deveria conhecer a si próprio. Mas em seu interior o que se arma é uma constante "dissociação da personalidade", como exprimiu Carpeaux. Enquanto a realidade é devorada com olhos ávidos, o coração incurioso resiste às ofertas do mundo e lhe dirige indagações que revelam na verdade uma enorme indiferença. Esse duelo constitui um dos lances da hesitação entre a expansão e o retraimento ("Ó poeta de uma poesia que se furta e se expande", escreverá ele mais tarde em *Claro enigma*) que foi reconhecida desde o começo pela crítica como responsável pelo "dramatismo interior" da obra de Drummond. Segundo Mário de Andrade, as "explosões sucessivas" de sua "poesia de arranco" eram provocadas pelo "combate" entre a inteligência e a sensibilidade.[14] Para Manuel Bandeira, ironia e ternura é que interagiam "como um jogo automático de alavancas de estabilização".[15] Se o sentimento rompe o equilíbrio interior do poeta, a ironia está sempre vigilante para corrigir o patético e restituir a ordem. Paradoxalmente, o humor funciona como garantia de seriedade.

[14] Mário de Andrade, "A poesia em 1930", *in Aspectos da literatura brasileira*, São Paulo, Martins, 5ª ed., 1974, pp. 32-7.

[15] Manuel Bandeira, "Carlos Drummond de Andrade", *in Crônicas da província do Brasil*, Rio de Janeiro, Civilização Brasileira, 1937, p. 137.

O homem atrás do bigode
é sério, simples e forte.
Quase não conversa.
Tem poucos, raros amigos
o homem atrás dos óculos e do bigode.

Na face central do "Poema de sete faces", vemos nitidamente o autorretrato de um homem centrado e circunspecto — um "poeta controladíssimo", na expressão de Emílio Moura. Depois das panorâmicas da multidão desenfreada, contemplamos o *close* desse personagem ajuizado, respeitador das convenções, um perfeito "homem da decadência", como diria Mário de Andrade. Sua refração aos excessos está demonstrada não apenas pelo uso de termos negativos e restritivos (em contraste com os vocábulos que nas faces anteriores exprimiam grandes quantidades), mas também pela figura circular obtida com a repetição do primeiro verso no fechamento da estrofe, conforme observou Alcides Villaça.[16] Símbolo do equilíbrio e da imutabilidade, o círculo se contrapõe radicalmente à tortuosidade do *gauche* e aos desencontros que conformam a algaravia da metrópole. Atrás dos óculos, "não há *gauchismo* algum" — apenas o "senso grave da ordem" que os políticos reputaram como uma das principais características da mineiridade. O perfil burocrático contradiz a figura do fragmentado homem moderno, intrigando o leitor com a suspeita de que esses dois selos fortemente agregados à imagem do poeta não passam de caricaturas insuficientes.

Entretanto, novas explosões ocorrem, e as faces voltam a se suceder nesse espelho partido. Na passagem para a quinta estrofe, mais do que a ousadia da citação bíblica, o que impressiona é justamente o salto brusco ou "cambalhota" que reconduz o homem forte à sua danação de ser retorcido.

---

[16] Alcides Villaça, *op. cit.*, p. 28.

Eta vida besta! A poesia *gauche* de Drummond   61

Meu Deus, por que me abandonaste
se sabias que eu não era Deus
se sabias que eu era fraco.

A firmeza do retrato objetivo, construído à distância, se dilui na frouxidão da face mais confidencial do poema. O tom grave de invocação, a anáfora e a presença das sibilantes parecem ressaltar a fragilidade do eu (que por seu caráter dividido não pode ser Deus), e a impressão que fica é a de um sofrimento trágico. É fácil associar o abandono divino com a imprecação lançada pelo anjo torto. Confundido pela referência bíblica, o leitor talvez deixe de notar a ironia contida nessa versão drummondiana do "desabrigo transcendental" (expressão usada por Lukács para definir, no contexto do romance, o que ele chama de "epopeia do mundo abandonado por Deus").[17] Mas um poeta demoníaco dificilmente usaria a paródia sem intenção satírica, como se desejasse celebrar mitos que na verdade ele dessacraliza. E ainda que essa passagem fosse realmente trágica, sua sinceridade estaria contaminada pela ironia das outras faces.

Dura pouco, no entanto, a confissão pungente de fragilidade. Na sexta estrofe, reerguendo-se com surpreendente destreza, o poeta volta a dirigir os olhos para o universo à sua volta e recoloca em cena, desta vez com eloquência, o pulsar de um coração "assincrônico com os ruídos do mundo exterior", para usar a expressão de Carpeaux.

Mundo mundo vasto mundo,
se eu me chamasse Raimundo
seria uma rima, não seria uma solução.
Mundo mundo vasto mundo,
mais vasto é meu coração.

---

[17] Georg Lukács, *A teoria do romance*, trad. José Marcos Mariani de Macedo, São Paulo, Duas Cidades/Editora 34, 2000, pp. 38 e 89.

A atitude *ego contra mundum*, que está nas raízes do individualismo moderno, reaparece no "Poema de sete faces" com o heroísmo vaidoso e problemático que conhecemos desde *Fausto* e *Dom Quixote*. A célebre afirmação que conclui a penúltima estrofe já estava presente num verso de Tomás Antônio Gonzaga — "Eu tenho um coração maior que o mundo" —, fixando com precisão a figura desse árcade de paixões fortes e individualidade acentuada.[18] Os bardos do romantismo levariam ainda mais longe o mito da subjetividade tirânica, concebendo o poeta como um ser solitário e errante, que mantém contatos sempre infelizes com o mundo e cuja expressão só pode existir como "exasperação egocêntrica". De acordo com Merquior, no poema cubista de Drummond persiste o eco de uma fantasia romântica.[19] A exemplo de outros nomes centrais do modernismo, o poeta mineiro reverenciava os autores românticos e dedicou a eles breves estudos que às vezes parecem comoventes autorretratos:

> "Fagundes Varela sente-se abandonado entre os homens que não são poetas. O barulho circunstante atordoa-o, irrita-o. As imagens urbanas não têm sentido para ele, salvo um sentido de corrupção e vaidade. Não há comércio possível entre a alma do poeta e os fazendeiros de café de São João Marcos, os ginasianos de Petrópolis, os acadêmicos de São Paulo, os doutores do Recife. O poeta está só, só, só."[20]

Todos os destinos que a vida lhe pudesse oferecer seriam menores do que a alma do artista: eis a razão da inadequação que, segundo Lukács, produziu no século XIX o "romantismo da desi-

---

[18] Cf. Antonio Candido, *Formação da literatura brasileira*, v. I, Belo Horizonte, Itatiaia, 7ª ed., 1993, p. 114.

[19] José Guilherme Merquior, *Verso universo em Drummond*, Rio de Janeiro, José Olympio, 2ª ed., 1976, p. 12.

[20] Carlos Drummond de Andrade, "Fagundes Varela, solitário imperfeito", *in Poesia e prosa*, cit., p. 1.317.

lusão".[21] A tendência à evasão e a renúncia aos conflitos culminam no desesperado gesto de defesa que é a hipertrofia da individualidade. No poema de Drummond, enquanto as faces se acumulam, o coração se agiganta, desejando uma harmonia que se contrapõe à discórdia do mundo fragmentado. Desse equilíbrio, que agradaria em cheio ao homem de óculos, o melhor símbolo é a forma estética com suas astúcias — a rima, a métrica, as regularidades com que se procura produzir a calma, contendo o turbilhão. Entretanto, o verso prosaico "seria uma rima, não seria uma solução" (que Mário de Andrade considerou "sublime, mas intelectualmente besta") quebra o ritmo da estrofe e mostra que nada dissolve a tensão dramática traduzida pelas faces desencontradas. Depois da tirada cômica, fica difícil aceitar o apaziguamento da rima que encerra a estrofe ("mais vasto é meu coração"). O que se evidenciou, ao contrário, foi a insuficiência da expressão, que para Davi Arrigucci Jr. está ligada à sensação de "não-poder do eu".[22] Esfacelado, o coração exprime o mundo de modo cambiante, fatiado em faces. É vasto e numeroso porque nele cabem, além das harmonias, as dissonâncias.

A sucessão das faces e a desmedida do coração ecoam os excessos repelidos nas estrofes iniciais pelo *voyeur* — que a eles no entanto se entregava — e sobretudo pelo homem "atrás dos óculos". Era natural que inspirassem, ao final do poema, um movimento de recomposição. Na sétima face, a inteligência reaparece com sua gaiata censura:

> Eu não devia te dizer
> mas essa lua
> mas esse conhaque
> botam a gente comovido como o diabo.

O sorriso zombeteiro, a linguagem coloquial e o apelo à camaradagem são gestos de apaziguamento com os quais o poeta se

[21] Georg Lukács, *op. cit.*, p. 117.

[22] Davi Arrigucci Jr., *op. cit.*, p. 45.

recolhe, não apenas corrigindo a exaltação anterior, mas também atrapalhando o que poderia ser uma derradeira chance de confissão. Na última estrofe, mesmo com a interrupção do desfile de máscaras, o sujeito se mantém esquivo. Disciplinada logo de saída ("Eu não devia te dizer"), a confidência chega de modo indireto, incompleto. O mesmo ocorre com a emoção forte, mais declarada do que sentida, que se enfraquece no embalo da piada (gracinha de tímido, como observou Mário de Andrade). Revelar a comoção é um modo irônico de se conter. A lua e o conhaque, que lembram Pierrô com seu rosto branco e a embriaguez do carnaval penumbrista, deveriam romper o equilíbrio interior do poeta. Mas aqui servem, ao contrário, para recompor suas faces esparramadas com a sugestão conciliadora de que, afinal, tudo que foi exposto pelo poema — o *gauchismo*, seus rompantes e contradições — não passaria de um "descalibramento sentimental". Segundo Alcides Villaça, "o poema multifacetado tende à supressão final de todas as exaltações".[23] É como se no fim da festa caíssem as máscaras e se desfizesse todo o drama configurado pelos embates do eu contra o mundo.

O roteiro do "Poema de sete faces", do nascimento sombrio da primeira estrofe ao negaceio da última, é uma defesa da intimidade contra as ameaças do espaço público. O *gauche* transita pela cidade cheio de reservas, com medo de diluir-se no mundanismo, experimentando só de leve o desvairismo que conduz o Arlequim de Mário à comoção desabrida. Se permite a miragem das inúmeras faces, o efeito da lua e do conhaque não chega a desgovernar a face séria, central, que resiste à dissolução. Para misturar-se com a multidão, o poeta precisaria aprender a se esquecer de si mesmo. Mas o que ele busca, inspirado em Schumann tal como o jovem Manuel Bandeira, é um "carnaval todo subjetivo", concentrado em seu próprio ser interior. No "Poema de sete faces", o apego à subjetividade persiste mesmo após a desintegração do indivíduo. Embora desdobrado, o *gauche* se conserva uno — ou pelo menos não abre mão do desejo de unidade ("Orfeu, dividido, anda à procura/

---

[23] Alcides Villaça, *op. cit.*, pp. 36-7.

dessa unidade áurea, que perdemos", escreverá Drummond mais tarde no poema "Canto órfico", de *Fazendeiro do ar*).

"COMPRIDA HISTÓRIA QUE NÃO ACABA MAIS"

Recompor-se — eis o movimento essencial de uma poesia que parece tratar da experiência moderna da despersonalização, mas que atrás das máscaras abriga uma subjetividade pétrea e bastante ciosa de si mesma. O lirismo depende sempre da criação de uma mitologia pessoal. A coerência e a estabilidade que lhe faltam no universo fugidio da cidade, o poeta tratará de buscá-las na contemplação do passado. A infância é o lugar de retorno que lhe permite, longe dos movimentos urbanos, reconhecer-se com calma e recobrar-se a si mesmo. É o que ocorre no segundo poema de *Alguma poesia*, com essa retomada discreta (mas a seu modo impetuosa) de um dos mitos mais importantes do individualismo.

INFÂNCIA

Meu pai montava a cavalo, ia para o campo.
Minha mãe ficava sentada cosendo.
Meu irmão pequeno dormia.
Eu sozinho menino entre mangueiras
lia a história de Robinson Crusoé,
comprida história que não acaba mais.

No meio-dia branco de luz uma voz que aprendeu
a ninar nos longes da senzala — e nunca se esqueceu
chamava para o café.
Café preto que nem a preta velha
café gostoso
café bom.
Minha mãe ficava sentada cosendo
olhando para mim:
— Psiu... Não acorde o menino.

Para o berço onde pousou um mosquito.
E dava um suspiro... que fundo!

Lá longe meu pai campeava
no mato sem fim da fazenda.

E eu não sabia que minha história
era mais bonita que a de Robinson Crusoé.

Os poemas iniciais de *Alguma poesia* manifestam de modos distintos — o primeiro pela nomeação e pelo autorretrato, o segundo pela evocação direta do passado pessoal — o caráter reconhecidamente autobiográfico da *persona* poética de Drummond. As duas matrizes espaciais de sua obra — a metrópole e a província — se alternam logo nas primeiras páginas do livro. Como notou Antonio Carlos Secchin, o movimento centrífugo do poema de abertura (o ímpeto para o mundo) cede lugar a uma força centrípeta, que o faz recolher-se à sua Itabira do Mato Dentro.[24] Habituado às variações bruscas do "Poema de sete faces", o leitor ainda assim se impressiona com o salto gigantesco que o conduz do presente excessivo e da estrutura multifacetada à forma sem sobressaltos desse poema "lindamente silencioso", onde "cada palavra parece afundar no passado".[25]

A representação descontínua do eu lírico no primeiro poema é substituída em "Infância" pelo retrato inteiriço de um indivíduo demarcado, o menino entre mangueiras. Como se resistisse às transformações, o poeta se põe a recordar as relações imobilizadas do grupo familiar — o "passado que parece íntegro à distância e com-

---

[24] Cf. Antonio Carlos Secchin, "Drummond: infância e literatura", *in* Flávio Loureiro Chaves (org.), *Leituras de Drummond*, Caxias do Sul, EDUCS, 2002, pp. 35-43.

[25] As expressões entre aspas pertencem, respectivamente, a Mário de Andrade e Manuel Bandeira. Cf. Silviano Santiago (org.), *Carlos e Mário: correspondência de Mário de Andrade e Carlos Drummond de Andrade*, cit., pp. 154 e 190).

Eta vida besta! A poesia *gauche* de Drummond   67

pensa o ser dividido no mundo dividido".[26] A memória é a matéria fundamental desse "fazendeiro do ar" que reiterou em diversas ocasiões a natureza confessional (e documental) de sua poesia.

"Minha poesia é autobiográfica. [...] É uma confissão, talvez a primeira forma de uma obra literária [...]. Assim sendo, quem se interessar pelos miúdos acontecimentos da vida do autor, basta passar os olhos por esses nove volumes que, sob pequenos disfarces, dão a sua ficha civil, intelectual, sentimental, moral e até comercial... Lá estão a infância em Itabira, o colégio em Friburgo, a adolescência vadia em Belo Horizonte, a tentativa fazendeira logo frustrada, a profissão burocrática e jornalística, as fumaças políticas que felizmente se desvaneceram, a misantropia do suposto poeta, seus hábitos, gostos, implicâncias, leituras, incompreensões e esforços por romper a carapaça e meter os peitos na correnteza da vida."[27]

Entretanto, como escreve o poeta no livro *A vida passada a limpo*, "a face do artista é sempre mítica". Desnecessário lembrar que a memória é inseparável da invenção e que mesmo o memorialismo feito sem intenções literárias não perde o *status* de composição. O passado íntegro que aparece em "Infância" tem um caráter ficcional — assim como o individualismo que agora repousa na coesão infalível do mito de Robinson. Apesar das oposições que ocorrem na passagem do primeiro para o segundo poema de *Alguma poesia*, também é fictícia a "barreira intransponível" que parece existir entre o presente urbano e o passado itabirano (algo que se pode depreender da própria vizinhança dos textos).

[26] Antonio Candido, "Inquietudes na poesia de Drummond", *in Vários escritos*, cit., p. 111.

[27] Carlos Drummond de Andrade, depoimento publicado em 1953 no *Jornal de Letras. Apud Suplemento Literário de Minas Gerais*, nº 322, 28/10/1972, p. 5.

Desde Mário e Bandeira, a maioria dos leitores tem visto nesse cromo de província apenas os sinais de uma "ternura sem mescla", como se o poema não passasse de um regresso sentimental a um mundo de inocência. As assimetrias entre o "Poema de sete faces" e "Infância" são de fato impressionantes. As cinematográficas mutações urbanas dão lugar à fotografia de um ambiente calmo, feito de formas permanentes. À vertigem do bonde e aos arrancos do poema cubofuturista, sucede o andamento vagaroso de uma meditação sobre a vida agreste. Em contraste com o estrépito do mundo, agora temos o silêncio do indivíduo em seu passado rural. A luz se opõe violentamente às sombras do primeiro poema. Além de conter o racionalismo do "claro raio ordenador", o branco significa a superação do tempo no "intemporal paradisíaco da infância".[28] O pretérito imperfeito dos verbos indica que estamos numa ilha onde as coisas vivem sem pressa e sem fim, ao contrário da confusão urbana figurada no presente passageiro das sete faces. A pontuação serena substitui os cortes e as enumerações caóticas. É como se, depois do naufrágio na cidade, o nosso pequeno Robinson aportasse na estabilidade da terra firme e da forma prosaica (o retorno à prosa também pode ser visto como uma volta à infância da poesia).

Se um retraimento de sabor penumbrista se esboçava ao final do "Poema de sete faces", agora o sujeito se recolhe inteiramente. "Infância" foi escrito entre o final de 1925 e o início de 1926. A composição antecedeu em poucos meses o retorno do poeta a Itabira, após a farsa do curso de farmácia em Belo Horizonte. Numa carta a Mário de Andrade, Drummond relata seu pacato cotidiano: "Moro numa casinha branca, a única do beco, entre laranjeiras, jaboticabeiras [...]. Minha vida ficou simples de repente, sem sustos, sem especulações, sem inquietação. Tudo influência do cenário novo sobre a sensibilidade sequiosa de novas formas repousantes".[29] As evocações da infância, junto com outras passagens

---

[28] Cf. Affonso Romano de Sant'Anna, *Drummond: o gauche no tempo*, Rio de Janeiro, Record, 4ª ed., 1992, p. 217.

[29] Silviano Santiago (org.), *Carlos e Mário*, cit., p. 237.

Eta vida besta! A poesia *gauche* de Drummond

comovidas ou irônicas de *Alguma poesia*, compõem o que Mário de Andrade chamou de "sequestro da vida besta". O autor de *Macunaíma* identificou dois sequestros no livro — o sexual e o "da vida besta", que, segundo ele, era o mais artisticamente valioso. "Ele representa a luta entre o poeta, que é um ser de ação pouca, muito empregado público, com família, caipirismo e paz, enfim o 'bocejo de felicidade', como ele mesmo o descreveu, e as exigências da vida social contemporânea que já vai atingindo o Brasil das capitais, o ser socializado, de ação muita, eficaz pra sociedade, mais público que íntimo [...]." O sequestro diz respeito não apenas ao passado itabirano, mas ao que restou dele na conduta do homem adulto (leia-se, a propósito, o poema "*Sweet home*"), apontando para os privilégios de classe e para a consciência adquirida pelo poeta "da sua inutilidade pessoal e da inutilidade social e humana da 'vida besta'".[30]

Ecos do lirismo crepuscular — como o tom melancólico, a atitude contemplativa, a atenuação, a busca da simplicidade — estão presentes nessa "poesia provinciana, humildemente silenciosa", para usar uma expressão do poema "Vidinha", de Ribeiro Couto, incluído na antologia sobre Minas organizada por Drummond.[31] Atrás dos óculos, sob as faces futuristas, persiste a atração simbolista pelo "pequeno cotidiano" em que as criaturas se revelam únicas. Embora enredado no carnaval citadino, o *gauche* carrega uma "alma" (a longínqua tradição rural) com a qual julga distinguir-se da multidão e que permanece ao fundo da fachada urbana.

A imobilidade dos versos de "Infância", afastando a plasticidade das máscaras, propõe um esforço de desmascaramento. Como um espelho que à distância refletisse o eu íntimo, o poema revela um Carlos "telúrico", nascido não no meio do tráfego, mas como um bicho do mato ou uma planta da fazenda. Tudo colabo-

---

[30] Mário de Andrade, "A poesia em 1930", *in Aspectos da literatura brasileira*, cit., p. 36.

[31] Cf. Carlos Drummond de Andrade (org.), *Brasil, terra e alma: Minas Gerais*, Rio de Janeiro, Editora do Autor, 1967, p. 165.

ra para a impressão de sinceridade. Negação das faces, a infância seria a idade dos sentimentos verdadeiros, que antecedem o convívio social, assim como o campo, em sua clássica oposição com a cidade, encarna o ideal da autenticidade. Segundo Philippe Ariès, essa valorização da infância, em oposição ao desprezo do racionalismo platônico e cartesiano pela idade do pecado e da desrazão, surgiu com Rousseau e o triunfo do individualismo burguês no Ocidente.[32] Mas ao lado dessa visão de plenitude (que a aventura de Robinson, tão ao gosto das crianças, eleva à máxima potência), há também uma concepção negativa que se exprime na própria etimologia: *in-fans* é o que não fala. Infância é antes de tudo uma condição de ausência, incompletude e desorientação — um desajustamento em relação ao mundo que nos remete novamente ao sombrio território do *gauchismo*.

Sem lugar em meio à agitação urbana, o poeta se lembra da infância como quem reivindica seus direitos de nascimento. O recuo ao mundo familiar logo no começo de *Alguma poesia* significa a revelação de um cordão umbilical. Dependente das origens que o protegem do mundo, o menino entre mangueiras sabe que sua ilha é a família. Em sua classe ele se refugia, emoldurando a si mesmo na fotografia de um passado aristocrático. A ambiguidade consiste em desejar ser moderno e ao mesmo tempo estar preso às raízes que todavia se esfacelaram. A integridade da memória, sobre a qual repousa a identidade individual, existe apenas no retrato que, acusando ausências, pende e dói na parede.

A criança, ser incompleto, de nada sabia, mas o adulto que contempla a fotografia sabe com precisão (pois "toda história é remorso") as inquietações que se escondiam naquela vida manhosa. A inocência da infância é que deixa branco e calmo um ambiente coalhado de obscuras memórias, habitado por gerações de coronéis e escravos, erguido pela exploração, arruinado pela decadência, modorrento, porém repleto de dores e suspiros. Não é fácil descobrir inquietude num "quadro em que tudo se estabiliza".

---

[32] Cf. Jeanne Marie Gagnebin, *op. cit.*, p. 169.

Para Alcides Villaça, os versos de "Infância" fluem sem qualquer ironia, ressalvando-se apenas o tom melancólico do final.[33] Sem conter os pavores e as humilhações narradas, por exemplo, nas memórias de Graciliano Ramos, os versos de *Alguma poesia* parecem se restringir ao motivo casimiriano da infância rural perdida — tema de que se vale a paródia modernista para se comprazer com "a dolência, o abandono, o cheiro bom do ambiente brasileiro" (palavras de Drummond num comentário aos versos de "O poeta come amendoim", de Mário de Andrade).[34] Nessa chave nacionalista, o poema poderia até ser visto como apologia modesta do fazendeiro enquanto tipo característico do país — herói de um mundo agrário cuja decadência, aliás, influenciou o conjunto da nossa literatura.

A figuração discretamente eufórica de temas nacionais, a dicção coloquial e a ideia romântica e "possivelmente pau-brasil" de uma beleza inerente ao mundo antigo são traços que aproximam o cromo drummondiano tanto das piadas de Oswald de Andrade quanto das reminiscências de Manuel Bandeira. Mas em "Infância" o que predomina é o silêncio da "vida besta", o abafamento das vogais nasaladas (materializando os desejos asfixiados), o "desaniminho" que não escapou à sensibilidade de Mário de Andrade. O espaço infinito e o tempo "sem fim nem começo" produzem um sentimento de vazio e de tédio — verdadeira nota discordante num poema que deveria estar pleno de felicidade. Se na outra paródia de Casimiro que faz parte do livro, "Iniciação amorosa", o idílio tropical da infância é bruscamente interrompido ("A rede virou/ o mundo afundou"), aqui também há sinais de uma ironia que ultrapassa os limites do pitoresco. Em sua análise do poema "Iniciação amorosa", Luiz Costa Lima considerou essa ironia como a marca drummondiana que "desfaz o mítico modernista".[35]

---

[33] Alcides Villaça, *op. cit.*, p. 48.

[34] Silviano Santiago (org.), *Carlos e Mário: correspondência de Mário de Andrade e Carlos Drummond de Andrade*, cit., p. 121.

[35] Luiz Costa Lima, *Lira e antilira*, Rio de Janeiro, Topbooks, 2ª ed., 1995, p. 135.

A despeito de sua brancura, "Infância" é um cromo denso e opaco. O campo se abre aos olhos do leitor, o mato é sem fim, a memória vai aos longes da senzala, a história de Robinson Crusoé nunca termina, mas o que atrai de fato a atenção é o menino entre mangueiras, seu isolamento "que não acaba mais" e as tensões mal contidas na sonolência figurada pelo poema. Nada é capaz de alterar a paz doméstica, ou, por outro lado, qualquer coisa pode incomodá-la, mesmo um mosquito, que também é enxotado em outras passagens de *Alguma poesia*, como o poema "Sesta", no qual também revela a presença da inquietação. Há um entrelaçamento entre o mosquito e o menino no zeugma da terceira estrofe de "Infância", e isso basta para mostrar a inclinação desse pequeno Robinson para causar perturbações. O fato de se sentir preso indica que sua principal tendência é para a "insubordinação mental", da qual seria acusado pelos jesuítas em sua expulsão do colégio de Friburgo.

Se no "Poema de sete faces" o movimento da cidade era questionado por um sujeito estático, o que ocorre em "Infância", bem ao contrário, é a pulsação de um eu inquieto em oposição ao paralítico mundo rural. Mas a rebeldia, como tudo mais no poema, é bastante sóbria. Início de uma saga que depois se avultaria dolorosamente, "Infância" ainda não escancara os confrontos que, a partir da década de 40, transformariam o tema familiar numa verdadeira obsessão. Embora escritos na juventude, os versos curiosamente despertam a mesma impressão de distanciamento que ocorre aos leitores de *Boitempo* — livro no qual, segundo a crítica, Drummond teria alcançado o "sábio sossego rememorativo" em que toda problematicidade é suspensa.[36] Nos dois momentos o intuito autobiográfico assume um feitio anedótico, aparentemente liberto de indagações, mas também há grandes diferenças entre o poema de 1926 e a coletânea de 1968, da qual ele seria uma espécie de imatura premonição. Em *Boitempo*, o passado é recons-

---

[36] José Guilherme Merquior, "Notas em função de *Boitempo*", *in* Sonia Brayner (org.), *Carlos Drummond de Andrade: fortuna crítica*, Rio de Janeiro, Civilização Brasileira, 2ª ed., 1978, p. 132.

Eta vida besta! A poesia *gauche* de Drummond   73

tituído com abundância de cores, cheiros e sabores. Não se trata de lembranças distanciadas de adulto, mas de impressões vivazes da própria criança — epifanias expressas com estilo muitas vezes hiperbólico (naviano) por um poeta que se transportou magicamente ao passado: "Eu conto o meu presente./ Com volúpia voltei a ser menino", afirma no poema "Intimação". No caso de Pedro Nava, a "poética do excesso" e a monumentalidade barroca correspondem a uma visão épica do passado.[37] Já no cromo seco e realista de *Alguma poesia* o efeito que se produz é o de uma separação entre presente e passado (a palavra "longe" ocorre duas vezes no poema). O pretérito imperfeito afasta o adulto da cena evocada, introduzindo uma memória voluntária, discursiva, em que parece não haver espaço para a fantasia vivenciada pelo menino. Em "Infância", os eventos são escassos e repetitivos (o imperfeito mais descreve e generaliza do que propriamente narra ações). Todo o pitoresco se desfaz no anticromatismo desses versos que trazem apenas o dia branco e o café preto de uma recordação tão prosaica e exasperadora quanto a do poema "Cidadezinha qualquer".

Como observou Mário de Andrade, o "sequestro da vida besta" se exprime em *Alguma poesia* com modulações que vão da complacência à piada, da saudade ao desprezo, do deleite à irritação. Mangueiras e bananeiras se espalham por todos esses cromos provincianos, configurando um espaço idílico de preguiça, prazer e recolhimento que, no entanto, conduz ao tédio e à desolação. Em poemas como "Cidadezinha qualquer" e "Sesta", a letargia do passado é ressaltada tanto pela forma fixa dos versos e pela economia de gestos e palavras (o "seco-fotográfico") quanto pelas abusivas repetições. "Eta vida besta, meu Deus", desabafa o poeta diante da imobilidade que não se pode vestir com adjetivos.

No caso de "Infância", a despeito das liberdades formais do modernismo, o modelo casimiriano parece ser aproveitado sem mácula, assim como se repetem os clichês simbolistas relativos ao "mal da província". Mas aqui também a perspectiva crítica do

---

[37] Cf. Joaquim Alves de Aguiar, *Espaços da memória: um estudo sobre Pedro Nava*, São Paulo, Edusp, 1998, pp. 30-1.

presente se opõe à inútil paisagem rural, como se vê pelo suspiro deslocado de quem "não sabia" — mas hoje sabe — quanto sua história estava destinada a ser bonita e problemática. Por tratarem do mesmo tema, os cromos se contagiam. Os vários aspectos de um mesmo assunto se completam e se iluminam: há deleite na exasperação de "Cidadezinha qualquer", ironia na felicidade de "Família" e "Sesta", inquietação na brandura de "Infância" etc. O sentimento de nostalgia não desperta na poesia de Drummond imagens de uma idade de ouro itabirana. "Infância" é um cromo sem cores justamente porque o passado de que ele se recorda sobreveio depois da reluzente atividade mineradora. A fazenda, com seus bois modorrentos e a brancura dos espaços infindos e entediantes, figura um universo já desviado da plenitude das origens (riqueza que nem mesmo os pais de Drummond conheceram). Em seu retorno às raízes, o poeta se defronta com o esteio duvidoso de uma economia decadente. Ainda assim, faz questão de afirmar sua marca de distinção: a identidade de homem nascido e criado no campo.

Na monotonia da infância, a única forma de escapar do tédio entre mangueiras era "ler revista e nuvem", como escreve o poeta em *Boitempo*. A falta de aventuras foi compensada desde cedo com a febre de leituras. Aos assuntos da fazenda (a cultura dos campos, os fosfatos, os pastos de engorda), o menino preferia a possibilidade de "sair pelo mundo/ voando na capa vermelha de Júlio Verne". E nessa seara sua primeira reminiscência, conforme relata em *Tempo vida poesia*, foi justamente a história de Robinson Crusoé, que ele conheceu estampada nas páginas coloridas da revista *Tico-Tico*. Metaforicamente, essa iniciação literária assumiu o caráter de um desvio dramático (e robinsoniano por excelência) em relação à linhagem rural do poeta.

O sonho de construir um império pessoal resume as tensões entre o homem e o mundo que, de Cervantes a Kafka, animam os momentos cruciais da literatura moderna. Partilhando desde o princípio essa experiência de deslocamento, o menino de Itabira se encantava com a "sugestão poética" da solidão presente na história de Robinson. Em "Infância", um indício de seu largo egotismo aparece já nas variações formais do final da primeira estrofe: ao falar de si mesmo, o poeta quebra a sintaxe ("eu sozinho menino entre mangueiras") e transborda no *enjambement*, depois de ter apresentado com pausas e regularidade as figuras estáveis dos parentes. Na solidão, avulta o individualismo que reside tanto nos fragmentos do "Poema de sete faces" quanto na inteireza de "Infância" — pois o exilado, como diz Fagundes Varela num verso citado por Drummond, "está só por toda parte". Mas o romance de Daniel Defoe também passa por ser uma espécie de "bíblia da burguesia". O náufrago personifica o ideal da autonomia individual, enquanto a ilha figura a absoluta liberdade econômica, social e intelectual que se tornou um dos anseios da civilização moderna. Irresistível, o mito despertou até mesmo a sensibilidade romântica de pensadores e artistas que, a exemplo de Rousseau, se incluíam entre os deslocados do capitalismo urbano. Alimentando-se de criações imponentes como Fausto, Dom Quixote e Robinson, o romantismo acabou por revigorar os valores burgueses a que se opunha de modo espalhafatoso. No caso de Drummond, que já foi chamado de "último grande representante do individualismo burguês de nossa poesia",[38] importa considerar ainda o deslocamento que tais ideias sofriam no contexto brasileiro em virtude do atraso econômico (o que não deixa de representar mais um sintoma do "despaisamento" do poeta). A tematização da província estagnada e do velho mundo patriarcal ressalta ironicamente o contraste com o modelo individualista, cujo pressuposto é a ordem burguesa moderna.

Acumulando sucessos graças ao trabalho metódico e às bases morais de seu caráter nada introspectivo, o náufrago de Defoe produziu, na expressão de Ian Watt, um "épico dos que não desanimam". O *gauche*, que em *Alguma poesia* também se define como "sobrevivente", está longe da racionalidade desse herói pragmáti-

---

[38] Cf. Iumna Maria Simon, "As vanguardas poéticas no contexto brasileiro (1954-1969)", *in* Ana Pizarro (org.), *América Latina: palavra, literatura e cultura*, v. III, São Paulo/Campinas, Memorial da América Latina/Unicamp, 1995, p. 361.

co. O menino entre mangueiras se inclina de preferência para o ócio da burguesia contente e o "bocejo de felicidade" do poema "*Sweet home*", a exemplo do volúvel protagonista de *Memórias póstumas de Brás Cubas*, cuja trajetória cheia de "negativas" contraria o fascínio capitalista pelas realizações individuais.[39] E o que faz esse "pequeno Robinson moderno" concluir, a despeito de ter vivido uma infância tediosa e uma formação desfibrada, que sua história era mais bonita que a aventura do herói de Defoe? O problema é que a história de Robinson acaba, como lamenta o autor num poema de *Boitempo* chamado "Fim": o náufrago decide partir, largando o menino "sozinho na ilha povoada" ("mais sozinho que Robinson, com lágrimas/ desbotando a cor das gravuras do *Tico-Tico*"). A solidão do poeta é mais comprida porque continua a existir na vida adulta e no vasto mundo onde ele se sente mais solitário do que se estivesse numa ilha.

Nos versos de "Infância", o esteio das imagens românticas torna possível sonhar com uma versão mais complexa do mito de Robinson. O menino se alimenta de divagações poéticas, não de sucessos comezinhos. Vivendo entre mangueiras — ao contrário do pai, que campeava livremente "no mato sem fim da fazenda" —, ele concebe uma ilha desvinculada do ideal econômico e da moralidade do capitalismo. O verbo "campear" resume atributos do herói de Defoe (a sede de domínio, a racionalidade administrativa, a distância em relação à esfera doméstica) que apenas o fazendeiro possuía. É pelo pai, apresentado num verso de timbre aberto e claro, que se inicia a recordação da infância. A curta estrofe dedicada a ele é a única regular do poema. Contra o império e o equilíbrio do pai é que se volta o poeta, afirmando que sua história era mais bonita. O *gauchismo* (ou naufrágio) advém não da maldição de um anjo torto, mas da rebelião contra a ordem paterna que já foi apontada como "a fonte de todas as revoltas do verso drummondiano".[40]

---

[39] Cf. Roberto Schwarz, *Um mestre na periferia do capitalismo*, São Paulo, Duas Cidades/Editora 34, 1990, p. 206.

[40] José Guilherme Merquior, *Verso universo em Drummond*, cit., p. 206.

Eta vida besta! A poesia *gauche* de Drummond

Orgulhoso e insubordinado, o *gauche* permaneceu, contudo, à sombra do homem forte, seguindo o exemplo da mãe que ficava "sentada cosendo" e com a qual se sentia intimamente ligado. O convívio com as agulhas e os suspiros do ambiente doméstico contêm a cifra do próprio destino literário, que confirmará o desvio da linhagem rural. Mas o poeta nunca deixará de ser filho de fazendeiro. De acordo com Silviano Santiago, na obra de Drummond convivem o mito do começo (o individualismo rebelde pelo qual ele se distancia da família, escolhendo seu próprio caminho) e o mito da origem (a "ciência do sangue" que o faz identificar-se com os antepassados).[41] Ao mesmo tempo em que inaugura um novo mundo, o poeta conserva a ordem antiga, da qual se julga "sobrevivente" e devedor.

Ao representar o passado e os valores tradicionais, o poeta busca uma "explicação" para sua existência *gauche*. A criação cheia de mimo e de doçuras amolecentes estaria na base de sua incapacidade para o trabalho, assim como a paisagem de Itabira teria dificultado os contatos com a multidão e o desterramento desse migrante iludido que em *Farewell*, seu último livro, confessa nunca ter saído de sua terra. Numa crônica de *Confissões de Minas*, comparando-se às casas velhas e imóveis de sua cidade, o poeta se atribui uma espécie de "destino mineral", contrário à aventura dos que se dispõem a levantar âncora para a "descoberta do mundo".[42] Apenas pela sugestão poética da solidão é que a história de Robinson Crusoé se compara com a do menino entre mangueiras, depois transformado em adulto preso às origens.

O segundo poema de *Alguma poesia* — esse cromo da província que nos é dado sem cores, à distância, como se fosse de algo antigo (a infância perdida, o campo substituído pela cidade, o país do tempo da senzala) — apresenta na verdade a imagem viva de

---

[41] Silviano Santiago, "O poeta enquanto intelectual", *in Carlos Drummond de Andrade, 50 anos de* Alguma poesia, Belo Horizonte, Conselho Estadual de Cultura de Minas Gerais, 1981, pp. 47-9.

[42] Carlos Drummond de Andrade, "Vila de utopia", *in Poesia e prosa*, cit., p. 1.364.

um passado próximo, que atua no presente do poeta e na sociedade em que ele vive. O quadro é atual e "moderno" como qualquer uma das faces do poema inicial. O silêncio e a ausência das cores revelam, paradoxalmente, uma maior proximidade da recordação — que, por ainda estar presente, não carece de pintura (não precisa ser restaurada ou "mobiliada"). O passado não é visto sob o signo nostálgico do "não mais", como se se tratasse de algo desfeito. O "desaniminho" de que falou Mário de Andrade se justifica, ao contrário, pela constatação de que as coisas findas continuam existindo (delas não se separa o poeta melancólico). Daí a escolha do pretérito imperfeito, essa espécie de "presente no passado" que exprime fatos permanentes e inconclusos. Tempo mítico empregado nos contos de fada, o imperfeito serve para descrever realidades paralíticas, encantadas, que dão a impressão de possuir uma "substância eterna". O uso dessa forma verbal se alia às repetições de sons, palavras e versos para abolir estruturalmente a consciência do tempo, congelando-o a exemplo do que fazem as fotografias.

Há instantes em que o imperfeito de fato se "presentifica", como no verso "comprida história que não acaba mais", que foi criticado por Manuel Bandeira. Em carta a Drummond, o autor de *Libertinagem* considerou essa passagem inútil, "um verso morto que destoa no poema onde cada palavra parece afundar no passado".[43] Mário de Andrade preferia a forma verbal "acabava" e chegou a perguntar se havia uma razão especial para o verbo ser usado no presente.[44] Drummond não esclareceu, mas podemos arriscar uma resposta. A razão estaria na continuidade do passado e no fato de os dois tempos (o presente e o imperfeito) serem próximos e permutáveis, denotando ações habituais e repetidas. Em outras palavras, o que se afirma em "Infância" é a sobrevivência dos resíduos: uma atualidade do passado que, obstruindo o veio saudosista, parece negar o próprio gênero das memórias.

---

[43] *Apud* Silviano Santiago (org.), *Carlos e Mário: correspondência de Mário de Andrade e Carlos Drummond de Andrade*, cit., p. 190.

[44] Cf. *op. cit.*, p. 234.

A infância é o retrato do que ainda somos. De acordo com Luiz Costa Lima, *Alguma poesia* figura as contradições de um país indeciso entre dois tempos, vivendo o momento de transe em que "o antigo se enleia no tempo de agora".[45] Os dois Brasis não se chocam, se acomodam: a tradição patriarcal e escravista sobrevive sob a modernidade incipiente, que por sua vez se nutre do passado rural e das reminiscências da senzala. A lembrança do café preto e gostoso, de sabor tão bandeiriano, é indissociável da preta velha — essa figura submissa aos senhores do café, a quem servia como criada, objeto sexual e agente de "formação sentimental". No poema "Iniciação amorosa", a lavadeira de pernas morenas que atiça no menino itabirano desejos e perversidades de classe (a "voluptuosidade ociosa dos senhores" que depois seria descrita por Gilberto Freyre) é uma prova de que os "longes da senzala" não estavam tão longe assim.[46] As doçuras da "língua errada do povo" escondem brutalidades que o nacionalismo pitoresco da década de 20 deixou de abarcar (ou tratou de dissolver). Assim como os proprietários rurais, os modernistas uniam o cosmopolitismo refinado e a "modernidade dos procedimentos expressionais" com o cultivo da tradição brasileira. Ao estabelecer a contiguidade entre "Poema de sete faces" e "Infância" (com suas realidades opostas e no entanto superpostas, complementares), Drummond indica com precisão o conluio entre moderno e arcaico que constituía, no Brasil, a base do artista ou intelectual modernista.

Em Minas, a combinação de valores modernos com relações pré-burguesas e instituições arcaicas se cristaliza na construção de Belo Horizonte. O mito republicano do Estado dinâmico, opondo-se à inércia econômica, fez surgir a nova capital. Mas a cidade moderna não se livrou de sua "alma de arraial" e por muito tempo os visitantes ficariam impressionados com a "escassez de

---

[45] Luiz Costa Lima, "Carlos Drummond de Andrade: memória e ficção", *in Dispersa demanda*, Rio de Janeiro, Francisco Alves, 1981, p. 165.

[46] Cf. Iná Camargo Costa, "A herança modernista nas mãos do primeiro Drummond", *in* Ana Pizarro (org.), *América Latina: palavra, literatura e cultura*, v. III, p. 315.

gente pelas ruas larguíssimas", conforme a expressão de Monteiro Lobato. Além da "vida besta", a metrópole mineira conservava as relações sociais e as práticas de um mundo caduco. Elidida na polifonia moderna do "Poema de sete faces", a monotonia rural ressurge em "Infância". Se o primeiro poema de *Alguma poesia* tematiza com "palavras em liberdade" o desenraizamento do *gauche* (sua atração pelo vasto mundo), o segundo exibe seu forte apego às origens. O relato do naufrágio se completa com o da sobrevivência.

UM SOBREVIVENTE NO MEIO DO CAMINHO

Sob o impacto da modernização, em meio à fragmentação que aliena, coisifica e esmaga, a atitude natural do sujeito que sobrevive (e que se sente esvaziado de si mesmo) é o recolhimento. Regressar à sua ilha significa rejeitar o progresso técnico "que se fez numa escala de massas, esquecendo-se do indivíduo", conforme exprimiu o poeta na primeira crônica do livro *Passeios na ilha*. Mas nada disso impede que as marcas do momento histórico se incorporem à linguagem, cumulando-a de ritmos e de inflexões modernas, como se vê no "Poema de sete faces". Depois da dissonância desses versos multifacetados, fica difícil aceitar o tom ingênuo, encabulado e jocoso de um poema como "O sobrevivente", que apresenta a imagem de um poeta possivelmente romântico, mas sem dúvida moderno (posto que provinciano), em luta contra a modernização. Em chave irônica, os temas do progresso e da tecnologia são relacionados diretamente com o triunfo da prosa e a impossibilidade da poesia.

O SOBREVIVENTE

Impossível compor um poema a essa altura da evolução
[da humanidade.
Impossível escrever um poema — uma linha que seja —
[de verdadeira poesia.

Eta vida besta! A poesia *gauche* de Drummond   81

O último trovador morreu em 1914.
Tinha um nome de que ninguém se lembra mais.
Há máquinas terrivelmente complicadas para as
        [necessidades mais simples.
Se quer fumar um charuto aperte um botão.
Paletós abotoam-se por eletricidade.
Amor se faz pelo sem-fio.
Não precisa estômago para digestão.
        Um sábio declarou a *O Jornal*
        que ainda falta muito para atin-
        girmos um nível razoável de cul-
        tura. Mas até lá, felizmente, es-
        tarei morto.
Os homens não melhoraram
e matam-se como percevejos.
Os percevejos heroicos renascem.
Inabitável, o mundo é cada vez mais habitado.
E se os olhos reaprendessem a chorar seria um segundo
        [dilúvio.

(Desconfio que escrevi um poema.)

Dedicado a Cyro dos Anjos, esse poema que nasce torto, encolhido entre parênteses, reflete não apenas a crise da arte em face da revolução industrial — que provocou nos artistas uma insolúvel metalinguagem, uma permanente indagação sobre sua própria natureza e função — mas também a consciência histórica de um poeta socialmente deslocado, que se nomeia *gauche* e "sobrevivente" por saber que sua existência se dá entre dois mundos. Segundo Fredric Jameson, a arte moderna extraiu suas possibilidades do fato de ser atrasada, "um remanescente arcaico no interior de uma economia modernizante".[47] Ser moderno, na expressão de

---

[47] Fredric Jameson, *Pós-modernismo: a lógica cultural do capitalismo tardio*, trad. Maria Elisa Cevasco, São Paulo, Ática, 1996, p. 311.

Marshall Berman, é ser ao mesmo tempo revolucionário e conservador: "para ser inteiramente moderno é preciso ser antimoderno".[48] A despeito de seu caráter ingênuo, esse desabafo contra o progresso inclui Drummond na linhagem da poesia moderna que, desde Baudelaire, critica e não celebra o capitalismo. Atitude de origem romântica, a reação contra o avanço industrial só não encontrou eco nos artistas do futurismo, que preferiram engrossar o coro progressista da burguesia, mimetizando a máquina, a velocidade e a fragmentação. Refletida à distância na forma do "Poema de sete faces", essa "modernolatria" não tem qualquer relação com os versos melancólicos de "O sobrevivente" — o que também não significa que o poema exponha as rasuras e os recalques da modernização.

"A guerra nos deu uma mentalidade dolorosa", escreveu Drummond no ensaio "Sobre a arte moderna", publicado em 1923.[49] Em meio ao diletantismo da *belle époque* (o culto a Anatole France que o poeta depois chamaria de "acidente de juventude"), novas tensões tornaram mais profunda a crise que desde o período romântico vinha abalando a poesia. Os trovadores morreram porque a produção de objetos meramente "belos", no contexto da vida mercantilizada, ficou parecendo um jogo cada vez mais fútil. Essa a condição histórica moderna, em face da qual restaram duas saídas: a solução aristocrática da "arte pela arte" e a "solução demótica", que consiste em romper com o isolamento da poesia, contaminá-la com o ar da rua, promover sua dessacralização. Como observou Sérgio Buarque de Holanda, as duas soluções, embora contrastantes, convivem na obra de Drummond.[50] O poeta sobrevivente oscila entre a consciência da perda de suas

[48] Marshall Berman, *Tudo que é sólido desmancha no ar: a aventura da modernidade*, trad. Carlos Felipe Moisés e Ana Maria L. Ioriatti, São Paulo, Companhia das Letras, 1997, p. 14.

[49] Cf. John Gledson, *Poesia e poética de Carlos Drummond de Andrade*, cit., p. 31.

[50] Sérgio Buarque de Holanda, "Rebelião e convenção", *in O espírito e a letra*, v. II, São Paulo, Companhia das Letras, 1996, p. 507.

Eta vida besta! A poesia *gauche* de Drummond

insígnias (o desaparecimento da aura após a secularização da arte, estudada por Walter Benjamin) e a crença nos fantasmas de sua própria interioridade — como se a poesia, quieta no seu canto, pudesse se contrapor às vulgaridades do sistema capitalista. Em "tempos de prosa", o poeta insiste em afirmar a necessidade do lirismo. Embora a eloquência herdada do romantismo seja combatida com as armas do prosaísmo e da piada, o mundo de sentimentos do trovador morto não desaparece: sitiado entre parênteses, sobrevive. Figurando a oscilação, o poema se divide entre dois registros. Na primeira parte, em que se deplora a morte da "verdadeira poesia", sobrelevam a dicção grave, os versos longos, a sintaxe lógico-discursiva e o acúmulo de recursos retóricos. Em seguida, porém, entram em cena as deformações da visada humorística, surgem efeitos sonoros e o ritmo se acelera, refletindo a velocidade dos tempos modernos. Atenta aos ruídos do mundo, a poesia modernista nasce impura, cheia de mesclas, simultaneamente ao prosaísmo que a nega. Por oposição ao lirismo clássico e aristocrático, o que "O sobrevivente" afirma, de acordo com Marlene de Castro Correia, é que só a linguagem dessacralizadora pode ser compatível com a época moderna.[51] O discurso poético alimentado pela prosa é que triunfa no encerramento do poema. Entretanto, ao contrário da dura sentença enunciada na abertura, a afirmação do verso final chega de modo esbatido, impreciso, quase subjuntivo. O poema que o leitor viu nascer não será de verdadeira poesia? Ao colocar entre parênteses a "poesia do coração", o autor estaria novamente duvidando da sua capacidade de sobreviver na "prosa das relações"?[52]

Na hesitação entre a poesia e a prosa, entre o passado rural e o presente urbano, entre a "arte pela arte" e a dessacralização, residem os polos de uma "dialética negativa", em que a modernidade tanto fascina quanto repugna. Em poetas como Baudelaire

---

[51] Marlene de Castro Correia, *Drummond: a magia lúcida*, Rio de Janeiro, Jorge Zahar, 2002, pp. 128-9.

[52] As expressões entre aspas são de Hegel. *Apud* Georg Lukács, *op. cit.*, p. 107.

e Rimbaud, a aversão ao racionalismo e ao progresso técnico coexiste com a atração pelas novas experiências. Decaído e "sem aura", o autor de *As flores do mal* se deixa arrastar pela matéria impura e vulgar que a cidade oferece. Drummond está longe de celebrar a modernização: sua poesia é "o lirismo mais antifuturista", como observou Merquior.[53] Mas o olhar satírico sobre a vida mecânica e desumanizada não exclui a admiração que se vê em *Alguma poesia* pela música dos linotipos, o espantoso engenho dos paletós, a luz da solda brilhando na construção (que no entanto desfigura a rua). Em poemas como "Cota zero", a denúncia da reificação se faz ao modo matreiro da rapsódia de Mário de Andrade, lembrando o capítulo em que o herói percebe que "os homens é que eram máquinas e as máquinas é que eram homens", transformando em seguida seu mano Jiguê na máquina-telefone.

COTA ZERO

Stop.
A vida parou
ou foi o automóvel?

Poema seco e enigmático, "Cota zero" parece aderir à mística do automóvel, que dominou o século XX, mas na verdade a repõe pelo avesso, na contramão do espírito futurista que comandou, entre outros empreendimentos, a criação em São Paulo de *Klaxon*, a revista do modernismo de 22. A novidade que se tornou um dos principais símbolos do capitalismo é registrada de modo negativo, como algo que paralisa ou automatiza a vida. A desconfiança em relação ao moderno é evidenciada pelo título "Cota zero", com sua ênfase nas ideias de perda e imobilidade, e pela própria forma do poema, que materializa uma freada ou uma espécie de queda brusca. Em sua análise do poema, Régis Bonvicino considera certo que Drummond, em contraste com o otimismo de Ma-

---

[53] José Guilherme Merquior, *Verso universo em Drummond*, cit., p. 18.

Eta vida besta! A poesia *gauche* de Drummond

rinetti, "num gesto de vanguarda da vanguarda, previu a catástrofe dos dias atuais".[54]

Mas o espírito crítico não parece se incomodar com todos os efeitos dessa tragédia. Em "O sobrevivente" as descrições exageradas se restringem aos aspectos da reificação e do desencantamento do mundo, revelando quanto essa visão romântica se encontra ainda longe dos estragos mais profundos da engrenagem capitalista. A crítica à sociedade burguesa não vai além de uma decepção aristocrática, que se alimenta tanto da cultura sofisticada quanto dos "direitos de nascimento" do poeta. O desconforto do sobrevivente provém da consciência de seu caráter anacrônico e do *status* impreciso reservado aos letrados que se desviam da linhagem rural. Esgueirando-se no meio da multidão, o *gauche* inventa para si mesmo uma existência retorcida num lugar escuro e vago. "Não sou senão poeta", afirma Drummond no poema "Explicação". Como observou Sartre, ao reivindicar atributos como "aéreo", "estrangeiro" e "deslocado", o escritor se toma por uma reencarnação da nobreza, que se caracteriza por seu parasitismo.[55] A poesia garante a sobrevivência de uma vítima da desclassificação social, cuja configuração no contexto brasileiro da época foi estudada por Sergio Miceli em *Intelectuais e classe dirigente no Brasil (1920-1945)*. Esse processo de "reconversão social", que teria permitido a sobrevivência dos "parentes pobres" da oligarquia rural, deve ter sido mais doloroso do que a guerra ou a industrialização distantes.

Mas o "remanescente do arcaico" conserva a altivez — "veste com orgulho seus andrajos" a exemplo da pequena Sabará que, escondida atrás do morro, "com vergonha do trem", não deixa de ser uma "cidade teimosa", conforme exprime Drummond no seu livro de estreia. Guardando a memória de um mundo antigo (os

[54] Régis Bonvicino, "O poema antifuturista de Drummond" *in Sibila*. Disponível em http://www.sibila.com.br/index.php/critica/486-o-poema-anti-futurista-de-drummond. Acesso em março de 2010.

[55] Jean-Paul Sartre, *Qu'est-ce que la littérature?*, Paris, Gallimard, 1999, p. 133.

longes da senzala), esse incômodo "fantasma" passeia pelas ruas sem encontrar acolhida no meio da massa urbana, tal qual o elefante desengonçado do livro *A rosa do povo*. E para afirmar o direito de elidir a realidade, faz alarde de sua condição de poeta — pois a essência do lirismo reside na interiorização.

POESIA

Gastei uma hora pensando um verso
que a pena não quer escrever.
No entanto ele está cá dentro
inquieto, vivo.
Ele está cá dentro
e não quer sair.
Mas a poesia deste momento
inunda minha vida inteira.

Nesse poema falhado, batizado ironicamente de "Poesia", a experiência ambígua de um instante pleno e vazio passa a definir a própria natureza do lirismo. Se a arte poética depende do acaso (e não da mão que escreve, como reafirma o autor no "Poema que aconteceu"), o fracasso de um verso que permanece "cá dentro" também exprime um dos fundamentos da poesia: seu caráter "incomunicável". Por conter esse verso caudaloso, capaz de inundar uma vida inteira, a subjetividade de novo se apresenta como vasta e romântica. O movimento, porém, é sempre contraditório. No desfecho do poema "O sobrevivente", também ocorre a imagem monumental do dilúvio. Mas a expansão é contida pela nota pessimista que se interpõe, à imagem de um obstáculo, seja pela dubiedade da forma parentética seja pela indecisão presente no verbo "desconfio" (que ecoam a ironia restritiva do título da coletânea, *Alguma poesia*). O coração se diz maior que a prosa do mundo, mas o poema não sai — "não quer sair" — do seu recato entre parênteses.

Numa carta de outubro de 1929 a Mário de Andrade, comentando sua urgência de publicar o primeiro livro "para ficar livre

Eta vida besta! A poesia *gauche* de Drummond

dele", Drummond afirma que se sente cada vez mais "poeta por dentro" e que "essa poesia interior, que não se realiza, tem qualquer coisa de grave e trágico".[56] O caráter intransitivo desse lirismo abrigado "cá dentro" não tem parentesco com a poesia misturada às multidões, nascida no meio do tráfego, tal como foi concebida por Baudelaire (e será praticada mais tarde pelo próprio Drummond). O poema entre parênteses está longe da embriaguez de quem se entrega ao espaço público e ao tempo presente. "O sobrevivente" é ainda um primeiro passo, vagaroso e indeciso, rumo ao "sentimento do mundo" — a fala de quem não vivencia e nem critica (só lamenta) a modernização.

Posta num abrigo entre parênteses, ocupando uma "posição em falso entre dois mundos", a poesia *gauche* encarna tensões próprias do tempo que recusa. Os parênteses que exprimem a recusa da cidade também contêm a dúvida sobre a possibilidade do poema. A exemplo da "forma insegura" que, furando obstáculos, nascerá no poema "A flor e a náusea", de *A rosa do povo*, "O sobrevivente" já anuncia, a despeito de seu aspecto de composição involuntária, a consciência de que a poesia deverá ser duramente conquistada, exigindo sempre o esforço da luta ou a procura tenaz, à beira da frustração. Trata-se de uma aventura por caminhos pedregosos, como enfatiza *ad nauseam* a peça de escândalo que se tornou a criação mais famosa de Drummond, uma espécie de poema-chave de sua obra.

No meio do caminho

No meio do caminho tinha uma pedra
tinha uma pedra no meio do caminho
tinha uma pedra
no meio do caminho tinha uma pedra.

Nunca me esquecerei desse acontecimento
na vida de minhas retinas tão fatigadas.

[56] Silviano Santiago (org.), *Carlos e Mário*, cit., p. 358.

Nunca me esquecerei que no meio do caminho
tinha uma pedra
tinha uma pedra no meio do caminho
no meio do caminho tinha uma pedra.

Além de representar uma síntese do espírito polêmico do modernismo e um flagrante da psicologia dramática do poeta, o impasse diante do obstáculo ao mesmo tempo trivial e espantoso se tornou um dos símbolos mais fortes da literatura brasileira. Os versos publicados em 1928 na *Revista de Antropofagia* (a data da composição é 1924) manifestam de modo agressivo o desejo de renovação estética. Sendo mais que um artefato futurista ou uma notícia da modernidade, os versos apresentam, na tensão dissonante que é a razão de sua força, a "vivência profunda de um ser já moderno", como disse Caetano Veloso.[57] Embora tenha incluído o poema, em sua *Antologia poética*, na parte dedicada às "tentativas de exploração e de interpretação do estar no mundo", Drummond dizia que os aspectos filosóficos atribuídos por muitos leitores a "No meio do caminho" nunca haviam lhe passado pela cabeça. Sua intenção era fazer apenas um poema monótono, com poucas palavras, repetitivo, "um poema chato mesmo", "bastante árido, bastante pedregoso".[58]

"É formidável, o mais forte exemplo que conheço, mais bem frisado, mais psicológico de cansaço intelectual. Me irrita e me ilumina. É símbolo", escreveu Mário de Andrade. Em nota a essa carta de 1924, Drummond lembra que, para o autor de *Macunaíma*, o cansaço intelectual se incluía entre as causas geratrizes da poética modernista, pois, como dizia Mário, "a inovação em arte deriva parcialmente, queiram ou não os boxistas, do cansaço intelectual produzido pelo já visto, pelo tédio da monotonia".[59] É

[57] *Apud* Geneton Moraes Neto, *O dossiê Drummond*, São Paulo, Globo, 1994, p. 126.

[58] *Op. cit.*, p. 55.

[59] Silviano Santiago (org.), *Carlos e Mário*, cit., p. 76.

Eta vida besta! A poesia *gauche* de Drummond

possível que uma das inspirações de "No meio do caminho" tenha sido o verso "monotonias das minhas retinas", que abre o poema "Os cortejos", de *Pauliceia desvairada*, em que o autor, à semelhança do sobrevivente de Drummond, lamenta a falta de poesia dos habitantes desumanizados de São Paulo.

Após o escândalo inicial, "No meio do caminho" correu mundo, e a fama conferiu a seu autor uma série de rótulos: pétreo, pedregoso, cavouqueiro, pedreira... A impressão causada pelo poema se deve à "concreção linguística" na qual se engastam o sentido e a forma. Tudo concorre para fixar o obstáculo: a estrutura circular feita de idas e vindas, a aspereza das palavras, a reiteração das consoantes oclusivas e das vogais fechadas, a atrofia verbal como índice da paralisia, o ritmo das repetições desenhando o beco sem saída etc. Assim como os sintagmas "no meio do caminho" e "tinha uma pedra" (que se alternam sete vezes, o primeiro com o movimento ondulatório de suas bilabiais, o segundo com as dentais travando a passagem), o caminhante e a pedra são insistentemente contrapostos e ficam refletindo-se um no outro. Entre o sujeito precário e o intransponível obstáculo, qual se mostra mais pétreo e resistente? Em face da "coisa interceptante", o *gauche* nascido "com o hábito de sofrer" (e de ironizar) teria se defrontado consigo próprio?

No poema "Legado", de *Claro enigma*, Drummond escreve: "De tudo quanto foi meu passo caprichoso/ na vida, restará, pois o resto se esfuma,/ uma pedra que havia em meio do caminho". Além da revisão gramatical do verso escandaloso, que repõe ironicamente a certeza do destino irremediável, chama atenção a relação de identidade que se estabelece entre os movimentos incertos do poeta e a pedra, constitutiva dele (como parece enfatizar o próprio nome do poeta, em que ocorre duas vezes o encontro consonantal "dr"), que por isso se torna sua única herança ou resíduo. A passagem jamais se mostraria possível, pois o cansaço do poeta era maior que o próprio obstáculo. Seu legado foi a recusa da linearidade, o "passo caprichoso", o impasse.

DRUMMOND E O NACIONALISMO

Desviar-se da pedra exigia do poeta o esforço gigantesco de sair de si mesmo, da prisão individualista que o condenava à repetição dos mesmos temas e exercícios poéticos, conforme desabafou em carta de 1931 a Mário de Andrade.[60] O que estava em jogo, mais uma vez, era o desejado, mas incompleto, desvio da linhagem rural: a necessidade intelectual de superar o "sequestro da vida besta". Se a pedra figura a condição provinciana do poeta, o meio do caminho representa o centro montanhoso e áspero da paisagem brasileira em que Drummond, "sonhando exotismos", lamentava ter nascido. Quando partiu em direção ao Rio de Janeiro, furando o bloqueio das montanhas, o poeta supunha abandonar as cidades paralíticas de Minas, mas essa ultrapassagem, como confessaria tantas vezes, não tardou a se mostrar ilusória.

Bem antes da partida, num poema de 1926 que Mário de Andrade considerou "peso-pesado", ele já declarava enfaticamente sua identificação com as origens familiares e a "alma dividida" do povo brasileiro. O poema, que se chama "Explicação", é um misto de confidência, poética, sociologia e nacionalismo arrevesados, tudo embutido numa linguagem despachada, que beira a desfaçatez.

EXPLICAÇÃO

Meu verso é minha consolação.
Meu verso é minha cachaça. Todo mundo tem sua
[cachaça.
Para beber, copo de cristal, canequinha de folha de
[flandres,
folha de taioba, pouco importa: tudo serve.

---

[60] Silviano Santiago (org.), *Carlos e Mário*, cit., p. 401.

Para louvar a Deus como para aliviar o peito,
queixar o desprezo da morena, cantar minha vida e
[trabalhos
é que faço meu verso. E meu verso me agrada.

Meu verso me agrada sempre...
Ele às vezes tem o ar sem-vergonha de quem vai dar
[uma cambalhota,
mas não é para o público, é para mim mesmo essa
[cambalhota.
Eu bem me entendo.
Não sou alegre. Sou até muito triste.
A culpa é das bananeiras de meu país, esta sombra
[mole, preguiçosa.

Há dias em que ando na rua de olhos baixos
para que ninguém desconfie, ninguém perceba
que passei a noite inteira chorando.
Estou no cinema vendo fita de Hoot Gibson,
de repente ouço a voz de uma viola...
saio desanimado.
Ah, ser filho de fazendeiro!
À beira do São Francisco, do Paraíba ou de qualquer
[córrego vagabundo,
é sempre a mesma sen-si-bi-li-da-de.
E a gente viajando na pátria sente saudades da pátria.
Aquela casa de nove andares comerciais
é muito interessante.
A casa colonial da fazenda também era...
No elevador penso na roça,
na roça penso no elevador.

Quem me fez assim foi minha gente e minha terra
e eu gosto bem de ter nascido com essa tara.
Para mim, de todas as burrices a maior é suspirar pela
[Europa.

A Europa é uma cidade muito velha onde só fazem
                                    [caso de dinheiro
e tem umas atrizes de pernas adjetivas que passam a
                                    [perna na gente.
O francês, o italiano, o judeu falam uma língua de
                                    [farrapos.
Aqui ao menos a gente sabe que tudo é uma canalha só,
lê o seu jornal, mete a língua no governo,
queixa-se da vida (a vida está tão cara)
e no fim dá certo.

Se meu verso não deu certo, foi seu ouvido que entortou.
Eu não disse ao senhor que não sou senão poeta?

Mário de Andrade sugeriu que "Explicação" fosse colocado
no começo do livro, como uma espécie de prefácio.[61] O entusiasmo se torna mais compreensível se lembrarmos que a correspondência entre os dois, tão cheia de discordâncias, era movida sobretudo pelas afinidades. Ler as cartas é constatar a ressonância (ou
espelhamento) que, sendo de ambos, os anseios e impasses de um
produziam na inteligência do outro. John Gledson observou a semelhança do poema "Explicação" com o estilo do "Prefácio inte-
ressantíssimo".[62] A linguagem solta de Mário repercute nesses versos que se esparramam com certa jactância, sem esbarrar em pedras ou se fechar em pudores, como se realizassem a confidência
integral que o "Poema de sete faces", fragmentando (disfarçando)
o indivíduo, torna insustentável. Explicar significa abrir, desdo-
brar, esclarecer: o movimento contrário ao da concha reflexiva,
paralisada diante do obstáculo. Entretanto, a *persona gauche* e
carnavalesca — que está sempre dobrando a esquina, fingindo ser
o que não é, como exprimiu Tristão de Athayde[63] — não possui o

[61] Silviano Santiago (org.), *Carlos e Mário*, cit., p. 233.

[62] Cf. John Gledson, *Poesia e poética de Carlos Drummond de Andrade*,
cit., p. 82.

[63] *Apud Suplemento Literário de Minas Gerais*, nº 709, 3/5/1980.

Eta vida besta! A poesia *gauche* de Drummond   93

gosto nem o desembaraço de confessar-se. Em "Explicação", o verso é desafogado, mas também não dá certo. Torto, ele continua a dar cambalhotas, desfazer promessas, erigir compensações. O tom agressivo, que é próprio dos manifestos, não deixa de ser também camarada, cúmplice, conciliador. A explicação deveria aclarar, mas o que faz é criar dobras e mascaramentos.

Brasileiro, filho de fazendeiro, poeta: eis as circunstâncias que determinam, com a força de um testamento, a trajetória do indivíduo que se expõe no poema. A prisão à família, que em "Infância" tinha o peso de uma âncora, agora se estende para todo o país ("quem me fez assim foi minha gente e minha terra"). Não haveria "explicação" se não fosse feita essa investigação das raízes. As qualidades, defeitos e insuficiências do poeta são atribuídos às suas origens geográficas e sociais — uma submissão ao sangue e ao local de nascimento que se repete em momentos agudos da obra de Drummond, como a crônica "Vila de utopia", de *Confissões de Minas*, e os poemas "Confidência do itabirano", de *Sentimento do mundo*, "Os bens e o sangue", de *Claro enigma*, e "A ilusão do migrante", de *Farewell*. Ao reinterpretar como tara seu inconsistente "desvio" da linhagem rural, o poeta exibe e critica um modo velho de pensar. Apelando a atavismos e determinismos, é como se manifestasse o déficit de modernidade que existe em sua condição de urbano e burocrata. Ao mesmo tempo, o lirismo drummondiano contém paradoxos associados ao pensamento crítico moderno: os obstáculos e desencontros que se espalham por *Alguma poesia* figuram um descompasso fundamental na história do país, que será estudado poucos anos depois por Sérgio Buarque de Holanda.

Na década de 20, o poeta hesitou entre dar as costas para o Brasil, cultivando um despaisamento que Mário de Andrade chamou de "moléstia de Nabuco", e a tímida defesa do "detalhe local" abraçado pelos modernistas na segunda fase do movimento. Superar diferenças regionais para afirmar a constância e a pujança do caráter brasileiro; descobrir e conhecer essa psicologia nova que se oferecia magicamente, autenticamente, no estudo aplicado da mentalidade primitiva. Aí estão as linhas gerais do projeto que

Mário, com muito maior ênfase, definiu como "brasileirismo desesperado". "Nós temos que dar uma alma ao Brasil e para isso todo sacrifício é grandioso, é sublime", escreveu o autor de *Clã do jabuti* em sua primeira carta a Drummond.[64] Entretanto, esse país novo ("monstro mole e indeciso") a que ele se devotava com abnegação, aos olhos do discípulo mineiro não ia além de um "velho e imoralíssimo Brasil". Ao cabotinismo defendido por Mário, o autor de "Explicação" opunha uma visão aristocrática e insolente, à beira do cinismo:

"Pessoalmente, acho lastimável essa história de nascer entre paisagens incultas e sob céus pouco civilizados. Tenho uma estima bem medíocre pelo panorama brasileiro. Sou um mau cidadão, confesso. É que nasci em Minas, quando devera nascer (não veja cabotinismo nesta confissão, peço-lhe!) em Paris. O meio em que vivo me é estranho: sou um exilado. E isto não acontece comigo, apenas: 'Eu sou um exilado, tu és um exilado, ele é um exilado'. Sabe de uma coisa? Acho o Brasil infecto. Perdoe o desabafo, que a você, inteligência clara, não causará escândalo. O Brasil não tem atmosfera mental; não tem literatura; não tem arte; tem apenas uns políticos muito vagabundos e razoavelmente imbecis ou velhacos. Entretanto, como não sou melhor nem pior do que os meus semelhantes, eu me interesso pelo Brasil. Daí o aplaudir com a maior sinceridade do mundo a feição que tomou o movimento modernista nacional, nos últimos tempos: feição francamente construtora, após a fase inicial e lógica de destruição dos falsos valores. O que todos nós queremos (o que, pelo menos, imagino que todos queiram) é obrigar este velho e imoralíssimo Brasil dos nossos dias a incorporar-se ao movimento universal das ideias."[65]

---

[64] Silviano Santiago (org.), *Carlos e Mário*, cit., p. 51.

[65] *Op. cit.*, pp. 56-7.

Eta vida besta! A poesia *gauche* de Drummond

Para Drummond, a pregação do nacionalismo contraria a "liberdade espiritual" conquistada pelo movimento modernista e seu desejo pessoal de "ser tudo", não somente brasileiro (primitivo). Se reconhece a existência de "erros lindos" e admira os esforços do amigo no sentido de "estilizar o brasileiro vulgar", ao mesmo tempo cumula seus versos de francesismos e se enche de brios para defender a correção gramatical. Nas cartas, em cujo desalinho parece haver mais sinceridade do que nos poemas, avultam contradições. A oposição ao primitivismo convive com inesperadas críticas ao estilo civilizado e enfadonho de Machado de Assis, que o poeta, em sua fase "heroica", chega a desprezar a exemplo do que faz com a "papa-fina" de Anatole France. No artigo "Sobre a tradição em literatura", publicado no primeiro número de *A Revista*, Drummond afirma que "o escritor mais fino do Brasil será o menos representativo de todos. Nossa alma em contínua efervescência não está em comunhão com a sua alma hipercivilizada". A crítica ao mestre com quem seria tantas vezes comparado (lascivo do nada que "resolves em mim tantos enigmas", dizem os versos de "A um bruxo, com amor", do livro *A vida passada a limpo*) soa falsa e incoerente sobretudo por ignorar a semelhança entre a concepção do poeta sobre o nacionalismo e as ideias do famoso ensaio "Instinto de nacionalidade", que Machado publicou em 1873, defendendo o "sentimento íntimo" do país em detrimento da visão pitoresca. Com o tempo, não só Drummond mas o próprio Mário de Andrade chegaria à conclusão de que Machado, até na língua, "é mais brasileiro do que parece à primeira vista".[66]

O título que a princípio Drummond escolheu para o livro de estreia, *Minha terra tem palmeiras*, revela não apenas o esforço de "pau-brasileirar-se", mas também o seu lado contrário, isto é, o sentimento de ausência ou desterro que está na base da "moléstia de Nabuco" (esse pecado em que Drummond confessadamente se compraz) e do bovarismo típico das identidades periféricas, vagas e instáveis. No poema "Europa, França e Bahia", os olhos brasi-

---

[66] *Op. cit.*, p. 277.

leiros que primeiro sonham exotismos e depois se fecham, saudosos, parodiam não só a "Canção do exílio" (de que não se lembra o poeta), mas também o projeto pau-brasil de descobrir à distância o país esquecido. Essa busca parece sem consequências mesmo para quem não se afasta da terra — "a gente viajando na pátria sente saudades da pátria", dizem os versos de "Explicação". Em *Alguma poesia*, ocorre a percepção do paradoxo que Sérgio Buarque de Holanda, poucos anos depois, sintetizaria com precisão na abertura de *Raízes do Brasil*: "Trazendo de países distantes nossas formas de convívio, nossas instituições, nossas ideias, e timbrando em manter tudo isso em ambiente muitas vezes desfavorável e hostil, somos ainda hoje uns desterrados em nossa terra". Ao rejeitar o nacionalismo, Drummond revela a consciência de que "o Brasil é uma ideia falsa (ou sujeita a falsificações)".[67] Dividido entre a roça e o elevador (ou entre a viola e o forde, como se lê em "Também já fui brasileiro"), o autor de *Alguma poesia* não consegue transformar em pitoresca justaposição de tempos contrastantes (ao modo dos instantâneos de Oswald de Andrade) o desconcerto que, segundo ele, define o modo de ser do Brasil.

"Não sou alegre. Sou até muito triste./ A culpa é das bananeiras de meu país, esta sombra mole, preguiçosa." Em tom irônico, o deslocamento do poeta é lançado na conta de um temperamento nacional visto como indolente, luxurioso, sentimental e sobretudo instável, de acordo com as linhas traçadas por Paulo Prado no seu *Retrato do Brasil*. Foi a esse teórico do modernismo que Mário de Andrade dedicou *Macunaíma*, mas o "caráter polimorfo e amorfo" de seu famoso herói também terá sofrido influências da *persona* indecisa (indeterminada) do poeta *gauche*, como se pode notar pela correspondência que antecede a primeira redação da rapsódia. A carta em que registra seu entusiasmo pelo poema "Explicação" foi escrita em agosto de 1926, quatro meses antes do jorro de *Macunaíma*. Se os versos do poeta mineiro apresentavam

---

[67] John Gledson, *Poesia e poética de Carlos Drummond de Andrade*, cit., p. 64.

Eta vida besta! A poesia *gauche* de Drummond

um nacionalismo enviesado, no livro de Mário o que logo chamou atenção foi seu "indianismo às avessas" (expressão de Nestor Victor). A perda da muiraquitã representa o esfacelamento de uma identidade que, de tão plural, passa a ser nenhuma. Refletida pelo caráter descosido (rapsódico) da composição, há nesse herói ambivalente e dúbio uma "desarmonia essencial" que figura a eterna flutuação cultural do país entre a vida primitiva e os valores civilizados, conforme a interpretação feita por Gilda de Mello e Souza no ensaio *O tupi e o alaúde*.

Nos poemas de *Clã do jabuti*, adotando a "visualidade sem segredos" da estética pau-brasil, Mário oferece com otimismo uma síntese do brasileiro, mas em *Macunaíma* o pessimismo da sátira não abre espaço para as totalizações. Abalados os mitos do caráter nacional, o que resta é a crítica melancólica de nossa ausência de forma e de projeto. Antes de *Macunaíma*, as "Crônicas de Malazarte", que Mário publicou entre 1923 e 1924, e os *Contos de Belazarte* já discordavam do clima de euforia vivido na época, como observou Ivone Daré Rabello: "O mito da alegria não resiste ao olhar que se radica na realidade objetiva dos bairros periféricos da São Paulo dos anos 20".[68]

Macunaíma percorre o Brasil sem achar lugar próprio nem no mundo rural (a roça), nem na metrópole (o elevador) em que triunfam a máquina, o dinheiro e a politicagem. Nas palavras de Alfredo Bosi, "o sentido é de impasse, e dor pelo impasse".[69] Com angústia e sobressalto, Mário atribui ao brasileiro um caráter desfibrado, tímido e refratário à ação, que espelha os defeitos apontados por ele no temperamento de Drummond. Encorajando o amigo a aceitar um convite de trabalho em São Paulo, o escritor afirma numa carta de julho de 1928: "[...] quem sabe se o contato com uma cidade de trabalho, no meio nosso dum trabalho cotidianizado e corajoso, você tem coragem pra uma organização e abandona essa solu-

---

[68] Ivone Daré Rabello, *A caminho do encontro: uma leitura de* Contos novos, São Paulo, Ateliê Editorial, 1999, p. 27.

[69] Alfredo Bosi, "Situação de *Macunaíma*", in *Céu, inferno*, São Paulo, Duas Cidades/Editora 34, 2003, p. 204.

ção a que Macunaíma chegou só depois de muito gesto heroico e muita façanha: a de viver o brilho inútil das estrelas do céu".[70] Entre o caráter macunaímico e a *persona gauche* — criaturas de uma época de transição, que vêm ao mundo em nascimentos descritos como sombrios e amaldiçoados — ocorrem na verdade diversas semelhanças. Depois de abandonar a terra natal e a "calma épica" da infância, esses dois heróis modernos cumprem destinos incertos, vagando por itinerários difíceis, sem encontrar saída. Ambos consideram a modernização de um ponto de vista crítico, que se define como selvagem ou sobrevivente, assim como satirizam os exageros do nacionalismo. A falta de caráter do brasileiro (que *Macunaíma* ostenta sem euforia, a despeito de sua inspiração possivelmente antropofágica) repercute o sentimento de exílio que Drummond experimenta no interior de um país de ausências: "Nenhum Brasil existe", escreve o poeta em *Brejo das almas*. Com a lição dada por esses dois amigos, que por caminhos diferentes chegaram às mesmas constatações, todo um campo de possibilidades se abriu para os escritores e intelectuais da década de 30, que passariam a focalizar criticamente o atraso nacional, erigindo, não com fantasmas mas sobre raízes profundas, novas e variadas imagens do país.

A dedicatória feita por Drummond em *Alguma poesia* ("A Mário de Andrade, meu amigo") parece entrelaçar no mesmo empreendimento duas figuras modernistas que à primeira vista se mostravam inconciliáveis. "O indivíduo encaramujado em si mesmo lutava com o escritor socializante", conforme exprimiu o poeta mineiro. Enquanto Mário simpatizava com todos os homens da terra, "os rapazes de Minas, ou pelo menos um dos rapazes com quem ele se carteava, padeciam do mal contrário: antipatizavam com o gênero humano".[71] Mário sintetizou da mesma maneira o desencontro das duas personalidades, opondo ao egocentrismo de

---

[70] Silviano Santiago (org.), *Carlos e Mário*, cit., p. 331.

[71] Carlos Drummond de Andrade, "Suas cartas", *in Poesia e prosa*, cit., p. 1.347.

Drummond sua "angustiosa impossibilidade de solidão", a sensação de não se pertencer, de ser trezentos, de ser "tão não eu" e "tão os outros".[72] Daí, segundo ele, a sua condição de "infatigável escrevedor de cartas", inteiramente oposta ao "canalhismo epistolar" com que lhe respondia o amigo.

Todavia, em nosso mundo cheio de Narcisos, o amor é sempre "uma questão de espelho", como reconhecia o próprio Mário de Andrade. Intransitivo e sem objeto, o amor pelo outro termina sendo o amor de si mesmo. O dilaceramento do indivíduo não deixa de indicar, aliás, quanto os interesses do autor de *Macunaíma* se multiplicavam por trezentos, compondo um pensamento variegado e mesmo incoerente, incapaz de seguir uma única direção. João Luiz Lafetá ressaltou a importância do *sparagmós* (ou despedaçamento) na lírica de Mário de Andrade. São muitas as faces assumidas por esse poeta que se exprime aos tropeços, numa linguagem marcada pela instabilidade, cheia de dúvidas e de interrupções.[73] No seu ensaio sobre *Amar, verbo intransitivo*, Priscila Figueiredo mostra como os impasses formais desse romance apontado pela crítica como defeituoso resultaram dos embaraços da consciência de Mário e da sua hesitação entre o nacionalismo e a abordagem das relações entre classes, entre a pesquisa do pitoresco e a pesquisa da subjetividade.[74] O personagem adolescente do livro, que curiosamente se chama Carlos, possui traços que o autor reputa como típicos do brasileiro, como a falta de jeito, a preguiça e a indecisão. O reconhecimento de sua identidade incompleta e dividida certamente contribuiu para que Mário comemorasse a recepção calorosa de *Alguma poesia* movido não apenas pelo orgulho de mestre e incentivador, mas como se os elogios fossem destinados a uma obra sua (anos depois Drummond seria chamado de "carne minha"). Apesar das diferenças que alardeavam,

---

[72] Cf. Silviano Santiago (org.), *Carlos e Mário*, cit., p. 532.

[73] Cf. João Luiz Lafetá, *Figuração da intimidade: imagens na poesia de Mário de Andrade*, São Paulo, Martins Fontes, 1986, pp. 100-4.

[74] Priscila Figueiredo, *Em busca do inespecífico: leitura de Amar, verbo intransitivo de Mário de Andrade*, São Paulo, Nankin, 2001, pp. 71 e 92.

ambos sabiam que eram compostos da mesma matéria, conforme admitiu Mário numa carta pungente de maio de 1929:

"Você jamais esquecerá que no meio do caminho tinha uma pedra. De primeiro você me comovia, o jeito de você me esfolava o jeito meu, somos fundamentalmente diferentes na maneira de ser. Isto é, de ser, não, porque a base de nós dois é a mesma timidez, mistura dos efeitos da época com o nosso no-meio-do-caminho--tinha-uma-pedra provinciano. O que temos de diferente foi o meio de praticar a nossa timidez diante da vida. Você como que se esquivou à jogatina. Eu joguei tudo numa cartada só. Estou desconfiando que perdi, não sei."[75]

Essa resignação melancólica (ou "desaniminho") que a partir do final dos anos 20 sempre reponta nos escritos de Mário de Andrade (seu ápice está em textos amargos como a conferência de 1942 sobre o movimento modernista) talvez signifique, a exemplo da obsessão com a pedra, não um abandono da luta (ou da jogatina), mas um alargamento da consciência crítica em face dos rumos seguidos pelo país e dos enganos de sua geração. *Macunaíma*, sátira aguda, é o ponto de virada a partir do qual se prepara, nas letras brasileiras, uma de suas fases de maior engajamento. Após a Revolução de 30, com o aprofundamento das lutas ideológicas e da consciência de classe, tanto Mário quanto Drummond viverão o desafio de compor obras de caráter político, em que aos sofrimentos do indivíduo se acrescentem os choques sociais. Em sua resposta à carta de Mário de Andrade, dando balanço de sua trajetória na fase inicial do modernismo, o poeta mineiro também faz questão de reivindicar a honra de ter perdido o jogo. Na "praça de convites", entretanto, os dois autores comparecem retorcidos e mascarados.

[75] Silviano Santiago (org.), *Carlos e Mário*, cit., p. 350.

Eta vida besta! A poesia *gauche* de Drummond

Um homem e seu carnaval

Na trajetória de Drummond, durante o intervalo entre o individualismo de *Alguma poesia* e a "poesia pública" de seu período de militância, haverá uma curiosa experiência literária — um livro carnavalesco (dionisíaco, grotesco, exacerbado), que ele publicou meses antes de sua mudança para o Rio de Janeiro. *Brejo das almas* é um livro "beira-mar", em que predominam a melancolia, o pessimismo, o sentimento de fracasso e o tom de desforra. A partir dessa época, o brasileirismo, que o autor de "Explicação" sentia como algo interiormente assimilado, desaparece quase completamente dos poemas — que "agora pendem para um sem-vergonhismo dos sentidos quase ingênuo de tão cínico", escreve Drummond já em 1928.[76] O que o poeta definiu como uma "crise de sensualismo" será o clima dominante da coletânea que virá depois de *Alguma poesia*.

Publicadas em Belo Horizonte, as duas primeiras obras de Drummond são vistas como pertencentes ao mesmo período coloquial-irônico, mas a linguagem e os temas modernistas praticamente desaparecem de *Brejo das almas*. Os cromos da vida besta cedem lugar para "besteiras universais" — amores, suicídios, grosserias —, aprofundando o "sequestro sexual" que Mário de Andrade havia censurado no livro anterior. O individualismo se exacerba, conforme reconheceu mais tarde o próprio Drummond, mas também cresce na mesma medida a consciência de sua precariedade — "uma desaprovação tácita da conduta (ou falta de conduta) espiritual do autor".[77]

John Gledson considerou significativo que *Brejo das almas* seja a única obra de Drummond que não menciona Itabira. Aberto o caminho que conduziria ao sentimento do mundo, é como se na coletânea de 1934 o pó do passado já começasse a ser substituí-

---

[76] Silviano Santiago (org.), *Carlos e Mário*, cit., p. 327.

[77] Carlos Drummond de Andrade, "Autobiografia para uma revista", *in Poesia e prosa*, cit., p. 1.344.

do pelas cores e cheiros do presente, que "são tão fortes e tão urgentes", como dizem os versos de "O voo sobre as igrejas". Nesse poema, guiado por querubins, o autor faz uma chagalliana viagem em que ficam para trás não só Aleijadinho e os passos da paixão, mas todo o mundo vetusto das cidades mineiras: "Era uma vez São João, Ouro Preto,/ Mariana, Sabará, Congonhas,/ era uma vez muitas cidades/ e o Aleijadinho era uma vez". Voando sobre as igrejas, o poeta parece saltar sobre pedras, montanhas e tradições. É para o mar talvez que ele corre, enquanto "lá-baixo" se esfuma a matéria utilizada na composição dos instantâneos da série "Lanterna mágica", de *Alguma poesia*.

As formas coloridas do presente desenham um cenário vertiginoso (a cidade), e as vistas se deslumbram ante esse carnaval metropolitano, que afugenta os bocejos da vida besta. No recorte de jornal escolhido como epígrafe, temos a informação de que Brejo das Almas é um município do norte de Minas que, em razão da prosperidade, cogita mudar de nome, pois "não se compreende mesmo que fique toda a vida com o primitivo: Brejo das Almas, que nada significa e nenhuma justificativa oferece". Com a inclusão irônica desse *ready-made*, explicam-se o título e o espírito do livro. Escapar do brejo, com efeito, é o desejo que ressoa da primeira à ultima página — desejo sentido como impossibilidade, a exemplo de tudo que se almeja nesse volume impregnado de frustrações. A infância, conforme já vimos, é uma "comprida história que não acaba mais". Do brejo não saem nem o poeta nem a cidadezinha, cuja modernização duvidosa, soando como chacota, não escapa aos olhos do migrante (sobrevivente) desiludido.

Mas o título também remete ao estado espiritual do "vou-me emborismo", essa combinação de ceticismo e desregramento que, segundo Mário de Andrade, se espalhara por toda uma geração de poetas brasileiros: "Incapazes de achar a solução, surgiu neles essa vontade amarga de dar de ombros, de não se amolar, de partir para uma farra de libertações morais e físicas de toda espécie".[78] O

---

[78] Mário de Andrade, "A poesia em 1930", *in Aspectos da literatura brasileira*, cit., p. 31.

Eta vida besta! A poesia *gauche* de Drummond

evasionismo de matrizes românticas assume no começo dos anos 30 a forma tensa dessa "ida a Pasárgada" em que o paraíso não difere do emparedamento. Libertinagem e carnaval são fugas às quais se entrega o corpo desgovernado e ao mesmo tempo contido, repreendido: "Vamos xingar o corpo e tudo que é dele/ e nunca será alma", dizem os versos de "Convite triste". O brejo é o corpo impuro em que as almas chafurdam, desesperadas. "Sejamos pornográficos", exorta o *gauche* decaído, fazendo eco ao *"enivrez--vous"* de Baudelaire. "Vamos todos dançar" é o apelo que o poeta bêbado escuta em "Aurora". E os convites se multiplicam, assim como as bocas, vísceras e outras baixezas corporais (em contraste com a presença marcante dos olhos e do coração no lirismo tímido e individualista de *Alguma poesia*).

A ausência de soluções, que conduz à atitude pornográfica, também produz a obsessão dos necrológios e suicídios. O espírito dilacerado do romantismo está presente em *Brejo das almas* não só pela fascinação das mulheres inacessíveis e das ilhas fabulosas (Fiji, Peiping, Ostende), mas também por essa adesão aos rituais soturnos, que terminam sempre na morte. No poema "Sombra das moças em flor", o jogo de cabra-cega exprime a errância do desejo, que não fixa nenhum objeto. Os homens se consomem no encalço de uma Adalgisa múltipla ("numerosa qual Amor") e inescapável. Aos olhos do poeta, não existe a menor possibilidade de transcender o desejo e seus fantasmas: "Para onde quer que vades,/ o mundo é só Adalgisa". O amor — essa eterna perseguição de um alvo que se esquiva, se altera, se desdobra — surge em vários poemas figurado em danças (a exemplo da célebre "Quadrilha" do livro de estreia). Desse motivo se vale o poeta para ironizar seu próprio isolamento, sua falta de jeito ao entrar em contato com o mundo exterior e o modo ambíguo como participa e ao mesmo tempo se distancia da festa. É o que vemos num dos poemas mais expressivos da indecisão de *Brejo das almas*, "Um homem e seu carnaval":

UM HOMEM E SEU CARNAVAL

Deus me abandonou
no meio da orgia
entre uma baiana e uma egípcia.
Estou perdido.
Sem olhos, sem boca
sem dimensões.
As fitas, as cores, os barulhos
passam por mim de raspão.
Pobre poesia.

O pandeiro bate
é dentro do peito
mas ninguém percebe.
Estou lívido, gago.
Eternas namoradas
riem para mim
demonstrando os corpos,
os dentes.
Impossível perdoá-las,
sequer esquecê-las.

Deus me abandonou
no meio do rio.
Estou me afogando
peixes sulfúreos
ondas de éter
curvas curvas curvas
bandeiras de préstitos
pneus silenciosos
grandes abraços largos espaços
eternamente.

No carnaval, o indivíduo sólido, "de ferro", bem formado nos poemas, se dissolve na multidão amorfa e devoradora. Essa correnteza em que o poeta mergulha, além de figurar os excessos da vida urbana, também contém a imagem contrária de um suicídio, que *Brejo das almas* retrata de modo sempre melodramático. Abandonado "no meio do rio", o *gauche* volta a se cobrir de máscaras. Mas não se entrega nem se desfaz, a exemplo do que ocorre no "Poema de sete faces". Fica no meio do caminho, atrás dos óculos, sem completar o gesto da dissolução. Eis novamente o falso suicídio já encenado em outro poema de *Alguma poesia*, curiosamente batizado de "Política", em que um desprezado versejador se deixa atrair pelo rio que "o chamava para misteriosos carnavais". A vontade de se atirar era "só vontade", conforme ironiza o autor. Ainda assim, o homem voltou para casa "livre, sem correntes/ muito livre, infinitamente/ livre livre livre que nem uma besta/ que nem uma coisa". A descrição enfática dessa liberdade descomunal (usufruída como uma derrota por um ser ou coisa que, ao retornar para casa, reafirma sua prisão) compõe um desfecho cômico que se repete, aliás com linguagem semelhante, em "Um homem e seu carnaval".

À festa coletiva corresponde uma tristeza (paralisia) individual. É esse descompasso, exaustivamente explorado pela tradição romântico-simbolista, que se descreve no poema de *Brejo das almas*. A herança penumbrista pesa nesses versos ambíguos, que fazem lembrar a volubilidade e as bacanais diluídas em melancolia do livro *Carnaval*, de Manuel Bandeira. No entanto, para além da mágoa e do masoquismo despertados pelo amor impossível, o tom geral de *Brejo das almas* é bem mais irônico, e seu caráter é fortemente político — como se o *gauche*, arriscando-se ao ridículo do tema amoroso, resolvesse discutir sua própria aptidão para viver em sociedade.

Em "Um homem e seu carnaval", o mundo dos seres em movimento, que já aparecia bastante confuso e excessivo no "Poema de sete faces", é visto em sua figuração mais vertiginosa. O andamento é rápido, as enumerações se acumulam, as rimas, anáforas e aliterações descrevem ondas ao longo do poema. Os versos estão divididos em três partes, que indicam momentos distintos da tentativa do eu lírico de se misturar com a multidão.

Na primeira estrofe, deparamos com um "eu encolhido": o contato com os foliões se dá de forma brusca, violenta, e o sujeito se retrai. A baiana e a egípcia são fantasias que soam como exotismos, lembrando os lugares onde nunca esteve o poeta ("É preciso fazer um poema sobre a Bahia...// Mas eu nunca fui lá", diz ele em "Lanterna mágica"). O carnaval significa a perda total de referências — daí a percepção fragmentada (metonímica) que se tem das coisas. Perdido, o poeta fica à beira do aniquilamento ("sem olhos, sem boca, sem dimensões"). O verso "passam por mim de raspão" revela o deslocamento cômico de quem, mesmo arrastado, permanece se esquivando (fechado entre parênteses).

Na segunda estrofe, o conflito se aprofunda: é o momento do "eu dividido". Trazida para o meio do carnaval, a poesia (rima distante de "orgia") comparece aprisionada pelas consoantes oclusivas e dentais: "O pandeiro bate/ é dentro do peito/ mas ninguém percebe". Esse comentário, dito com a cadência de um instrumento percussivo, marca a oposição entre a ordem da poesia (que, no entanto, é secreta, interior) e a desordem do carnaval, com sua multiplicidade de seres e de cores. O eu lírico se sente solitário como a "cigarra que ninguém ouve" do poema "Nota social", de *Alguma poesia*. O mesmo sentimento ocorre em "Sombra das moças em flor", onde no meio da dança o sujeito preserva as "análises proustianas", enquanto as moças, cuja sombra a mão não colhe, sorriem à distância ("fora de você"). No poema "Um homem e seu carnaval", elas voltam a flutuar, indiferentes e fugidias. Há algo de monstruoso nesses espectros que se insinuam ao poeta "demonstrando os corpos, os dentes". Mas o convite para entrar no jogo é irresistível.

A expressão "coração maior que o mundo", que acabou servindo como uma fórmula para definir o individualismo da primeira fase de Drummond, exprime não o afastamento em face da realidade, mas a potência que o coração numeroso tem de abraçar o mundo no qual, à sua revelia, o poeta se abandona e se esfacela. Se optou a princípio pelo isolamento ("a poesia é incomunicável", afirma em "Segredo"), o poeta também se via desde o começo, assim como viu a Fagundes Varela, na condição de um "solitário imperfeito", que precisava do mundo grande e de se abrir para os outros homens. O egocentrismo drummondiano é um mito que se alimenta de sua própria negação, isto é, dos esforços, embora frustrados, que o poeta faz para ultrapassá-lo. Num texto publicado em 1953 no *Jornal de Letras*, Drummond afirma que "as obras aparentemente mais fechadas numa posição individualista podem comover e perturbar o leitor", e se diz esperançoso com o fato de tantos atribuírem à sua poesia "um certo dom de comunicatividade" quando ele se supunha "tão emparedado".[79] Derramando--se para fora da concha, o *gauche* se mascara, se explica, se desdobra, se comunica.

Na última parte do poema "Um homem e seu carnaval", o sujeito lírico se deixa arrastar de vez e ocorre o momento apoteótico do "eu alargado". A dissolução que tivera início na primeira estrofe ("sem olhos, sem boca, sem dimensões") culmina na queda vertiginosa que se exprime por imagens rarefeitas em sucessão caótica, sem vírgulas, sem verbos. A percepção se esgarça ainda mais na profusão de metonímias e metáforas. Estamos em terreno de franca alucinação, como mostram as imagens surrealistas e, sobretudo, a presença do éter, que se propaga em ondas até o final do poema, repercutindo fortemente no último verso: "eternamente". Nesse desenlace de caráter quase epifânico, os "grandes abraços" sugerem uma comunhão mais do que física com o mundo exterior. É como se o carnaval, com sua dionisíaca desrazão, tivesse dissolvido quanto havia de tímido e problemático nesse ser retorcido. Mas a solução trazida pela festa apenas comprova que todas as soluções são ilusórias — fugas que se valem de artifícios fugazes como esse éter instantâneo, que o poeta desejaria eterno.

Na efervescência da rua, Manuel Bandeira identificou a matéria impura de seus melhores poemas, afirmando que "a poesia é o éter em que tudo mergulha, e que tudo penetra".[80] No carnaval,

---

[79] Depoimento publicado em 1953 no *Jornal de Letras*. *Apud Suplemento Literário de Minas Gerais*, nº 322, 28/10/1972, p. 5.

[80] Cf. Davi Arrigucci Jr., *Humildade, paixão e morte*, São Paulo, Companhia das Letras, 1990, p. 92.

o lirismo encontra uma miragem de si mesmo. O poema de Drummond evidencia traços de dois mitos, aparentemente contraditórios, que se ligam ao chamado "espírito carnavalesco". Por um lado, a ideia da desordem, do exagero, do caos: a libertação dos controles e das coerções sociais. Por outro, o mito do congraçamento e da concórdia, a serviço de uma igualdade total, posto que efêmera e ilusória, em que se eliminam inclusive as distâncias socioeconômicas. Entendida como meio de comunicação entre os homens, a fusão lírica do indivíduo com a massa não difere dos "grandes abraços" do carnaval, esse rito em que tudo se articula (a natureza, a sexualidade, a música, a política), numa procura religiosa da totalidade. Doutores, mendigos, jogadores, a fauna urbana e suburbana dançando valsa, samba, tango, jongo, bolero — tudo isso é exaltado por Mário de Andrade em versos compostos para um convite de carnaval ilustrado por Segall, que lembram o amoroso desejo de reunião do "Noturno de Belo Horizonte".[81]

O fascínio dos modernistas pelo carnaval se explica não apenas pela valorização da experiência coletiva ("a vida de relação"), mas também pelo encantamento das misturas solares do reinado de Momo, com sua capacidade (considerada típica do país) de conciliar anarquia e cordialidade: "Nunca fomos catequizados. Fizemos foi Carnaval", escreve Oswald de Andrade no *Manifesto Antropófago*, com o acréscimo fantasioso da imagem do "índio vestido de senador do Império". Já em 1924, no *Manifesto da Poesia Pau-Brasil*, encontramos a afirmação de que o carnaval carioca é "o acontecimento religioso da raça". É com exuberância de luzes e movimentos que Lasar Segall, na gravura intitulada *Negros dançando ao luar*, representa a festa explosiva que descia dos morros para as avenidas do Rio, em contraste com o decadentismo do carnaval burguês.

No poema "Carnaval carioca", Mário de Andrade descreve o espetáculo da avenida Rio Branco com o ardor e o desejo de congraçamento característicos do livro *Clã do jabuti*. No meio dos

---

[81] Cf. Silviano Santiago (org.), *Carlos e Mário*, cit., p. 53.

Eta vida besta! A poesia *gauche* de Drummond   109

negros, conforme relata a Drummond, o que atraiu seu olhar foi uma moça que dançava melhor que os outros, pois "dançava com religião".[82] O poema é dedicado a Manuel Bandeira e começa em tom menor, realçando a "frieza de paulista" e os temores do poeta diante do "excesso goitacá pardo selvagem". Mas logo ressurge o eu arlequinal de *Pauliceia desvairada* ("eu bailo em poemas, multicolorido"), inclusive repetindo a fórmula com que já resumira sua indefinição cultural: "Sou um tupi tangendo um alaúde". Os versos de Mário imprimem duas imagens simultâneas: a do poeta como "dançarino brasileiro", atraído pela desordem do carnaval (que representa uma "vitória sobre a civilização"), e a do moço que ao modo penumbrista se mantém solitário, apenas "olhando as fantasias dos outros", e que embalado pelos ruídos matinais da cidade afinal dorme, "sem necessidade de sonhar". Se a agitação urbana comove e inspira o "poeta futurista", a distância em relação à cidade também deixa suas marcas. Não por acaso, aliás, Anita Malfatti, no desenho *Mário na Pauliceia*, representa o poeta suspenso nas alturas, olhando, cabisbaixo, para a multidão da qual se encontra destacado.

A partir da década de 30, o atributo "tradição nacional" foi conferido de vez à festa popular cuja pátria era por excelência o Rio de Janeiro. Na Bahia, Jorge Amado, em seu livro de estreia, reconhecia o carnaval como elemento fundamental da cultura brasileira, em oposição ao mundo de normas seguido pelas nações civilizadas. Entre as "coisas nossas" que o cinema da época celebrizou, estava o carnaval das produções musicais de Lamartine Babo e Carmen Miranda, dirigidas por Humberto Mauro e Adhemar Gonzaga. Por todos os lados, com o apoio oficial, o nacionalismo espalhava as imagens e os ritmos dessa farra em que desfilava o nosso povo mestiço. Na ausência de regras do "imoralíssimo Brasil" (conforme deplorava Drummond nos anos 20, nos tempos agudos de sua "moléstia de Nabuco"), a tendência é tudo acabar em dança. Ou, como diz o poeta em "Explicação", aqui "a gente sabe

---

[82] *Op. cit.*, p. 50.

que tudo é uma canalha só,/ lê o seu jornal, mete a língua no governo,/ queixa-se da vida (a vida está tão cara)/ e no fim dá certo".

Há um poema de *Alguma poesia* que, não tratando diretamente do carnaval, apresenta uma ambígua figuração da alegria brasileira. Nos versos cadenciados de "Cabaré mineiro", a musicalidade ondulante está a serviço de um retrato contraditório do país. O que se revela é a inconsistência da dança que as rimas, assonâncias e sibilações ironicamente mimetizam.

CABARÉ MINEIRO

A dançarina espanhola de Montes Claros
dança e redança na sala mestiça.
Cem olhos morenos estão despindo
seu corpo gordo picado de mosquito.
Tem um sinal de bala na coxa direita,
o riso postiço de um dente de ouro,
mas é linda, linda, gorda e satisfeita.
Como rebola as nádegas amarelas!
Cem olhos brasileiros estão seguindo
o balanço doce e mole de suas tetas.

Se a mulata descrita por Mário no "Carnaval carioca" dança religiosamente o samba de modo "tão sublime, tão África", a dançarina de Drummond usa uma máscara inconvincente, que ele despe sem piedade. Essa falsa espanhola do sertão mineiro tem um corpo gordo que na verdade está cheio de carências e cicatrizes (balas, doenças, picadas). Seu balanço mole embala o entusiasmo indeciso de um povo sofrido. Sem participar do rito, os olhos brasileiros apenas seguem os movimentos que se repetem. O ato de dançar e redançar soa não como desordem, mas como cumprimento de um papel rotineiro, um espetáculo que se reproduz todas as noites. Embora pareça desenfreada, a dança é estritamente controlada. Na perspectiva drummondiana, esses folguedos brasileiros são festas que, além de efêmeras, não afastam as regras sociais, as opressões do poder, as privações da realidade.

Eta vida besta! A poesia *gauche* de Drummond

Em "Um homem e seu carnaval", a exemplo da falsa dança espanhola, também parece ilusório (ou ao menos insatisfatório) o desfecho dionisíaco do sujeito tímido. Os versos finais contêm o ápice da dissolvência ("estou me afogando") e ao mesmo tempo, por se arrumarem com perícia e ritmo, exprimem o apogeu da ordem. A consciência do poeta se apagou por completo e, no entanto, a queda termina sem sobressaltos. Onde havia trevas e ameaças, agora prevalecem o silêncio e a claridade, como mostram o timbre aberto e a rima imprevista do verso "grandes abraços largos espaços". O sujeito aparentemente se expande, mas na verdade se pacifica. Equilibrando o entusiasmo com o ceticismo, o carnaval drummondiano é feito de braços que se abrem enquanto o eu, sempre melancólico, se entrega ao recolhimento.

Sob as máscaras do humor, esse carnaval frustrado ou incompleto sintetiza a experiência vivida pelo poeta no Rio de Janeiro nos anos 40. No esforço de resolver as "contradições elementares" de sua poesia, Drummond em seu terceiro livro substituirá o individualismo exacerbado por um "eu despojado", cujo verso se mistura com o universo à sua volta, dispensando o estilo de vanguarda em favor de uma linguagem aberta e comunicativa. O *gauchismo* dá lugar ao engajamento. A atitude *ego contra mundum* cede passagem para o *sentimento do mundo*. Tudo se altera, e a despeito de tantas reviravoltas (e mesmo de certa euforia que culmina nas páginas de *A rosa do povo*), o individualismo do poeta — essa história que nunca acaba — se mantém intacto. A vastidão do mundo pode entrar pela janela, mas o que o vocábulo "sentimento" coloca em primeiro plano é o espaço doméstico da subjetividade, onde as coisas encontram ressonância ou reflexo. Mesmo misturado à multidão, o *gauche* continua a defender o "direito à diferença", nas palavras de José Guilherme Merquior.[83] O sentimento traduz uma atitude intelectual (distanciada), não a dissolução do indivíduo no mundo que ele apenas observa.

---

[83] José Guilherme Merquior, *Verso universo em Drummond*, cit., p. 90.

O carnaval não abre passagem ao poeta, mas reafirma sua obsessão com o caminho sem saída. O "salto participante" — uma abertura indicada nos próprios títulos do primeiro e do terceiro livro, no contraste entre a modéstia de *Alguma poesia* e a expansão de *Sentimento do mundo* — não tornou o poeta mais político, nem o livrou de seus impasses e de sua solidão. Em carta de 1944, um ano antes da publicação de *A rosa do povo*, Mário observa os limites da transposição: "Você ama [...], solidariza, participa, digamos até que se entregue. Mas não se integra, não se dissolve em. Você não se transpõe. Se transporta, mas permanece um insolúvel, não se transpõe porque não consegue transcender a si mesmo".[84] Com efeito, mesmo no volume que se tornou uma espécie de monumento da poesia social no Brasil, Drummond ainda se deixa fascinar pelo "fracasso", a exemplo do sujeito perdido e dilacerado de *Brejo das almas*. No livro de 1945, o núcleo da expressão poética é a tensão entre a "viagem no mundo" (o presente, a vida coletiva, a comunicação) e a "viagem no quarto" (o passado, a contemplação, a subjetividade).[85] A lírica participativa não se fez à custa do individualismo. Nessa chamada fase social, o que Mário de Andrade notou de imediato e com acuidade (uma observação que valia para ele próprio) foi a persistência do *gauchismo* e a frustração do carnaval.

Se o autor de *A rosa do povo* foi nosso primeiro grande "poeta público", como disse Carpeaux, o desencanto com a política não tardaria a se manifestar, trazendo de volta os obstáculos que condenam ao imobilismo. Mesmo no livro de 1945, a dialética entre expansão e recolhimento já se manifesta em poemas como "Áporo", "A flor e a náusea" ou "O elefante" ("Vai o meu elefante/ pela rua povoada,/ mas não o querem ver"). O poeta de *Claro enigma*, após a perda dos ideais revolucionários, também retorna à concha, demonstrando quanto aquela poesia pública ti-

---

[84] Silviano Santiago (org.), *Carlos e Mário*, cit., p. 534.

[85] Cf. Iumna Maria Simon, *Drummond: uma poética do risco*, São Paulo, Ática, 1978, p. 136.

nha nascido de uma "compulsão momentânea e efêmera", nas palavras de Sérgio Buarque de Holanda.[86] O carnaval não se prolonga "eternamente". O ímpeto que arrasta o *gauche* para a rua esbarra não apenas nos barulhos, mas também na surdez do mundo, que como pedra se fecha ao poema (mesmo quando ao mundo se abre o poeta).

O mesmo desencontro pode ser observado na poesia de Mário de Andrade. Nos poemas de *A costela do grão cão* (especialmente o conjunto denominado "Grã cão do outubro", de 1933, que segundo o autor é uma das "datas do desfazimento em mim dos prazeres e prerrogativas da minha classe"), a *persona* arlequinal — o poeta múltiplo que não se sentia só, mas "dissolvido nos homens iguais" — também se afasta da bulha da cidade, desfalecendo enquanto o espaço ao redor se alarga. Esse conjunto de poemas foi analisado por João Luiz Lafetá no livro *Figuração da intimidade*. A urgência de comunhão termina em desmaio, que também aqui não significa dissolução do sujeito, mas regresso ao individualismo (ao quarto bem delimitado). Mário de Andrade comentou diversas vezes sua incompetência para a política. Eis o que escreve numa carta de 1936 a Murilo Miranda: "Minha 'ação' se confinou no terreno da arte porque, conformado numa geração e num fim de século diletantes, sou um sujeito visceralmente apolítico, incapaz de atitudes políticas, covarde diante de qualquer atitude política. Absurdamente incapaz do menor improviso em público, mesmo depois de dez anos de cursos e de preleções. Covarde diante da realidade brutalíssima. Eu tenho medo. Medo de ser multiplicado em multidão".[87]

Assim como o poeta de sete faces, Mário "involui" da existência plural (macunaímica) para o aconchego da infância apolítica, ilhada entre mangueiras, ancorada à sua classe. Assumir a condição de "caipira provinciano" equivale a se confessar presa de

---

[86] Sérgio Buarque de Holanda, "Rebelião e convenção", *in O espírito e a letra*, v. II, cit., p. 501.

[87] *Apud* Silviano Santiago (org.), *Carlos e Mário*, cit., p. 110.

114   Cenas de um modernismo de província

suas raízes. E a ideia do confinamento na arte, embora não signifique "arte-purismo", afinal desemboca numa inesperada defesa da torre de marfim como "nosso destino de artistas". Mesmo antes do engajamento e da decepção com a política, nas cartas que trocaram no final da década de 20, Mário e Drummond já diziam ter perdido o jogo. "Não sei dançar", afirma Manuel Bandeira no título de um poema de *Libertinagem* (e por acumular perdas é que ele "toma alegria", imitando o povo miserável dessa festa "tão Brasil"). Para os poetas modernistas, o carnaval evidencia não o desejo de relação, mas a falta de jeito ao adentrar o espaço público. Essa a derrota a que aludem os poemas de *Alguma poesia* e *Brejo das almas*. O carnaval emperrado e melancólico figura o impasse que está na base do modernismo brasileiro: a hesitação entre o refúgio na torre (o medo da "realidade brutalíssima") e os convites da praça, que se perpetuam entre o fascínio e o fracasso. "Amanhã recomeço", repetirá o poeta — eternamente.

Eta vida besta! A poesia *gauche* de Drummond

Drummond e Emílio Moura (1902-1971) em
Belo Horizonte, em 16 de abril de 1933.

3.

Emílio Moura: lirismo e ingenuidade

"Quero apresentar-lhe mais um amigo, um camarada excelente: Emílio Moura. Penumbrou bastante e agora, parece, quer voar mais longe. Modestíssimo e [de] Dores do Indaiá. Senti não poder apresentá-lo a você quando de sua presença aqui. O Moura escreveu algumas tiras sobre João Miramar, em que, à parte certa indecisão (melhor: desejo, mania de equilíbrio, você compreende) há muita inteligência, à procura de libertação. Confio que uns trancos lhe serão suficientes. Hei de mandar-lhe o artigo do rapaz, logo que este o publique. Guarde esse nome, em que confio, e que é de um companheiro muito digno. Seu passadismo cairá breve. Ah! Quando penso que também eu andei a esmo pelos jardins passadistas, colhendo e cheirando flores gramaticais, e bancando atitudes de sabedoria! Pois veio o imprevisto e me expulsou do jardim."

Drummond, carta a Mário de Andrade, 6/2/1925

"Canção de câmara" e "música secreta" são expressões recorrentes quando se fala da obra poética de Emílio Moura. Elegíaca, fluida, límpida e evanescente, como se diz que deveria ser toda lírica, essa poesia foi vista desde sempre como uma concha fechada em seu próprio silêncio, dentro da qual o poeta se mantinha aparentemente surdo às trepidações do mundo, ao movimento histórico, coletivo, e sobretudo às modas literárias, guardando sempre intacta a fidelidade a si mesmo.

Comprido e desajeitado — "o gesto lento, o cigarro infindo entre os dedos trêmulos", no dizer de Abgar Renault —, Emílio Moura costumava andar em longas cismas pelas ruas de Belo Horizonte. Dava a impressão de estar sempre a ponto de alçar voo. Na verdade, era bastante preso às raízes, jamais conseguiu viver longe dos cenários da infância e conheceu como poucos a clausura provinciana. Rubem Braga achava difícil imaginar o poeta numa poltrona de avião ou mesmo dentro de um trem. É como se, fincado nas montanhas, ele houvesse cumprido o mesmo "destino mineral" a que se referia Drummond. Por ocasião de sua morte, o poeta de Itabira escreveu: "Mineiros há que saem. E mineiros que ficam./ Este ficou, de braços longos para o adeus". Resistindo a toda "ânsia de mar" — ao mesmo tempo em que sonhava, nos seus versos, com a amplidão dos mares infinitos —, Emílio Moura teria sido uma das maiores encarnações da chamada identidade mineira. O próprio silêncio da crítica a respeito de sua obra, como observou há muito tempo Carpeaux, parece demonstrar que ele jamais saiu dos limites da província. Assim como Drummond, Emílio demorou a apresentar o primeiro livro. *Ingenuidade* só foi publicado em 1931. O título parecia reforçar, tal como *Alguma poesia*, o caráter ambíguo daquele espetáculo de retraimento e pudor, como se o autor viesse a público dizer que preferia passar despercebido. Todavia, além de ser "autenticamente mineiro", ele também era, na opinião unânime dos que o conheceram, essencialmente "poeta". Na roda de burocratas que frequentavam a rua da Bahia, nenhum foi tão lírico e tão entregue a suas quimeras ("esfaço-me na bruma") — e não por acaso os amigos o chamavam de "poeta Emílio", querendo significar que a poesia e a pessoa dele não se desmembravam.

Conforme notou Affonso Ávila, as abstrações — palavras de significado impreciso como sombras, mistério, sonho, névoa, espírito, vácuo etc. — formam a base do lirismo emiliano.[1] Laís Corrêa de Araújo definiu a metafísica do poeta como um "discurso abstrato, de urdidura musical".[2] Mas esse canto tem lastro e a abstração, como veremos, sofre intenso contrapeso. A meditação que nos oferece o canto de Emílio é ao mesmo tempo serena e angustiada, como um sino repicando ao crepúsculo de uma cidadezinha qualquer — toada triste e monótona de quem se sente mor-

---

[1] Affonso Ávila, "O processo lírico em Emílio Moura", *Suplemento Literário de Minas Gerais*, 19/4/1969.

[2] Laís Corrêa de Araújo, "A poesia modernista de Minas", *in* Affonso Ávila (org.), *O modernismo*, São Paulo, Perspectiva, 1975, p. 188.

rendo aos poucos, protesto em surdina dos que resistem à mudança feroz.

Melancolia, música, rarefação, distância, ausência... Já pela enumeração desses elementos, identificados como essenciais à poesia de Emílio Moura, podemos reconhecer a presença forte do simbolismo, do qual ele foi, no calor das lutas modernistas dos anos 20, um dos principais representantes. Paralelamente ao grupo carioca que se reuniu em 1927 em torno da revista *Festa*, propondo um lirismo hesitante entre as novas liberdades formais e a tradição simbolista, Emílio produziu ao longo da década poemas que, em detrimento do primitivismo e da temática do cotidiano, elegiam temas e valores universais. Mas seu papel foi radicalmente distinto daquele que foi assumido por Augusto Frederico Schmidt, por exemplo, com sua veemente reação ao vanguardismo iconoclasta de 1922.

Modernista militante, Emílio Moura sabia que, a despeito de suas inclinações pessoais, era preciso lutar contra o espírito decadente. Daí a observação feita por Drummond na carta a Mário de Andrade: em meados da década (exatamente no ano em que se fundaria *A Revista*), o poeta penumbrista mostrava-se sequioso por um pouco de sol. O desafio para ele foi combinar o modo simbolista e brumoso com a linguagem despojada, concreta, que era exigida pelos novos tempos. Se não estava inteiramente disposto a abandonar as delícias do "jardim passadista" pela turbulência da rua, conforme pregavam os modernistas, parecia ao menos interessado em realizar o difícil projeto de uma metafísica sem elevações. Na contramão do ornamento parnasiano, Emílio empreendeu a busca do sublime em sua dimensão terrestre. Uma busca cujo caráter paradoxal se revela também em outra fórmula que lhe era cara, "humildade infinita", aparentemente inversa, mas concordante com a primeira (o sublime terrestre). Desnecessário lembrar que essa procura — na qual o poeta hauriu os seus versos simples e depurados, que conquistaram tantos admiradores — não foi alheia a nenhum dos grandes nomes do nosso modernismo. Mário, Oswald, Bandeira, Jorge de Lima (além, é claro, de Drummond), todos passaram pela zona de sombra do simbolismo.

Emílio Moura: lirismo e ingenuidade 119

Na poesia brasileira do século XX, Emílio Moura também desponta como uma espécie de "sobrevivente", exibindo na sociedade moderna e corrompida a inocência do mundo bucólico. Nesse sentido, a *ingenuidade* pode ser vista como mais uma *persona* literária engendrada pelos modernistas mineiros: uma variação do *gauchismo* de Drummond em que o deslocamento provinciano se confessa de modo cândido, porém não menos enfático. Longe das regras, dos vícios e das modas, o poeta conserva a delicadeza de quem tece as próprias harmonias. "Suavíssimo", prefere os entretons às cores do tempo, como observou Mário de Andrade.[3]

Em suas raízes românticas, a ingenuidade está ligada ao mito da sinceridade e à crença nos poderes da inspiração. Todo gênio verdadeiro é ingênuo, afirma Schiller no livro *Poesia ingênua e sentimental*. Nos textos críticos, Emílio Moura defendia, com efeito, o lirismo baseado na espontaneidade, concebido como uma expansão íntima e pessoal — "expressão" subjetiva tal como preconizava o psicologismo de Mário de Andrade.

Numa espécie de culto ao "gênio" original, diversos leitores de Emílio manifestaram entusiasmo pela expressão despretensiosa e fluente, que se fazia sem prejuízo da temática esfíngica e abstrata. O encantamento viria da própria simplicidade — e não mais da ornamentação, como na poesia de outrora. Segundo Pedro Nava, mesmo nos poemas herméticos ele mantinha a forma límpida e cristalina: "a essência é que era a flor de mistério".[4] Mas essa distância em relação à ourivesaria parnasiana não deve obscurecer o fato de que, em poesia, até a simplicidade é produto do artifício e do artesanato. Também como Mário, o autor de *Ingenuidade* sempre valorizou o papel da inteligência. Para ele, a forma simples era produto de um trabalho vigilante: o "linho despretensioso" podia trazer em suas dobras "os bordados e as filigranas de

---

[3] Cf. Mário de Andrade, "Emílio Moura: *Ingenuidade*", *Revista Nova*, nº 4, São Paulo, 15/12/1931, pp. 633-4.

[4] Pedro Nava, *Beira-mar*, Rio de Janeiro, Nova Fronteira, 4ª ed., 1985, p. 162.

um tecelão amoroso", conforme exprimiu num artigo sobre o romance *Vida ociosa*, de Godofredo Rangel.[5]

Nos poemas de *Clã do jabuti*, a língua popular constituía na verdade uma estilização da fala brasileira — a "máscara do genuíno", no dizer de Anatol Rosenfeld. No caso de Emílio Moura, também poderíamos afirmar que o cabotinismo produziu uma simplicidade artificial, refletida, nos antípodas da poesia ingênua. É impossível converter a ingenuidade em ponto de vista. Nos tempos modernos, como observou Adorno, a ingenuidade deixa de existir, ou melhor, perde seu caráter de dádiva original e só ressurge ao fim de um longo processo de mediações.[6] É essa a travessia que vemos encenada na poesia de Emílio Moura. Sua ingenuidade aparece depois da dúvida, como se pode notar desde o poema de abertura do livro de estreia.

SOB O SIGNO DA PERGUNTA

INTERROGAÇÃO

(Sozinho, sozinho, perdido na bruma.
Há vozes aflitas que sobem, que sobem.
Mas, sob a rajada ainda há barcos com velas
e há faróis que ninguém sabe de que terras são).

Quando eu distendi as minhas velas sobre a paisagem
[marítima,
eu já não sabia onde é que estava,
de onde é que vinha.

— Senhor, são os remos ou são as ondas o que dirige o
[meu barco?

[5] Emílio Moura, "Vida ociosa", *A Revista*, nº 3, jan. 1926, p. 20.

[6] Theodor W. Adorno, *Teoría estética*, trad. Fernando Riaza, Madri, Taurus, 1971, pp. 436-9.

Eu tenho as mãos cansadas
e o barco voa dentro da noite.[7]

Assim flagramos o poeta, quando as cortinas se abrem — enfrentando um cenário de ausência e de sombras. De imediato somos envoltos no clima de penumbra e, novamente atirados numa ébria embarcação, ouvimos a velha interrogação simbolista sobre os destinos do homem. Como na poesia de Rilke, o eu lírico desses versos de Emílio se movimenta num espaço dilatado e vazio, expulso da unidade cósmica, abandonado entre os limites incógnitos da vida e da morte. A expressão fluente e despojada esconde uma inquietação que está longe das puras manifestações da natureza. No artigo "Palma severa", Drummond observou que a poesia de Emílio Moura nasce "sob o signo da pergunta" — uma indagação sem descanso que se dirige "a abstrações, a um ser ideal, deus ou musa, ou ao próprio poeta", e como ninguém está apto a responder, "segue-se a dramaticidade de uma contínua e irremissível perguntação".[8] Com efeito, Emílio via na interrogação uma fonte de poesia ou, pelo menos, uma técnica de construção: "A interrogação cria no leitor o 'estado de poesia' de que fala Valéry. Minha poesia não afirma. [...] Interrogando, eu ponho o leitor diante do mundo".[9] Antonio Carlos Secchin, num breve artigo que recebeu como título apenas um irônico sinal de interrogação, chegou à conclusão de que Emílio "não pretende decifrar o que a custo vislumbra; deseja, ao contrário, cifrar o visível".[10]

[7] Esta é a primeira versão do poema, publicada em 1931 no livro *Ingenuidade*. Na última versão, que saiu em 1969 no *Itinerário poético*, foram suprimidos os parênteses da primeira estrofe e os três versos da segunda.

[8] Carlos Drummond de Andrade, "Palma severa", in *Poesia e prosa*, Rio de Janeiro, Nova Aguilar, 8ª ed., 1992, p. 1.462.

[9] *Apud* Frederico Morais, "Emílio Moura, um poeta perplexo", *Suplemento Literário de Minas Gerais*, nº 137, 12/4/1969.

[10] Antonio Carlos Secchin, "?", in *Poesia e desordem*, Rio de Janeiro, Topbooks, 1996, p. 57.

A presença viva das coisas, a fusão do sujeito com o objeto, a melodia das coisas simples, que é feita de tranquilidade e silêncio, tudo isso se dilui até o mais completo vazio, que passa a ser povoado de enigmas. É esse naufrágio que o poema "Interrogação" descreve com palavras humildes e "sintaxe de conversa", apoiado no verso livre e selvagem, que é o mais afeito aos transbordamentos da consciência.

"Sozinho, sozinho, perdido na bruma." O primeiro verso de *Ingenuidade*, com a sonoridade abafada pelas repetições e pelo ritmo bem marcado, ecoa num registro grave um problema recorrente na literatura moderna: a visão do homem sem Deus, só consigo mesmo, abandonado na noite desconhecida, sem apoios, sem âncoras. As trevas e o *gouffre* — a consciência do vazio em que o homem navega cegamente — estão na base do simbolismo decadente. O homem em busca de seu destino foi caracterizado por Verhaeren como um pescador "isolado no seio da névoa", tal como vemos em "Interrogação". No poema seguinte, "Perplexidade", o poeta acrescenta: "Eu fiquei só diante da vida/ e todas as coisas me assustaram".

Nos versos de Emílio, o eu lírico está sempre mergulhado em paisagens marítimas, estradas infinitas, "caminhos invisíveis e longos" — são os cenários da perplexidade, que se espalha por todas as páginas do primeiro livro, como observou Mário de Andrade: "O livro está inundado, inteiramente tomado de perplexidade".[11] Essa intervenção na poesia humilde e encantatória de Emílio da faculdade de pensar foi vista com estranhamento por muitos leitores. O gosto pela abstração, agravado pela contínua perguntação (perplexidade), fez com que o acusassem de escrever uma obra demasiado filosófica, isto é, despoetizada — sem prejuízo do firme (ou vago) estereótipo que lhe atribuíam de "encarnação" da poesia. Segundo Wilson Martins, Emílio era uma "sensibilidade incomum", que se deixava perturbar "pela invasão das faculda-

---

[11] Mário de Andrade, "Emílio Moura: *Ingenuidade*", cit., p. 633.

Emílio Moura: lirismo e ingenuidade

des raciocinantes e pelo tradicional 'pudor' dos mineiros".[12] Para Aloysio Jansen de Faria, a poesia de Emílio jamais se libertou da "problemática filosofante" comum a todo o grupo mineiro de *A Revista* — "não se trata de lírica do sentimento, mas da lira do pensamento".[13] Moderno que se apresenta como ingênuo, ingênuo que se confessa perplexo, Emílio causou nos críticos uma vertigem semelhante à dos seus poemas, cheios de *loopings* e de "quedas bruscas".

No livro *Poesia ingênua e sentimental*, Schiller afirma que, justamente por seu caráter reflexivo, ou seja, pela busca consciente do Ideal, a poesia sentimental acabaria superando a "genialidade" da primeira espécie de poesia. Como todo "poeta sentimental", Emílio Moura, na verdade, desejaria ser ingênuo. Mas a poesia moderna, segundo ele, deveria equilibrar o pensamento e a sensibilidade, tal como fez em seu primeiro livro. De acordo com Mário de Andrade, essa síntese constituía o principal atrativo do livro *Ingenuidade*. O que o autor de *Macunaíma* considerou admirável foi o fato de a "perplexidade intelectualista" de Emílio, "a excessiva necessidade de entender não isenta de oitocentismo, em que o secciona das turbas a sua extrema lucidez", servir para ele "criar dados de sensibilidade, eminentemente líricos, duma suavíssima intensidade convincente".[14] A mesma síntese ou paradoxo aparece na homenagem feita por Drummond após a morte de Emílio Moura em "O poeta irmão", de *As impurezas do branco*: "Há um impasse de ser, na graça de sentir". Nesse poema, relembrando mais uma vez os inquietos anos 20 daquele grupo formado por "estudantes versíferos", Drummond se refere ao amigo como "um outro eu". É que os dois partilhavam, além do cheiro das magnólias, o mesmo anseio de liberdade e modernidade, convivendo com

[12] Wilson Martins, *Pontos de vista*, v. I, São Paulo, T. A. Queiroz, 1991, p. 173.

[13] Aloysio Jansen de Faria, "Emílio Moura", *in* Leodegário Amarante de Azevedo Filho (org.), *Poetas do modernismo: antologia crítica*, v. II, Brasília, INL, 1972, pp. 97 e 114.

[14] Mário de Andrade, "Emílio Moura: *Ingenuidade*", cit., p. 634.

os obstáculos que advinham do meio provinciano e da herança penumbrista, tão criticada quanto irresistível.

Impregnado de "nostalgias espirituais", consumidor de Verlaine, Laforgue, Samain e outros venenos do decadentismo, Emílio Moura tinha forte identificação com essa corrente da poesia crepuscular, que vinha sendo praticada no Brasil havia mais de vinte anos. No livro *Do penumbrismo ao modernismo*, Norma Goldstein mostra que, embora presa ao século XIX, a poesia de Ribeiro Couto, Mário Pederneiras, Olegário Mariano, Guilherme de Almeida e Manuel Bandeira (nos livros *A cinza das horas*, *Carnaval* e *O ritmo dissoluto*) prenunciava as conquistas modernas do verso livre, da temática humilde e da linguagem prosaica. Para Emílio, as duas correntes não chegavam a se opor. Num artigo de 1924 sobre Ronald de Carvalho, ele escreve que o "ócio anatoliano" do autor de *Epigramas irônicos e sentimentais* "não impede que ele seja um moderno, nem lhe tira o fundo brasileiro de sensibilidade".[15]

A admiração provocada pela poesia crepuscular sobre os jovens modernistas de Minas seria comprovada também pelo grupo de Cataguases. A despeito do seu intenso brasileirismo, os poetas da revista *Verde* levaram adiante a tentativa de casar a paisagem das fazendas mineiras com o tom menor e melancólico do pós-simbolismo. Nos *Poemas cronológicos* de Rosário Fusco, Ascânio Lopes e Enrique de Resende, a adesão ao nacionalismo aparece tingida pelos entretons penumbristas, sob forte influência de Ribeiro Couto.

Voltemos ao poema que abre o livro *Ingenuidade*. Não é fácil entender essa associação do dinamismo da vanguarda com a melancolia e o esgotamento dos crepusculares ("Eu tenho as mãos cansadas/ e o barco voa dentro da noite"). O modernismo empurrava para a rua, não para o isolamento da torre. Como ser moderno e ao mesmo tempo paralisado? Mas o barco de Emílio

---

[15] *Apud* Maria Zilda Ferreira Cury, *Horizontes modernistas: o jovem Drummond e seu grupo em papel jornal*, Belo Horizonte, Autêntica, 1998, p. 110.

Moura cumpre uma errância menos solitária do que se imagina. Ao ser tragado pelo mar, ele sonha com o naufrágio do próprio individualismo.

No poema "Interrogação", a passagem da subjetividade isolada para uma espécie de "solidão cósmica" — essa rendição não constrangida nem resignada, mas quase espontânea do poeta à vasta paisagem marítima — pode ser percebida nas dobras do ritmo e no movimento da camada sonora. Na estrofe inicial, as repetições da palavra "sozinho" (na abertura do primeiro verso) e da oração "que sobem" (no final do segundo), somadas à reiteração dos sons nasais e dos timbres vocálicos fechados, parecem enfatizar a angústia da clausura. O Eu está emparedado tanto quanto as "vozes aflitas", como realça a unidade rítmica dos dois versos simétricos, acentuados nas mesmas sílabas. Sibilantes, as vozes tentam abrir passagem na bruma: a subida incessante sugere uma tensão sem alívio, a distância do alvo inatingível. Apenas no terceiro verso, introduzido pela conjunção adversativa, é que se revela ao poeta a visão dos barcos, das velas e dos faróis. À alteração do metro, corresponde uma abertura das vogais tônicas, como se o Eu descobrisse sob a rajada uma possibilidade de escape à moldura paralisante da névoa. A distensão do ritmo (*distender* é o verbo que aparece no primeiro verso da segunda estrofe, bem mais comprido que os anteriores) mostra que o poeta se deixou levar pela correnteza marítima, inflexão figurada na prosa sem diques e no barco sem bússola que "voa dentro da noite". Na estrofe final, surge a interrogação que é o ápice do arrebatamento. A confusão entre remos e ondas (sinédoques que contrapõem o Eu atônito ao mar impetuoso) completa a fusão com a natureza — a dispersão romântica pelo mundo das coisas, que no segundo poema do livro Emílio chama de perplexidade.

Tudo começa, portanto, pelo desgarramento. Sob o impacto da rajada e das acrobacias aéreas, o eu lírico se descola do chão. Daí a vertigem, o desnorteio e as quedas. O poeta age "como um papagaio que não obedecesse ao ritmo da linha", conforme exprime no poema "Teatro", que em tom festivo e irônico encerra o livro *Ingenuidade* ("E o pano caiu rápido sobre a apoteose/ e sobre o olhar malicioso da crítica"). Subir e descer são movimentos contrários e simultâneos que percorrem toda a poesia de Emílio Moura. Nesse *looping* alucinante ("eu sou um feixe de planos esmigalhados"), ele se mostra sensível às múltiplas formas do real, expandindo-se no verso livre, prosaico, inumerável, captando a polifonia moderna na velocidade de seus poemas bêbados. Mesmo quando se comprime no metro redondo e popular, o poeta não perde o gosto pela volúpia dos espaços abertos. Leia-se, por exemplo, este poema que pertence ao segundo livro, *Canto da hora amarga*, publicado em 1936:

CANÇÃO SEM RUMO

A vida subiu, desceu,
foi longe demais a vida.
Como uma estrela caída,
a minha vida desceu
rolando na tua vida.

Como uma estrela caída,
caída, de onde? Do céu?
a tua vida desceu
rolando na minha vida,
como uma estrela caída.

O desnorteio da estrela cadente (a despeito da forma circular do poema) exprime a perturbação sensorial dos que possuem o "coração numeroso", para usar a expressão de Drummond. Dissolvendo-se, transbordando de si mesmo, o poeta paradoxalmente aproxima os fragmentos próprios e os alheios: "todas as vozes acordam no meu silêncio", "todas as coisas rolam no fundo de meu ser", dizem os versos de "Perplexidade". Aqui Emílio lembra o dinamismo, as abstrações do tempo e do espaço e o "abraço cósmico" que estão na base da doutrina essencialista do pintor Ismael Nery. O erotismo e a infância, com suas conotações pré-lógicas e paradisíacas, são a melhor tradução dessa unidade sonhada desde

Emílio Moura: lirismo e ingenuidade

os primeiros românticos. O gosto pela canção popular, que resiste à dissonância moderna graças ao seu encanto primitivo, é outra manifestação da "sensibilidade de retorno" presente nos mitos de evasão. O ideal defendido pelo autor de *Ingenuidade* — procurar ver a natureza com os olhos virgens do "primeiro homem" — coincide com a perspectiva espontânea e anárquica que era apregoada pelos artistas das vanguardas europeias, fatigados do cerebralismo europeu.

"Como uma estrela caída", a criança abraça o mundo com os olhos embriagados, perplexos. Nas bordas da vida adulta e da razão moderna, o lirismo, fruto da inexperiência, se instaura. O que foi reprimido no passado (a pureza, o pânico, o *alumbramento*) volta a ter expressão: "Mergulho de novo no mundo dos caminhos maravilhados". Tudo vem da infância, dirá o poeta numa peça bastante singela do livro *Cancioneiro*, publicado nos anos 40:

TOADA

Minha infância está presente.
É como se fora alguém.
Tudo o que dói nesta noite,
eu sei, é dela que vem.

Da infância vem tudo: não só a fantasia e a inspiração, mas também a dor mais intensamente sofrida e a memória profunda, duradoura, que nutre a expressão poética. Segundo Oscar Mendes, a alma do autor de *Ingenuidade* é infantil, seu grito é o da criança sozinha na treva.[16] Nesse sentido, podemos considerar a poesia ingênua de Emílio Moura como uma espécie de "recalque de infância", que é o título de um poema do primeiro livro no qual o poeta evoca a "imaginação de seis anos" e o pânico das noites no velho sobrado dos avós. O uso do vocábulo psicanalítico não deixa dúvidas quanto ao caráter dúbio, incerto e cheio de mediações

---

[16] Cf. Oscar Mendes, *Poetas de Minas*, Belo Horizonte, Imprensa Publicações, 1970, p. 17.

dessa ingenuidade recalcada. No entanto, como observou Emílio Moura no artigo já citado sobre a obra de Godofredo Rangel, "só quem regressou de grandes jornadas especulativas, pode provar esse sabor delicioso que há no fundo de todas as coisas primitivas e puras".[17] Em outras palavras, apenas o poeta "sentimental" está apto a reencontrar a inocência — não a original, que deixou de existir, mas a produzida pelo artifício. Por meio dessa ingenuidade irônica ele tenta escapar do diletantismo e do naufrágio das interrogações.

ELEVAÇÃO E HUMILDADE

O voo especulativo, seguido de uma queda brusca no mundo das coisas simples, está presente também no poema "Misticismo", que é dos mais representativos do livro de estreia de Emílio Moura.

MISTICISMO

O céu lindo da vila pobre!
E a igreja pequenina, que se espicha toda na torre,
com vontade de ver o céu.

E o céu tão alto, e o céu tão alto!

Tema consagrado, que a poesia herdou do platonismo e da mística cristã, a busca da transcendência, ou *elevatio*, aqui se exprime com palavras simples, tom menor e alocução breve, nos limites prosaicos do metro de oito sílabas, como se o poeta, num gesto inesperado, desejasse conter o movimento ascensional da torre. Do esforço moderno de rebaixamento, contraposto à *hybris* da igrejinha, resulta uma tensão que neutraliza o misticismo. Salvo as repetições internas, há uma única rima toante — entre as palavras contrastantes "pobre" e "torre" —, chamando atenção

---

[17] Emílio Moura, "Vida ociosa", *op. cit.*, p. 20.

Emílio Moura: lirismo e ingenuidade

para o paradoxo central do poema, no qual se fixa a visada irônica do autor. A igreja que se espicha em direção ao céu está irremediavelmente presa ao chão: buscando levitar até o *sublime*, ela apenas ressalta a sua natureza terrestre, *humilde*.

O poema "Misticismo" poderia ser visto como uma espécie de autorretrato do poeta evanescente, "comprilongo" (o neologismo é de Pedro Nava), de braços abertos para o inacessível, que aparece em tantas evocações: "[...] Emílio, ao nosso lado, singra tão longe, boia tão nuvem/ em seus transmundos de indagativas constelações", escreve Drummond em "A consciência suja", de *Boitempo*. A figura longilínea do místico faz pensar numa concepção do lirismo como exercício de ascese — evasão para o mundo invisível que casa bem com o isolamento decadentista nas torres de marfim. Mas o esforço maior do poeta, ao tracionar a igreja que se espicha, é justamente o de provar a existência de uma força contrária à sua reconhecida ânsia de infinito. A torre não chega ao céu, que seria o êxtase, porque algo a sustém com o peso de uma fatalidade, e nesse intervalo é que se instala a poesia de Emílio Moura. O veneno da reflexão afasta o poeta de seus próprios mitos. O máximo que ele consegue ser é, nas palavras de Drummond, um "místico em estado latente", que "não vence as perplexidades e as dúvidas do ser intelectualizado".[18]

Em outro poema de *Ingenuidade*, intitulado "Libertação", Emílio se define como um "quase místico":

Eu sou um poeta quase místico:
A vida é bela porque é um êxtase.
Ah! não ter um pensamento, um só pensamento no
[cérebro,
não vigiar a vida, a vida inquieta, a vida múltipla da
[sensibilidade,
mas vivê-la de olhos cerrados, num silêncio cheio de
[ritmos [...]

---

[18] Carlos Drummond de Andrade, "O secreto Emílio Moura", *in Poesia e prosa*, cit., p. 1.343.

A impossibilidade de alcançar o céu aqui se exprime nos termos de uma inviável absorção do Eu pela natureza — a unidade cósmica sem perguntas, dirigida apenas pela sensibilidade, que vem sendo desejada e negada desde o poema de abertura, "Interrogação". Emílio é um "quase místico" porque está plantado no abismo entre o pensamento e a vida sensível. Incapaz de libertar-se de si mesmo e da contingência terrestre, ele jamais se entrega ao céu superior (e vazio). Nesse intervalo, em que se alternam espichamentos e contrações, o lirismo é às vezes elegíaco, às vezes irônico: "E o céu tão alto, e o céu tão alto!".

Nos poemas de Emílio Moura, encontramos uma das manifestações do ideal de simplicidade cultivado em larga escala pelo modernismo brasileiro. Juntamente com a estética fragmentada e cubista, houve entre os vários autores do período o interesse de pesquisar as relações do canto poético e do discurso prosaico, que tanto servia para satirizar o verso elevado e escultórico dos parnasianos quanto para buscar uma aproximação (não espontânea, mas estilizada) com a dengosa simplicidade da "língua errada do povo". Manuel Bandeira, que deixou as cinzas do penumbrismo para se atirar na libertinagem da poesia humilde e do *pathos* popular, foi um dos principais artesãos dessa moderna mescla estilística, tentando alcançar, conforme exprimiu na crônica "Ovalle", de *Flauta de papel*, "aquele inefável das coisas despretensiosas que pela simplicidade atingem o sublime". A atração pelas imagens do cotidiano e o despojamento, em oposição ao pedantismo dos gramáticos, já existiam em pós-simbolistas como Ribeiro Couto e Olegário Mariano, a par da nota íntima e crepuscular. No modernismo, essa tendência se firma de vez com a desarticulação do verso, acompanhada do prosaísmo dessacralizador que se nota sobretudo na poesia pau-brasil, nitidamente influenciada por Blaise Cendrars e sua "ingenuidade primitiva, voluntariamente pobre", nas palavras de Mário de Andrade.[19]

---

[19] *Apud* Davi Arrigucci Jr., *Humildade, paixão e morte*, São Paulo, Companhia das Letras, 1990, p. 98.

O "estado de inocência", preconizado por Oswald de Andrade, significava a adoção de um espírito infantil de invenção e descoberta, que conduzia o poeta a uma espécie de alegre simplicidade, como se vê nos poemas de *Pau-Brasil*.

DITIRAMBO

Meu amor me ensinou a ser simples
Como um largo de igreja
Onde não há nem um sino
Nem um lápis
Nem uma sensualidade

No poema "3 de maio", que está na mesma página, diz o autor:

Aprendi com meu filho de dez anos
Que a poesia é a descoberta
Das coisas que eu nunca vi

Para Oswald, "a poesia existe nos fatos" e exibe impressões vivas, instantâneas, produzidas por olhos infantis ou selvagens. Na criança — como nas várias espécies do *ingénu* que ocorrem na literatura do século XVIII, ligada ao iluminismo — a inclinação para o espanto vem justamente da inocência em relação aos vícios e convenções do mundo civilizado. No caso de Oswald, porém, a crítica reconheceu desde o princípio que o primitivismo pau-brasil era "civilizadíssimo". Segundo Manuel Bandeira, essas ideias de bárbaro escondiam uma "ingenuidade de civilizado".[20] A inocência tem um caráter programático, de acordo, aliás, com o primitivismo estético das vanguardas europeias, e não exclui a perspectiva intelectual e irônica. Elementos recalcados da cultura brasilei-

---

[20] *Apud* Silviano Santiago (org.), *Carlos e Mário: correspondência de Mário de Andrade e Carlos Drummond de Andrade*, Rio de Janeiro, Bem-Te-Vi, 2002, p. 44.

ra, a ingenuidade e a malandragem vêm à tona no momento em que se deseja fabricar o mito do país não oficial.[21] É como se o *parti pris* da ingenuidade exprimisse um desejo de conciliação, uma opção de não enxergar os antagonismos que existiam por trás da alegria brasileira.

Avessa ao paradoxo, a inocência do lirismo oswaldiano se distingue da simplicidade de Emílio Moura, que nunca demonstrou euforia diante da nossa "originalidade nativa". Por outro lado, o lirismo emiliano é menos plástico do que musical, perdendo-se na vaguidão dos estados mentais mesmo quando parece fotografar a materialidade das coisas. O poema "Misticismo" termina com um lamento dobrado — "E o céu tão alto, e o céu tão alto!". Ausente do ditirambo de Oswald, o sino percute as contradições de uma transcendência ambígua — curta, imanente, grudada ao chão — e de um olhar que se movimenta para cima e para baixo, numa atitude de distanciamento alheia à fusão mística do Eu com a natureza. O *looping* das antíteses percorre o poema desde o verso de abertura, com a oposição violenta entre o "céu lindo" e a "vila pobre". O olhar sobe e desce bruscamente, as impressões simultâneas sofrendo uma espécie de contaminação que a tudo relativiza: o céu é lindo e pobre, a vila é pobre e linda, a igreja pequena se espicha e a torre (a terra) que sobe passa a ser tão sublime quanto o céu inacessível.

Na visão inclusiva do poeta, tudo é alto e baixo, sublime e humilde, pleno e vazio. Repetições e rimas internas também contribuem para equiparar os opostos, além de construir uma cadeia de sons que se desdobram pelo poema. O segundo verso, que é o mais comprido, foge ao metro para mimetizar a subida da igrejinha, embora o mantenha discretamente com a divisão marcada pela vírgula — "E a igreja pequenina, que se espicha toda na torre" —, constituindo-se, na verdade, de dois versos de oito sílabas, iguais aos restantes. Entretanto, se os ecos servem ao efeito do

---

[21] Cf. Roberto Schwarz, "A carroça, o bonde e o poeta modernista", *in Que horas são?*, São Paulo, Companhia das Letras, 1987, p. 25.

alongamento (como na repetição das sílabas "que" e "to"), também podem tracionar. É o que faz a aliteração das oclusivas, que se espalham ainda pelo terceiro verso — "com vontade de ver o céu" —, travando a ascensão da torre. Destacado dessa primeira estrofe, o último verso chega pesado e adversativo (embora suave), materializando o obstáculo que se atravessa de modo peremptório, com a intensidade marcada não só pela exclamação final e pelo advérbio "tão" (que prolonga o freio das oclusivas), mas sobretudo pela duplicação da frase "e o céu tão alto", que faz o lamento soar como uma espécie de sino dobrado. Decisivo na construção desse efeito sonoro é o encadeamento dos encontros vocálicos (*eo*, *éu*, *ão*, *au*) com seu movimento pendular, ondulante, repetitivo. A gradação sugerida pelos sons que se repercutem é uma maneira de mostrar quanto é dura, custosa — e portanto inútil, absurda — essa escalada.

É pela ironia que a poesia moderna revela a sua distância do misticismo. Visão superior, abrangente e livre, reunindo em seu arco o céu e a terra, a ironia é a possibilidade de elevação que resta ao homem sem Deus. No poema "Serenidade no bairro pobre", Emílio escreve:

> O silêncio sobe da terra magoada,
> o silêncio desce do céu luminoso,
> tão luminoso e tão alto que ninguém pensa nele. [...]

No lugar das "vozes aflitas" do poema de abertura do livro, agora é o próprio silêncio que sobe. A "terra magoada" se distingue da torre ansiosa e sôfrega por sua "infinita, vaga serenidade", que é fruto do desencanto, da consciência contraposta à *hybris* mística. Céu e terra já não se dissociam, mas se equiparam no mesmo silêncio, como indica o paralelismo dos versos. E o céu desqualificado — "tão alto que ninguém pensa nele" — lembra as piadas drummondianas contra o ideal da transcendência, como o poema "Igreja", de *Alguma poesia*.

IGREJA

Tijolo
areia
andaime
água
tijolo.
O canto dos homens trabalhando trabalhando
mais perto do céu
cada vez mais perto
mais
— a torre.

E nos domingos a litania dos perdões, o murmúrio das
[invocações.
O padre que fala do inferno
Sem nunca ter ido lá. [...]

Os versos de "Igreja", longe da evasão buscada no poema "Sê como as torres longas e finas", de 1922 ("As torres longas e finas,/ varando o ar,/ parecem pensamentos ascendendo [...]"), insistem numa separação radical entre o céu e a terra: "No adro ficou o ateu,/ no alto fica Deus". Enfatizando a construção material da igreja, Drummond se mantém mais perto dos homens que do céu, ao mesmo tempo em que revela a melancolia e a hipocrisia das missas de domingo — o oposto da simplicidade esboçada por Oswald em "Ditirambo". No livro *Confissões de Minas*, Drummond observa: "Poema lindo mas falso, este de Oswald de Andrade... Não creio que haja coisa mais complicada e perturbadora do que um largo de igreja dos bons, dos legítimos".[22]

Com menos escárnio, mas não desprovido de malícia, Emílio Moura opta pelo sorriso manso da ingenuidade — "Tinha doçura

---

[22] Carlos Drummond de Andrade, "Viagem de Sabará", in *Poesia e prosa*, cit., p. 1.367.

Emílio Moura: lirismo e ingenuidade

naquele verso?/ Tinha veneno naquele verso?", pergunta ele em "Depois do poema". A interrogação e a dissimulação são as armas usuais dessa *naïveté savante*, uma "arte de se fazer humilde" praticada desde a ironia socrática. Revelar paradoxos é sua especialidade, e sempre de modo sorrateiro, a partir de um lugar terrestre, miúdo — o bairro pobre, a vila pobre, o insignificante país de Lilliput (citado no poema "Looping-the-looping"). Arte de interrogar, trato com as contradições, a ironia serve ao poeta como uma espécie de metro em seu penoso exercício de autossuperação.

Embora sem nome ou geografia definida, a vila pobre do poema "Misticismo" parece encarnar a ingenuidade mineira que fascinou Blaise Cendrars e os modernistas. Se a imagem da igreja remete a Minas (religiosa e barroca, aprisionada nos vales profundos, vendo o céu sempre à distância), a torre que se espicha, furando a paisagem brumosa como nas telas de Guignard, sintetiza uma languidez provinciana que é recorrente entre os autores mineiros. Nos *Poemas cronológicos*, Rosário Fusco exprime o desejo infantil de "subir no morro e encostar a mão no céu". Há os poemas de Drummond (além do já citado, "Lanterna mágica", de *Alguma poesia*, e "O voo sobre as igrejas", de *Brejo das almas*) que trabalham o tema em chaves diversas. E o mesmo *pathos* está presente em *Abdias*, de Cyro dos Anjos, onde a fuga da monotonia só parece possível com a exaltação mística, figurada no desfecho melancólico do romance como o transporte do narrador numa "catedral imensa, cujas torres tocassem o céu".

Impregnada de sonhos, tentando escapar do brejo, a igreja do poema de Emílio representaria então o delírio provinciano (elevação e queda) figurado numa miniatura de Babel. O sentimento de inadequação experimentado por um temperamento romântico, abafado e paralisado em sua vida monótona, é que parece ser o alvo da ironia emiliana. O delírio estaria em não querer aceitar nem a limitação rural nem os barulhos da modernidade, como se o vazio das nuvens pudesse significar um refúgio.

O esforço de Emílio Moura é o de construir uma ponte entre o céu e a terra, entre o misticismo e o cotidiano. No poema "Serenidade no bairro pobre", ele fixa o olhar no chão, na calma dos arrabaldes, que se opõe ao ruído das avenidas: "Infinita, a cidade vive...". O restabelecimento do metro, essa queda das alturas provocada pela ironia, é também a descoberta de uma "humildade infinita", da beleza que toca o céu sem se desprender do chão, que sobrevive entre os escombros da totalidade clássica. No artigo "Da poesia moderna", Emílio escreve: "Hoje os tempos são outros. Mas a beleza ainda vive nas retinas enamoradas. É uma árvore maravilhosa. E se é alta em excesso, façamos por colher, ao menos, os frutos que estão ao alcance dos nossos dedos".[23] Ingenuidade é a disposição de colher a beleza ao alcance da mão, a "poesia das coisas humildes".

UM MUNDO EM RUÍNAS

A serenidade, que o poeta associa aos cenários da infância e à paisagem dos arrabaldes, pode ser vista como uma fuga crepuscular à catástrofe da modernização. Na literatura ocidental, a tradição bucólica tem representado desde a Antiguidade o desejo de suprimir a infelicidade e os excessos da vida urbana. Enjoado das próprias cisões, do *tedium vitae*, da inútil aspiração à infinitude, o homem *blasé* do romantismo e do simbolismo volta-se para o ambiente rústico em busca de simplicidade e silêncio. Em Baudelaire, o sonho de liberdade e a rejeição ao mundo burguês fecundam a poesia com uma deleitosa combinação de *ivresse, caresse, paresse* (leiam-se, por exemplo, os textos dedicados à amante Jeanne Duval). No caso de Emílio Moura, entretanto, a evasão não se atavia de nenhum "perfume exótico". A diferença é que o poeta mineiro está fincado na rusticidade que seus versos, de modo ambíguo, celebram — tanto mais porque esse mundo do qual ele se sente parte inarredável é feito de coisas que estão morrendo. É o que se vê em "Perdida no mapa", um dos mais conhecidos do livro *Ingenuidade*.

[23] Emílio Moura, "Da poesia moderna", *A Revista*, n° 2, ago. 1925, p. 18.

PERDIDA NO MAPA

Uma rua velha e vazia,
uma casa velha e vazia,
uma vida velha e vazia.

A poesia das coisas humildes
morrendo, morrendo...

(Meu Deus, fazei com que o dia de amanhã
seja diferente do dia de hoje!)

...morrendo com o hábito.

Perdida, pobre, pequenina, a vila da província é um cenário acanhado que casa à perfeição com a busca da ingenuidade. Em vez do mar abstrato do poema "Interrogação" e das alturas inacessíveis de "Misticismo", agora temos um poeta regressado à terra e à vivência histórica. Perdida no mapa, evocada como uma fantasmagoria — apresentando a mesma indefinição do poema "Cidadezinha qualquer", de Drummond —, essa vila poderia ter sua particularidade toda dissolvida. Mas sabemos que no lirismo de Emílio Moura a origem de tudo está na infância, e as lembranças que se sucedem ao longo das páginas — evocações concretas, ainda quando discretas, indistintas e até mesmo vagas — dão a *Ingenuidade* algo que existia com sobra no primeiro livro de Drummond, isto é, uma inequívoca natureza autobiográfica. Essa característica serve para distanciar a poesia de Emílio, "modernista da primeira hora", daquela praticada pelos representantes da poesia espiritualista, avessa ao modernismo e seduzida pelos "grandes assuntos humanos", que vicejou na década de 30.

"Perdida no mapa" é um cromo de província que põe em foco, de modo simples e comovente, "a poesia das coisas humildes" que está "morrendo com o hábito". O título do poema tem o número de sílabas e a mesma acentuação do último verso, além de estarem atados — começo e fim — pela rima toante (mapa, hábito). O efeito é o de um círculo que se fecha, como se todo o poema estivesse encerrado numa forma parentética, que está presente, aliás, na terceira estrofe e em várias outras passagens do livro *Ingenuidade*, exprimindo o lamento contido e o canto em voz baixa de Emílio Moura.

O ritmo da província é sereno porque repousa na imobilidade. As coisas seguem a natureza e, não se inquietando pelo fato de serem velhas e vazias, simplesmente morrem. No entanto, há um gemido que se intercala, como um derradeiro suspiro, cortando ao meio essa morte lenta — um desejo a um só tempo ardente e melancólico. Nos cromos da província feitos em Minas durante o modernismo, o silêncio substitui a alegria ruidosa que em geral se espera dos materiais da infância, e toda exclamação surge abafada entre parênteses. Pode-se comparar, por exemplo, a sonoridade aberta e o "paroxismo de vida" do poema "Profundamente", de Manuel Bandeira ("Estrondos de bombas luzes de Bengala/ Vozes cantigas e risos/ Ao pé das fogueiras acesas"), com a surdina melancólica dos poetas mineiros, com suas evocações cheias de sons nasais, como se a infância fosse um espaço-tempo sem alegria ou liberdade. Além do poema "Infância", de Drummond, leiam-se, por exemplo, os versos de Ascânio Lopes nos *Poemas cronológicos*, evocando seus tristes serões de "menino pobre": "Uma vez não me deixaram pôr um barquinho de papel na enxurrada da rua./ Encostei, chorando, na janela, e a vidraça ficou molhadinha com o meu choro". É preciso observar, no entanto, que a alegria tampouco se sustenta no poema de Manuel Bandeira, no qual predomina, conforme a interpretação de Davi Arrigucci Jr., um sentimento de "festa interrompida".[24]

Na poesia de Emílio Moura, é pela porta dos "recalques" de infância que entra o nacionalismo estético, tão fortalecido entre os modernistas de 1922 durante a excursão às cidades históricas mineiras. A terra, porém, não surge apenas como cenário. No artigo "O homem que possuía uma estética", publicado no *Diário de Minas* em 2 de julho de 1924, Emílio ironiza o primitivismo de

---

[24] Cf. Davi Arrigucci Jr., *op. cit.*, p. 204.

Emílio Moura: lirismo e ingenuidade

Oswald: "Lembra-se da jornada que ele e outros nacionalistas fizeram pelas nossas cidades históricas? Adjetivaram todas as nossas igrejas e construções antediluvianas, remotíssimos santeiros ressurgiram, diante da nossa surpresa, da poeira anônima, reclamando um lugarzinho na nossa admiração patriótica".[25] É como se a "igreja pequenina", cumulada de adjetivos, perdesse a pureza do anonimato, desfazendo-se à vista dos olhares ávidos e dos "surtos tentaculares" de um nacionalismo exótico.

Recordando as vilas pobres, as violas das noites sonoras, os sacis das noites sem lua e as almas penadas dos velhos sobrados, o poeta se mantém longe do que chamava de "primitivismo caricatural" e "folclorismo debilitado", buscando uma "concepção mais humana e mais viva de abrasileiramento". Emílio rejeita os delírios verbais e o "ritmo selvagem", que no poema "Da humilde alegria" é associado aos "borés bárbaros". Violentos e ásperos, os índios estariam longe da ingenuidade buscada pelo poeta, e a "tanga dos caciques artificializados" jamais serviria de inspiração para o nacionalismo que ele pretendia puro, íntimo e natural. Segundo ele, o nacionalismo não exigiria nenhuma espécie de sacrifício (como entendia Mário), desde que se conservasse próximo da espontaneidade zelada pelo poeta. Nos versos de *Ingenuidade*, parece não haver oposição entre o sentimento da terra e o mundo interior. É o que se nota no poema "Minha noite sertaneja", que parece ter saído das páginas do *Clã do Jabuti*:

> Oh! noite que tomba, que rola, macia
> Sobre a alma redonda das violas de minha terra,
> Sobre a minha alma. [...]

O poeta ingênuo retrata a província sem arroubos nem imposições, com o gesto instintivo de quem abraça o seu próprio mundo, defendendo-o da voracidade externa. Em "Perdida no mapa", a ingenuidade parece lançar o seu último suspiro. As pequenas recordações sobrevivem como ruínas: o lirismo que elas abrigam não

---

[25] *Apud* Maria Zilda Ferreira Cury, *op. cit.*, pp. 106-11.

cabe no presente veloz, transitório. A perspectiva do poeta é mais uma vez irônica, realçando a modorra (a morte) ao mesmo tempo com doçura e perversidade. Prosa, pobreza e repetições, os processos básicos da criação poética de Emílio Moura, aqui se aliam para construir um ambíguo sentimento da província — quadro esfumado em que o obsoleto, que se espera para sempre sepultado, ainda pode vicejar em sua sublime monotonia. O poema traz a sonoridade do atrito e da discordância. Na primeira estrofe, construída à base de repetições, o último verso é todo fricativo, com os /v/ que se emparelham numa espécie de clímax ("vida velha e vazia"). Ampliado ao máximo com a gradação dos três versos, o tédio ecoa logo em seguida na tripla reiteração de "morrendo" — e o gerúndio repetido se torna ainda mais inacabado, como se a morte fosse um decurso lento, uma progressão infinita, convertida em hábito: a província humilde nunca termina de morrer, assim como a elevação da igreja pequenina (movimento ilusório, preso ao chão) jamais atinge o céu. O hábito formado pelas repetições se espraia como uma cascata por todo o poema. Na segunda estrofe, o substantivo "poesia" carrega o eco de "vazia", que depois se prolonga em "dia", criando o efeito de um esvaziamento geral. Abafando o lamento, a forma parentética da terceira estrofe, associada à aliteração monótona das oclusivas e ao paralelismo das expressões "dia de amanhã" e "dia de hoje", também contribui para mitigar a possibilidade e o próprio desejo da mudança. Desgarrar-se da monotonia parece ser o ideal do poeta, mas a indecisão entre o dinamismo dos novos tempos e a poesia humilde da província resulta numa celebração dolorosa da imobilidade. Esse brejo cheio de ambiguidades é um espaço propício para a ironia, como se vê também em "Cidadezinha qualquer", de Drummond:

CIDADEZINHA QUALQUER

Casas entre bananeiras
mulheres entre laranjeiras
pomar amor cantar.

Um homem vai devagar.
Um cachorro vai devagar.
Um burro vai devagar.
Devagar... as janelas olham.

Eta vida besta, meu Deus.

Os poemas são parecidos no tema, no título e na forma. O número de estrofes é o mesmo, os versos possuem tamanho semelhante, o estilo é prosaico etc. Em ambos, a escassez de verbos e o abuso das repetições fixam com certo nervosismo um paraíso sem história, perdido no mapa. Imobilidade deleitosa que em Drummond ganha sabor de epigrama, inspirando uma crueldade que vai além da simples pilhéria, ao passo que Emílio, mais colado talvez ao ambiente da província e sentindo mais dolorosamente a morte da poesia humilde, faz a exasperação terminar liricamente em suspiro. Figurando a monotonia da "vida besta", os dois poetas descobrem o pulsar de uma "alma" que não encontra mais espaço no turbilhão da cidade grande. Entre o cansaço do velho e o tédio do novo, ambos acabam por converter a paródia modernista da província em sentimento moderno de inadequação.

O pequeno mundo que o poeta acaricia está morrendo, e o suspiro que interrompe essa morte, apesar de exprimir o desejo de mudança, esconde na verdade um ideal de imobilidade. A poesia humilde, no instante em que desaparece, se salva, cintilando com a "beleza melancólica" que Walter Benjamin atribuiu aos primeiros retratos.[26] Essa melancolia, que se pode relacionar à imobilidade dos longos tempos de exposição das fotos antigas, encontra expressão nas repetições e gerúndios do poema de Emílio, cromo da província no qual a lentidão se opõe à velocidade dos instantâneos jornalísticos. É como se, ao afirmar suas raízes, ligadas à pu-

---

[26] Cf. Walter Benjamin, "A obra de arte na época de suas técnicas de reprodução", *in Benjamin, Adorno, Horkheimer, Habermas*, Coleção Os Pensadores, São Paulo, Abril, 1980, p. 13.

reza do canto, o lirismo sobrevivesse aos "tempos de prosa" da era industrial.

CARNAVAL EM PENUMBRA

Se o passado é velho e moribundo, se a promessa de vida reside na mudança, como sugere entre parênteses o poema de Emílio Moura, a modernidade — tensão impiedosa e mortífera — também é sentida como um tempo devorador, sem alma, vazio. Nos textos de *Ingenuidade*, o "ruído das avenidas" ameaça a calma dos arrabaldes. No poema "Regresso", ao retornar de suas jornadas especulativas, o poeta percebe que o movimento da cidade pode ser tão oco quanto a imobilidade provinciana:

> Na noite que chega com música e luzes
> eu vejo a cidade sem alma na rua.
> Janelas abertas, lá dentro o vazio.
>
> Os autos voam, os cartazes gritam.
>
> Oh! vida me espere,
> me espere também.
> [...]

O poema desqualifica a modernidade das luzes, dos cartazes e dos automóveis. À vista da cidade vazia se afirma a superioridade do poeta, que vem da "viagem mais longa do mundo" e possui os olhos "cheios do sentido multiplicado do tempo". O que ele traz na memória não é apenas a espiritualidade de quem rolou pelas nuvens, mas a "humildade infinita" de seu passado na província. Os ruídos urbanos, porém, também o excitam, e o poeta não consegue mais conciliar o sono, saindo espavorido e de braços abertos para o encontro grotesco com a multidão. O carnaval, com seu ritmo hipnótico que arrebata, é o espaço-tempo alucinado desse encontro: o golpe dionisíaco que fere a moderação de escritores

Emílio Moura: lirismo e ingenuidade

143

provincianos e "clássicos" como os modernistas de Minas, ameaçando a estabilidade do indivíduo encaramujado. "Carnaval" é o título de um poema de *Ingenuidade*, dedicado a Drummond, que depois não foi incluído no *Itinerário poético*. Aqui o reproduzimos não por desacato e nem apenas por causa da dedicatória — que é sem dúvida reveladora da comunhão de sentimentos entre os dois poetas —, mas por reconhecer a importância do poema e da recorrência temática.

CARNAVAL

Parado, parado...

Na rua? Na vida, na minha vida que pressentiu o
[inevitável ridículo,
sob o som machucado dos ritmos bambos, boleados,
e sob a luz cínica dos refletores que adormeceram.

No entanto tu danças,
e eu danço.

Todo mundo tem um ar de virtudes analfabetas.

Parado, parado...

Por que eu não danço na minha vida?

O poema se chama "Carnaval", mas a presença da música e das luzes não excita. Ao contrário, entorpece. Onde se esperava ruído, ação e dissolução do individualismo na embriaguez coletiva, encontramos a reafirmação da paralisia e da monotonia. A exemplo dos poetas penumbristas, Emílio Moura concebe o carnaval como uma festa melancólica. O carnaval se tornou um tema caro aos crepusculares não pela bagunça redentora que ele instaura, mas por enfatizar o contraste com a "surdina intimista" de quem prefere observar a vida a vivê-la. Trata-se, em suma, de uma incapacidade para acompanhar o ritmo trepidante da existência moderna. O cansaço simbolista, como observou Mário de Andrade, está na raiz da perplexidade, "não isenta de oitocentismo", que impregna o lirismo emiliano.

Os refletores que aparecem no poema se distanciam da alegria popular, dirigindo seu foco para a solidão do poeta, que se mantém parado e ridículo em meio à multidão. A paralisia desvendada pela "luz cínica" é o efeito mais curioso dessa mascarada de inspiração decadente. A abertura do poema, com o adjetivo que se repete, suspenso no silêncio das reticências — "Parado, parado [...]" —, ecoa o verso inicial de "Interrogação" ("Sozinho, sozinho...)", e assim como o isolamento na bruma se convertia afinal no sentimento de uma solidão cósmica (o poeta, solto no barco bêbado, irmanando-se às outras vozes aflitas), aqui também se tentará romper a paralisia por meio de uma abertura ao movimento exterior. O fracasso desse esforço — "Por que eu não danço na minha vida?" — serviria, ao cabo, para pôr em evidência um outro sentido da ingenuidade, que antes era associada à pureza do canto e agora se confunde com a inabilidade social. A falta de jeito, que nos remete ao *gauchismo* de Drummond, também constitui um dos traços essenciais da *persona* do poeta ingênuo.

Algumas páginas adiante, sem que desapareça a sombra da poesia crepuscular, o poema "Inquietude" novamente faz lembrar o clima de tédio e indecisão do livro *Alguma poesia*.

> [...] Nem desejo de continuar, nem vontade de parar.
> Eu só queria que a minha vida fosse uma página em
> > [branco,
> sem dizeres que não dizem nada,
> porque é sempre a mesma inutilidade,
> é sempre o mesmo espetáculo. [...]

Aos olhos do poeta, tudo parece inútil e maçante — ainda que o "espetáculo" em questão seja colorido e ruidoso. À hiperestesia da festa carnavalesca, o eu lírico opõe o silêncio da "página em branco", desprovida dos "dizeres que não dizem nada", que equi-

Emílio Moura: lirismo e ingenuidade 145

valem às "virtudes analfabetas" do poema anterior. Dentro do casulo, porém, quem poderá perceber que algo se mexe? E como impedir que os movimentos exteriores continuem chegando aos olhos e aos ouvidos? Indeciso entre a pachorra e a vertigem, o eu lírico assiste às horas que passam "lentas como beijos,/ ou rápidas como setas". A presença acentuada das antíteses é índice de uma profunda instabilidade e não simplesmente um desejo romântico de obter a harmonia dos contrários. Nessa visão rarefeita e contraditória, Mário de Andrade identificou um dos traços essenciais da poesia de Emílio Moura: "Tudo perde os seus limites, a nitidez das noções é hesitante, a infixidez é a constância do poeta".[27] A indecisão pode imobilizar os gestos, mas "infixidez" também significa inquietude. É movimento e, ao mesmo tempo, paralisia — na feliz expressão de Mário, um "perplexo movimento parado".

O gosto pelas antíteses também parece encontrar apoio e expansão nas alternâncias do carnaval. Arlequinal e dionisíaco, o modernismo buscou desde o início caminhar em direção à vida. Rompendo a bruma, que paralisa, e caindo na dança, o poeta de *Ingenuidade* se deixa arrastar pelas "virtudes analfabetas" e desce à rua disposto a enfrentar "o inevitável ridículo". O carnaval é visto como expressão máxima da "vontade de viver". Entretanto, esse desejo entra em conflito com a imobilidade silenciosa, aninhada em segredo, que está presente inclusive na sonoridade bamba do poema "Carnaval". Nas sílabas fortes, arma-se um jogo entre as vogais abertas e as fechadas, como se o tempo inteiro fosse ensaiada uma passagem do /i/ ao /a/ — que predomina no título, "Carnaval", apresentado no entanto como um experimento ridículo.

Nos versos crepusculares de "A noite tomba de repente", o poeta reafirma a timidez de quem assiste a tudo serenamente, "como quem nunca viveu". O contato atropelado com a multidão exprime ao mesmo tempo um fatal e melancólico desencontro. Leia-se, a propósito, a "Toada sem jeito":

---

[27] Mário de Andrade, "Emílio Moura: *Ingenuidade*", cit., p. 634.

TOADA SEM JEITO

Saí de casa sorrindo,
voltei magoado da rua.

Nos olhos dos homens todos
vi tanta cousa calada,
vi tanta cousa, vi tanta,
sangrando que nem ferida.

Oh! viagem curta, passeio
por entre caras e pernas
que a gente sabe sofrendo,
sofrendo tanto, sofrendo.

Eu bem que olhei para uns olhos
que olharam bem para mim.
A boca que fez um beijo
(foi só cá dentro de mim?)
sorriu, passou, foi-se embora...

Saí de casa sorrindo,
voltei magoado da rua.

Em poemas como "Toada sem jeito" e "Carnaval", apesar da inspiração na cena baudelairiana dos fugazes encontros urbanos, percebemos como o espaço da interioridade (a casa, o casulo) é mais feliz do que a rua cheia de caras e pernas, cuja estridência sufoca um doloroso vazio: "Nos olhos dos homens todos/ vi tanta cousa calada,/ vi tanta cousa, vi tanta,/ sangrando que nem ferida". Combinando os recursos antagônicos da repetição e da elipse — as coisas mudas se silenciam com a progressiva elisão dos termos, num jeito ambíguo de reiterar calando —, o poeta intensifica a ideia de um sofrimento universal, de uma dor espalhada e profunda que se opõe à alegria (falsa aparência, virtude analfabeta) do carnaval. Entretanto, o poema muda de tom a partir da pe-

Emílio Moura: lirismo e ingenuidade

núltima estrofe. Num salto, passamos da meditação grave para o comentário jocoso. E terminamos a leitura sem saber se a decepção que fez o eu lírico voltar "magoado da rua" foi provocada pela percepção da dor nos olhares dos homens ou pela frustração com o sumiço brusco das mulheres — dos "olhos que olharam bem para mim" — e a inconsequência do beijo que teria existido talvez apenas na cabeça do poeta.

A irresolução platônica contida na expressão "cá dentro", que já conhecemos da poesia drummondiana, é a mesma que ocorre no verso de encerramento do poema "Carnaval": "Por que eu não danço na minha vida?". O complemento grave — "na minha vida" — revela o caráter simbólico do impasse, que remete a um problema não circunstancial, mas de toda a existência. Não dançar é não viver, é jamais se libertar do hábito de vigiar a vida — "a vida inquieta, a vida múltipla da sensibilidade". É falsa a dança a que se atreve o poeta, "sob o som machucado dos ritmos bambos, boleados". Com as assonâncias, aliterações e rimas toantes (internas, aleatórias), desfia-se uma espécie de serpentina, que é a dança figurada no corpo do poema. Mas o ritmo é todo bambo, indeciso: não se desenrola de modo firme e natural, mas aos pedaços, mastigado em surdina por uma voz tímida. Na terceira estrofe — "No entanto tu danças,/ e eu danço" —, o que se observa é um "movimento parado", travado pelas oclusivas /n/, /d/ e /t/, obstáculos que contêm a expansão do poeta a exemplo do que ocorre com o inútil espichamento da igrejinha de "Misticismo". Os sons nasais, longe de impulsionar uma coreografia, na verdade embalam o sono. Adormecida como os refletores, *gauche* como uma "toada sem jeito", a dança não flui, representando apenas mais um esforço grotesco do poeta para entrar em movimento.

Toada dos que não podem amar

A atração pelos boleios rítmicos e pela fingida inocência do carnaval faz pensar no retorno à simplicidade da canção, que foi bastante praticada por Emílio Moura. Nas quadras populares, com efeito, está contida a música da fala cotidiana, depurada numa espécie de poesia ingênua e essencial. Herdado dos cancioneiros, que floresceram em épocas douradas da língua portuguesa, esse lirismo primitivo serve como antídoto ao intelectualismo. Ao entorpecer a consciência, ajuda a realizar o anseio de um mundo fora dos limites da lógica. A poesia de Emílio gostaria de ser música, alcançando a esfera das coisas intangíveis — o espaço onde nenhuma palavra jamais pisou, como diz Rilke. Daí a obsessão pelo *ritornello*, os paralelismos e as pausas, o andamento rítmico que se mantém mesmo na prosa dos versos livres, acentuando paradoxalmente a vocação meditativa jamais abandonada pelo poeta. A canção serve também de consolo, como se vê no poema "Berceuse". O título do segundo livro de Emílio Moura, *Canto da hora amarga*, enfatiza esse caráter lenitivo da música, que se faz necessária sobretudo quando aflora a consciência de que algo está morrendo. Apesar de sua ligação com as fontes primitivas da vida, o canto pode significar também uma agonia lenta, a sonoplastia de um tédio irremediável. Entre os "epitáfios" que se espalham como uma obsessão pela poesia de Emílio, "Toada dos que não podem amar" é um dos mais famosos e admirados.

TOADA DOS QUE NÃO PODEM AMAR

Os que não podem amar
estão cantando.
A luz é tão pouca, o ar é tão raro
que ninguém sabe como ainda vivem.
Os que não podem amar
estão cantando,
estão cantando
e morrendo.

Ninguém ouve o canto que soluça
por detrás das grades.

Emílio Moura: lirismo e ingenuidade   149

Tal como o lirismo das coisas humildes do poema "Perdida no mapa", os que não podem amar estão cantando e morrendo. As grades são uma espécie de túmulo, abafando o soluço desses sobreviventes que permanecem sem ar e sem amar (é pelo amor que se respira), enclausurados na sua escura subjetividade. A libertinagem, que para Manuel Bandeira significou a suspensão dos limites individuais e o mergulho na "vida de relação", para os modernistas mineiros foi uma sedução distante como o mar, impossível como o amor. No silêncio das portas fechadas, impelidos para dentro de si mesmos, murmuravam apenas a sua canção amarga: "Enquanto os homens se agitam e se entredevoram, enquanto/ os autos voam pelas avenidas, os garotos anunciam os matutinos e os bancos se abrem,/ dentro de nós,/ as mesmas sombras de sempre estão contando a mesma estória de sempre" — escreve Emílio Moura no poema "Um dia", que traz na epígrafe uma citação de André Gide ("*Seigneur! Seigneur! nous sommes terriblement enfermes*").

"Toada dos que não podem amar" lembra o "Necrológio dos desiludidos do amor", que faz parte de *Brejo das almas*, embora não apresente o estilo mesclado, satírico e grotesco do poema de Drummond: "Os desiludidos do amor/ estão desfechando tiros no peito./ Do meu quarto ouço a fuzilaria./ As amadas torcem-se de gozo./ Oh quanta matéria para os jornais [...]". Fundamental em *Brejo das almas*, a desilusão amorosa é um tema de origem crepuscular que ganha uma versão pungente nas mãos de Emílio Moura. O autor de *Canto da hora amarga* preferiu fazer de sua poesia um espaço onde se digladiam, sem ironia, a vontade de viver e a morte lenta, a conta-gotas — o desejo de abertura e a surdina entorpecente.

Na "Toada dos que não podem amar", há um nítido predomínio da sonoridade nasal (construída pelas repetições do ditongo *ão* e das formas *an*, *en* e *in*), abafando a vibração do ar que é tão raro dentro do poema. A monotonia cria a impressão de uma melancólica cantiga de ninar ou de um canto arquejante da morte. Mas o uso do gerúndio, assim como no poema "Perdida no mapa", sugere uma ação que continua, a presença de algo que se mantém vivo ou que sobrevive à própria morte. Em meio aos es-

150   Cenas de um modernismo de província

pasmos, o poeta se esforça para transformar o seu canto solitário numa solidão povoada.

Definida como um soluço, a poesia de Emílio Moura poderia estar condenada ao eterno solipsismo de uma canção de câmara. Mas o recolhimento do poeta, assim como a elevação da igreja pequenina, é um gesto incompleto e contraditório. O soluço é uma contração espasmódica seguida de distensão: o movimento inspiratório é detido pelo fechamento súbito da glote, que entretanto não se fecha completamente, permitindo a passagem ruidosa do ar. De acordo com Emílio, "a maior volúpia de um escritor é entregar-se ao leitor, viver com ele, dando, a cada momento, a sensação de que lhe está revelando a verdadeira essência de sua alma".[28] Mesmo quando se concebe a poesia como um pranto entrecortado, ela não deixa de ser uma expressão que contraria o sentimento da clausura.

A forma verbal "soluça", presente na última estrofe da "Toada dos que não podem amar", é um eco da luz escassa que aparece no terceiro verso — ambas as palavras possuem a vogal tônica *u*, que só ocorre duas vezes no poema, e a primeira (*luz*) está contida na segunda (so*lu*ça). Por esse eco já se percebe a ambiguidade do canto solitário e arquejante, mas iluminado, dos que não podem amar. Cantar e morrer são gestos simultâneos, que se fundem sem contradição no refúgio solitário do poeta. Do hábito de assistir à vida passar, indiferente às pulsações do tráfego, vem o saldo ineludível de uma morte obscura — "dentro da noite", "por detrás das grades" —, aparentemente sonhada, e no entanto dolorosa, tensa como qualquer contrariedade (segundo Abgar Renault, Emílio é um "involuntário suicida"). O último verso, a exemplo do título do poema, exprime pelo travamento das oclusivas uma clausura irremediável. Ao mesmo tempo, a presença insidiosa do /s/, que sibila sorrateiramente, como se deslizasse entre obstáculos, e a repetição da vogal /a/, impondo ao final a abertura do timbre (em contraste com a nasalização penumbrista), sugerem um lugar ambíguo no qual o abafamento não impede a respiração e a surdina

---

[28] Emílio Moura, "Vida ociosa", *A Revista*, nº 3, cit., p. 21.

Emílio Moura: lirismo e ingenuidade

produz impacto — um lugar, enfim, onde a solidão pode ser povoada. A "Toada dos que não podem amar" termina ruidosa, mais próxima do estrondo que do murmúrio, como se Emílio dissesse que "cá dentro" não mora apenas um crepuscular, mas um ser desejoso de vida, ainda que seu carnaval subjetivo não seja ouvido por ninguém. Assim como a poesia das coisas humildes, que sobrevive no próprio ato de morrer, aqui também há um soluço indeciso, que ressoa enquanto enganosamente se cala.

"Morrerá mesmo essa voz?", pergunta Emílio em outra passagem do seu *Canto da hora amarga*. Se a voz interior tem uma existência plural, cantando em uníssono com as demais "vozes aflitas", só poderá morrer com o desaparecimento de todos os homens (e não apenas dos que não podem amar). A esperança estaria então na humildade de ser porta-voz de outras almas, absorvendo com generosidade o "sentimento do mundo". Mas a consciência das grades, dos túmulos e das portas fechadas jamais permitirá uma passagem completa, e o poeta fatalmente terá de encolher-se (como a igrejinha cansada de buscar o céu). "Toada dos que não podem amar" é um poema sobre o estrangulamento vivido por um poeta provinciano — "fugido do mundo" e "transido de frio" como o famoso sapo de Manuel Bandeira —, exprimindo em surdina um impasse crucial da poesia moderna.

Com a sua palavra circunspecta, Emílio Moura teria sido, no juízo de Antonio Carlos Secchin, "um dos mais discretos integrantes da vertente moderada do modernismo brasileiro".[29] Antes dele, José Guilherme Merquior, num ensaio de juventude em que defendia a "herança de 22" (o nacionalismo, o engajamento) com um ardor que depois arrefeceria por completo, considerou Emílio e Mario Quintana como "neorromânticos tardios", cuja produção nada tinha acrescentado ao modernismo, tendendo mesmo a "uma reação em linguagem".[30] É verdade que as melancolias e monotonias de Emílio, tal como as de Drummond, soavam estranhas à lin-

[29] Antonio Carlos Secchin, "?", *in Poesia e desordem*, cit., p. 56.

[30] José Guilherme Merquior, "A poesia modernista", *in Razão do poema*, Rio de Janeiro, Topbooks, 2ª ed., 1996, pp. 46-7.

guagem usada pelos modernistas. Alguns recursos empregados pelo poeta (a interrogação, a repetição, o vocabulário simples, porém abstrato) e muitas imagens que se repetem nos versos (noite, mar, caminho, ausência etc.) também o aproximam bastante de Augusto Frederico Schmidt, que comandou, no final dos anos 20, a reação espiritualista. "Interrogação", o poema que abre *Ingenuidade*, é uma retomada de versos que aparecem no "Canto do brasileiro", que Schmidt publicou com grande repercussão em 1928: "Sou como um navio perdido na névoa,/ uma âncora, Senhor!". Entretanto, há outros poemas na coletânea de Emílio que caminham em sentido oposto. E ainda que ele não tivesse embarcado na aventura modernista, sua voz discreta e suave não deveria ser confundida com a gritaria dos conservadores.

Nem tudo é metafísica e penumbrismo na poesia de Emílio Moura. A presença das raízes, como vimos, serve de contrapeso para o caminho ascensional, e a frequente aparição do "eu" não trouxe prejuízo à objetividade preconizada pelos vanguardistas de 22. Apesar de trazer pouco humor (palavra-chave da poética modernista), seu lirismo ecoa o tempo inteiro as vozes principais do modernismo: a simplicidade de Bandeira, os brasileirismos de Mário, a ingenuidade de Oswald e, principalmente, as inquietudes de Drummond. No que diz respeito à ingenuidade (sem dúvida mais comovida e sincera em Emílio), é inequívoca sua relação com a "libertação do pensamento lógico", que Mário de Andrade, no ensaio "A volta do condor", considerou uma das principais conquistas do modernismo.[31]

A moderação do poeta, isto é, a aversão de seu "temperamento mineiro" à tendência destruidora do movimento, não seria razão suficiente para tachá-lo de conformista ou tradicionalista. Não é de estranhar o fato de Emílio Moura não ser citado uma única vez nesse artigo em que Mário de Andrade critica os poetas "pós--modernistas" que compunham nos anos 30 a ala espiritualista, acusando-os de praticar, em nome da reação ao modernismo, a

---

[31] Mário de Andrade, "A volta do condor", in *Aspectos da literatura brasileira*, São Paulo, Martins, 5ª ed., 1974, p. 166.

Emílio Moura: lirismo e ingenuidade

volta da eloquência. É possível que, no caso de Emílio, Mário tenha reconhecido a camaradagem que no passado os conduziu a experimentar temas, formas e dicções. Dificilmente atribuiria a ele a acusação de falar como um estudante de Coimbra ou "o grave engano dos nossos poetas das gerações mais novas de se prender a uma imagística de fundo europeu". Com efeito, Emílio não buscou "eloquentizar" a sua poesia. Se muitas vezes pareceu transportá-la para as nuvens, não foi por julgá-la limitada quando se propunha a ser simplesmente, no dizer de Mário, "a poesia do pequeno e do chão".

Ao longo da trajetória poética de Emílio Moura — que parece contínua, sem divisão em fases, como na obra de Drummond —, mesmo décadas depois da aventura modernista, as vulgaridades que se acumulam na memória continuarão presentes, a par do desejo de elevação. O lastro da paisagem mineira atuará do começo ao fim — do reconhecimento inicial dos "recalques de infância" à decisão do poeta maduro de escrever poemas e livros impregnados da experiência histórica e da matéria do vivido, como *A casa*, de 1961, e *Lira mineira*, que apareceu em 1969, na reunião de sua obra, o *Itinerário poético*. Na *Lira mineira*, lemos o seguinte poema dedicado a Ouro Preto.

OURO PRETO — I

Que frio!
A neblina rói a paisagem.
Sinto o tempo parado em cada pedra que piso.
O passado me envolve, pairo sobre as igrejas e assisto
          [à ressurreição dos mortos.
Sou apenas memória.

Os poetas espiritualistas, navegando em seus mares abstratos, deram as costas para a pequenez do mundo real. Como a experiência humana era algo desprezado por eles, não estavam dispostos a suportar esse "tempo parado". No poema de Emílio, redescobrimos a cidade mais celebrada e tipificada pelos escritores modernistas. A expressão "o passado me envolve" parece nos conduzir ao cerne do impasse modernista entre vanguarda e tradição. Pesado como pedra, o passado é materializado com precisão no terceiro verso, com a forte aliteração das consoantes oclusivas /p/ /t/ e /d/: "sinto o tempo parado em cada pedra que piso". O adensamento da memória é que paralisa o tempo — salva-o do esquecimento —, e à luz dessa imagem podemos tentar ver com outros olhos o eu lírico "parado, parado" do poema "Carnaval". Para além da sombra crepuscular, é o lastro do passado que o imobiliza. "Sou apenas memória", conclui o poeta. O mundo criado por Emílio não é diferente do mundo real.

Num comentário sobre Vinicius de Moraes, José Guilherme Merquior afirmou que sua poesia teria se salvado graças ao abandono do "derrapante sublime".[32] O mesmo poderia ser dito no caso do autor de *Ingenuidade*. A despeito de algumas falhas e excessos (muito poucos, se o compararmos, por exemplo, com o verbo caudaloso de Schmidt), Emílio Moura se salvou das alturas deslizantes graças ao elo que manteve com a sua geração — e o seu passado. Foi esse compromisso que o fez dividir-se entre o céu e a terra, entre a visão fantasiosa dos espiritualistas e o registro simples, ingênuo, despojado, realista — aprendido não sem dificuldade por um poeta que "penumbrou bastante".

---

[32] Cf. José Guilherme Merquior, "A poesia modernista", *in Razão do poema*, cit., p. 45.

Emílio Moura: lirismo e ingenuidade

João Alphonsus (1901-1944) em retrato de 1926.

4.

Retalhos do arrabalde:
a ficção de João Alphonsus

Em João Alphonsus, tudo está à deriva. O primeiro romance, que não vingou, deveria se chamar *Náusea infinita*. Poemas da juventude falam de uma "alma confusa", que se deixa embalar por uma onda vagabunda e romântica — "onda que vai e que vem" entre a realidade e o sonho. O conto mais famoso, "Galinha cega", é a tragédia de uma criatura indefesa, "perdida dentro do inexistente". Serra abaixo se precipitam os noivos da lenda recolhida por Mário de Andrade que inspirou o romance *Rola-Moça*. Nos contos e, de modo mais ostensivo, no romance de estreia, *Totônio Pacheco*, o espaço ficcional oscila bruscamente entre a cidade e o campo. "À deriva", não por acaso, foi o título dado pelo escritor à entrevista concedida a Edgard Cavalheiro no livro *Testamento de uma geração*. A causa do desnorteio certamente está ligada à indecisão entre o presente e o passado. A exemplo de Drummond e Emílio Moura, João Alphonsus também cumpriu o desafio (enfrentado de modo geral, como vimos, pela geração de 22) de derivar do penumbrismo para o modernismo. Nos vanguardistas de Belo Horizonte — talentos brilhantes porém apagados, dizia Mário, "cegos como a galinha de João Alphonsus"[1] —, a hesitação antes de entrar na luta parecia ainda mais acentuada.

A dificuldade para se fixar está de acordo com o temperamento *gauche*, talhado na dúvida e na instabilidade. De outra parte, a vida curta, comprimida entre duas guerras, marcada pela doença e pelos trambolhões de uma nova época (em todos os níveis, a experiência era de transição), também ajuda a explicar esse sentimen-

---

[1] Mário de Andrade, "João Alphonsus: *Galinha cega*", *Revista Nova*, n° 8-10, 15/12/1932, p. 108.

to de deriva que acometia o "primeiro romancista moderno de Minas", no dizer de Wilson Castelo Branco.[2] Flanando sem rumo pela cidade, o jovem personagem do conto "O homem na sombra ou a sombra no homem" percebe não apenas o movimento incessante, que o faz esbarrar o tempo todo em enganos, mas sobretudo o ressonar mecânico, cronométrico, de sua existência fechada. O mesmo ocorre com o fazendeiro de *Totônio Pacheco*, que aos setenta anos chega à capital para se desfibrar numa espécie de *gauchismo* bufão.

"Sou o homem vazio do meu tempo vazio", escreve o autor no poema "Noite morta", dedicado a Emílio Moura em 1925. É a monotonia, no entanto, que gera a forma nova, o despojamento, a sintaxe transitiva, afeita ao flagrante, e o ideal do verso sem peias a que ele se entregou com paixão. Leitor de Walt Whitman e Rimbaud, o escritor desejava ser ele próprio um *vagabundo*. Entre os polos da inspiração e da lucidez, que percorrem a arte moderna, era mais atraído pelo primeiro, e nisto, aliás, andou perto do heroísmo das vanguardas. O motivo da deriva também exprime um ardor anticlássico que, de mistura a boas doses de entusiasmo, tornaria João Alphonsus o menos tipicamente "mineiro" dos rapazes de Belo Horizonte ou o mais "modernista" entre os mineiros. No depoimento registrado por Edgard Cavalheiro, João Alphonsus evoca diversas vezes a euforia provocada pelo "espírito moderno": "Quando surgiu o movimento que veio a se chamar modernista, eu era um sujeito preparado para todas as revoluções, já tendo fabricado sem alarde algumas bombas particulares". E acrescenta: "Do maior ao menor, éramos heróis e conscientemente".[3]

Entretanto, nem as dificuldades eram poucas, nem tão grande era o heroísmo. Aos trancos e barrancos, o filho mais velho e confidente literário do poeta simbolista Alphonsus de Guimaraens construiu sua trajetória a um só tempo desembaraçada (livre como a de um barco bêbado) e presa da tradição. O bolso vivia cheio de

---

[2] *Apud Mensagem*, n° 8 e 9, 4/8/1944.

[3] João Alphonsus, "À deriva", *in* Edgard Cavalheiro, *Testamento de uma geração*, Porto Alegre, Globo, 1944, pp. 140 e 142.

sonetos, mas para participar da renovação modernista foi preciso abandonar as formas poéticas cultivadas desde o berço ("corre em meu corpo o sangue de um asceta", diz um poema dedicado ao pai em 1918) e quase abdicar da condição de "principezinho", com fácil acolhida pelos arraiais literários do país. A rebeldia, tanto mais traumática por ecoar um conflito interior, vivido em família, se cumpriria, no entanto, com espantosa naturalidade. A morte do pai, em 1921, antecedendo em poucos meses a Semana de Arte Moderna, foi um acontecimento simbólico que possibilitou ao jovem escritor uma entrega sem constrangimentos, "de alma e corpo", ao novo ideário estético.

De acordo com Drummond, "a passagem da poesia pós-simbolista para o nativismo neorrealista dos primeiros tempos do modernismo, João a realizou naturalmente".[4] Caberia a pergunta: naturalmente como? No silêncio das tardes de Mariana, no cansaço da cidade morta — naquele pasto de sombras erguido pela "poesia mansa e desencantada de Alphonsus", para usar a expressão de Emílio Moura —, como é que teria se produzido uma sensibilidade voltada ao moderno e à atualização da arte nacional? De um extremo a outro, a travessia desenvolta parece indicar não uma traição, mas uma forte continuidade. Nesse sentido, vale a pena não perder de vista a observação de Alfredo Bosi, segundo a qual só em 1922 é que foi assimilada a revolução espiritual e estética do simbolismo, pois o que dominava até então no Brasil era a cultura parnasiana.[5] Na opinião de João Alphonsus, "havia somente uma reação de fachada contra essa poesia individual e bem nossa, essência de muito verso de hoje, do lirismo de todos os tempos".[6] O simbolismo teve o papel de uma estética de transição e permaneceu como uma espécie de resíduo (ou fatalidade incrustada no sangue) mesmo na prosa urbana e despojada dos contos que depois fariam a fama de João Alphonsus.

[4] Carlos Drummond de Andrade, "João Alphonsus", in *Poesia e prosa*, Rio de Janeiro, Nova Aguilar, 8ª ed., 1992, p. 1.450.

[5] Alfredo Bosi, *O pré-modernismo*, São Paulo, Cultrix, 1976, p. 12.

[6] João Alphonsus, "À deriva", cit., p. 157.

Nessa prosa de notável plasticidade permaneceu sobretudo o lirismo. O escritor jamais reuniu seus versos em livro e se considerava um "poeta conscientemente aposentado". Mas o fracasso, segundo ele, só fez aumentar a sua obsessão pela poesia, que comparece nos contos e romances de modo variado, contagiando os entrechos e a própria escritura, além de ter sido objeto de apaixonadas reflexões. Ficou famosa a polêmica travada com Mário de Andrade em 1926 nas páginas do *Diário de Minas*, em que João Alphonsus defende com ardor o verso livre — o poeta moderno "que deixe correr o verso, como o verso brota lá das bibocas líricas da sua alma".[7] A arte poética está presente nos abundantes recursos de linguagem e não apenas nas visões transfiguradas do cotidiano ou como meio de evasão da realidade. De acordo com Pedro Nava, o autor de "Galinha cega" escrevia com "a musicalidade de quem sabia admiravelmente o verso".[8] Em sua prosa há um abuso de metáforas, jogos de palavras, repetições, elipses, aliterações ("vagos vultos nas varandas"), a língua florida de galicismos e neologismos ("nonchalantemente", "esmigalhadoramente"), a sintaxe irregular e ousada, o ritmo acelerado pela ausência de vírgulas, o "estilo picadinho" das frases nominais etc.

Essa poetização exacerbada, indicando na prosa urbana e neorrealista uma forte projeção da subjetividade, se faz ainda mais notória — daí seu efeito às vezes cômico — em virtude da proliferação de personagens "poetas". As anedotas trágicas de João Alphonsus se passam em ambientes de muita literatice: a repartição cheia de quimeras, a pensão com seus recitativos, Ouro Preto com seus gatos, o botequim recheado de "clássicos", a noite provinciana... Em toda parte se encontra estímulo para a vagabundagem lírica. O homem com veleidades poéticas, geralmente de meia-idade e frustrado, é um personagem recorrente: "[...] já tive minhas

[7] O debate foi reproduzido no livro *A lição do amigo: cartas de Mário de Andrade a Carlos Drummond de Andrade*, Rio de Janeiro, Record, 2ª ed., 1988, pp. 266-72.

[8] Pedro Nava, *Beira-mar*, Rio de Janeiro, Nova Fronteira, 4ª ed., 1985, p. 216.

fumaças de literato, e gozei mesmo de certo renome de poeta estudantil", diz o narrador do conto "Sardanapalo". O bacharel Anfrísio de *Rola-Moça*, o revisor de "O homem na sombra ou a sombra no homem" e o narrador dos contos sertanejos ("chego quase a ficar poeta, ao lembrar um lenço palpitando na plataforma [...]") são outros espécimes da mesma fauna, inspirados na personalidade e nas andanças do próprio autor.

O HOMEM NA SOMBRA

"'E louco ao longo do caminho corre o trem!' — Você deve modificar este louco ao longo, que não é onomatopeia mas sim cacofonia. Imita muito mal o barulho do trem e não presta como imagem. *Louco ao longo, louco ao longo...* Trem não é louco não, regra real."[9]

"O homem na sombra ou a sombra no homem" é uma das narrativas do livro de estreia de João Alphonsus, *Galinha cega*. No plantão noturno, durante o intervalo das provas, o jovem Ricardo Dutra ouve do redator-chefe, a quem havia confiado um soneto, "explanações da mais pura arte poética". Há ironia por todos os lados, a começar pelo retrato taciturno do redator-chefe, "poeta consagrado por geração e meia de sofredores", cujos conselhos de poesia pura são na verdade de puro pudor mineiro, velho manual classicizante voltado contra as impurezas (cacofonias) da arte moderna. Ricardo também é ridicularizado — não pela metáfora des-

---

[9] João Alphonsus, "O homem na sombra ou a sombra no homem", *in Contos e novelas*, Rio de Janeiro/Brasília, Imago/INL, 3ª ed., 1976, p. 55. Publicados originalmente nos livros *Galinha cega* (1931), *Pesca da baleia* (1941) e *Eis a noite!* (1943), os contos de João Alphonsus foram depois reunidos nessa coletânea, à qual nos referiremos sempre, daqui por diante, indicando, entre parênteses, a abreviação CN e a página em que se encontra o fragmento citado. No caso dos romances, usaremos as abreviações TP para *Totônio Pacheco* (1934), e RM para *Rola-Moça* (1938).

Retalhos do arrabalde: a ficção de João Alphonsus   161

cabida do "trem louco", mas pela risível combinação de "inspiração moderna" com forma passadista, desejando tudo encaixar no "cipoal métrico" dos alexandrinos e nas parnasianas chaves de ouro. O alvo da ironia é o beletrismo sem estofo, insincero, que já havia sido atacado no conto "Morte burocrática": "O sr. Severiano Castanheira era o chefe da Seção do Imposto sobre a Literatura, ultimamente criado em vista dos fabulosos proventos que começavam de auferir, em Minas, prosadores e poetas" (CN, p. 91). Publicado pela primeira vez em 1922, esse conto de espírito paródico está à altura das páginas mais satíricas do modernismo.

Desses passadistas, o brejo mineiro estava cheio. Leem apenas Samain e Verhaeren os literatos de João Alphonsus, espiando com prudência as agitações do modernismo, ao mesmo tempo em que suspiram ao ver a explosão dos "foguetes ao longe". O bacharel de *Rola-Moça*, Anfrísio, tinha o nome emprestado de um verso de Raimundo Correia e no passado desejara morrer moço como Antônio Nobre. Toda essa literatura, parece dizer o ficcionista, é degenerada e inútil, assim como o gato decadente do conto "Sardanapalo", que será desafiado pelos ratos e agredido barbaramente pelo narrador num delírio de perversidade: "Baudelaire e os gatos! [...] Influência dos vates franceses, de suas elegâncias exquises, com pulgas" (CN, p. 119).

A vocação para a poesia, que poderia ser libertadora, se converte numa espécie de sintoma do nojo que os personagens, velhos e jovens, têm pela vida. A fantasmagoria de Ricardo Dutra, a fuga de Josefino para a vertigem do mar no conto "Pesca da baleia", a estranha atitude de Felisberto, que resolve matar os hóspedes de uma pensão depois de dar a todos uma noite de felicidade ("O mensageiro"), são pequenas revoltas praticadas por personagens que aos 22 anos já se dizem exaustos. Entretanto, falta sinceridade nas motivações: tanto o cansaço quanto a revolta são "literários" demais. Daí o vexame dos resultados e o clima geral de "esquisitice" que atinge boa parte dessas narrativas.

Para essa impressão de estranheza, apontada pela maioria dos críticos, colaboraram não só as inovações formais, mas também os deslizes do autor. Em muitos contos, a ação é frouxa, quase inexistente. Segundo Antonio Candido, as narrativas "parecem se ordenar misteriosamente em torno de nada".[10] Há uma série de defeitos e imprecisões que poderíamos acrescentar. Como os episódios não se definem com clareza, algumas narrativas parecem intermináveis. Os desfechos soam inesperados, como se os pontos finais fossem convertidos em interrogações. A ausência de ação, se estimula a análise psicológica, também abre espaço para personagens caricatos ou incaracterísticos, que por falta de fibra interior não se esboçam exteriormente.

Dos menos aos mais convincentes, em todos se manifesta a atração do autor pelos casos irremediáveis e pelas vidas encalacradas. As criaturas são doentias, sonâmbulas, suicidas. Como observou Henriqueta Lisboa, "vivem em clima de exaustão, em que não frutifica sequer o desespero".[11] Esquisitos são também seus nomes: Josefino, Anfrísio, Arconte, Sizenando, Rogoberto, Macrínio... Tudo parece reforçar a atmosfera grotesca e absurda, o estranho universo de João Alphonsus, quase sempre delineado sobre cenários noturnos. No conto "Imemorial apelo", o narrador se define como uma espécie de "rei da noite":

> "Às vezes acontece encontrar outras almas noturnas, estranhas revelações, tristezas que é preciso consolar. Fazem parte da minha paixão pela noite, que procura um contacto humano diferente, especializado por assim dizer..." (CN, p. 111)

A noite revela o que o dia disfarça, sob a aparência de uma rotina miúda e banal. É por isso que o imprevisto e mesmo o fantástico se tornam habituais, ainda que os pesadelos, talvez por se conservarem na moldura do cotidiano, sem praticar nem desejar a "subversão dos meios", possam ser vistos como gratuitos. Um

---

[10] Antonio Candido, *Iniciação à literatura brasileira*, São Paulo, Humanitas, 1997, p. 89.

[11] Henriqueta Lisboa, "Entre mineiros", *Suplemento Literário de Minas Gerais*, 14/11/1981.

Retalhos do arrabalde: a ficção de João Alphonsus

mistério que, a despeito de suas falhas e irregularidades, até os leitores mais críticos não deixaram de admirar. Para Antonio Candido, "essa esquisitice, que salva mesmo os contos sem ela maus do sr. João Alphonsus, é talvez o seu segredo como contista".[12] Desesperados pela monotonia, os jovens enfastiados de João Alphonsus recusam a "morte" em vida por uma espécie de vida suicida, apressando a sua própria dissolução. A revolta é um desejo de destruição que se volta contra a regularidade das vidinhas fechadas. Entretanto, por faltar substância e sinceridade aos que são acometidos por ela, o heroísmo logo se esvazia. Em "Pesca da baleia", Josefino escapa das montanhas — "Vinte e dois anos, e o impulso da mocidade como que se convertera em recuo, em vontade de aniquilamento" (CN, p. 85) — para experimentar o "ritmo heroico" de uma aventura no mar. Incoerente e retórico, o arrojo termina em vexatório suicídio. Os repentes que engasgam Felisberto, do conto "O mensageiro", e as explosões de Clara, a protagonista de *Rola-Moça*, não passam de um tumulto "inconsequente e torrencial". Os excessos desses personagens irascíveis são definidos como um esbanjamento de vida pelo narrador do conto "O homem na sombra ou a sombra no homem". Daí o tratamento irônico:

"O senso de oportunidade é o característico do bom narrador. Eu, por exemplo, cheguei no momento preciso de narrar, na vida geralmente apagada de Ricardo Dutra, uma série de acontecimentos decisivos ou definitivos." (CN, p. 57)

"Ricardo como personagem não sentia, isto é, não notava: só eu, como narrador, é que anotava a síncope e houve um momento em que herói e autor se confundiram arrastados pelo prazer indefinível e foi preciso reagir, ora essa." (CN, p. 65)

---

[12] Antonio Candido, "Um contista", *Folha da Manhã*, 19/9/1943.

"O homem na sombra..." é um dos contos que mais ilustram a capacidade de João Alphonsus de fazer literatura "em torno de nada". O narrador sabe e o leitor percebe de imediato que não há acontecimentos decisivos. Haverá apenas os devaneios de um pretenso vagabundo, que em suas deambulações sempre tropeça num "sonho estapafúrdio". As alucinações são um artifício do jovem revisor para se distrair do tédio provinciano, soando tão descabidas quanto a loucura do trem no soneto reprovado pelo redator-chefe. "Ricardo se diluía. Uma sombra dentro da sombra" (CN, p. 66). Mas a ironia realisticamente vai rebaixando tudo ao seu devido lugar, e os delírios se convertem em pura farsa, como ocorre no hipertrofiado desfecho, ou melhor, anticlímax, do conto. Ricardo delira com o fim do mundo ("glória da destruição") e afinal descobre que o dilúvio era de urina, que estava sendo mijado do alto da escada por um distraído tipógrafo. A cena parece quixotesca, mas o aprendizado é real. Assim como a amizade de Belmiro com o humilde Carolino nas páginas finais do romance *O amanuense Belmiro*, de Cyro dos Anjos, o patético abraço que o tipógrafo recebe de Ricardo sela a consciência do fracasso e do ridículo daquela "diluição sem consequência nem sentido" (CN, p. 66).

Essa narrativa, que Mário de Andrade considerou vaga, insatisfatória como conto e exemplar da tendência do autor para os monólogos interiores, ocupa um lugar especial na obra de João Alphonsus não apenas pelas projeções autobiográficas. A exemplo do "homem na sombra", o autor também chegou certo dia, com a mala cheia de sonetos, à redação de um jornal (o *Diário de Minas*), onde deu muitos plantões noturnos como revisor e redator. Abertamente confessada, a identificação se apoia no à vontade do indireto livre, a ponto de ignorarmos às vezes se quem delira é o personagem ou o narrador. Comentando seu "fracasso" como poeta (que para ele estava na raiz de sua obsessão pela poesia), João Alphonsus considerou o conto uma "tentativa poética, com uma certa dose de suprarrealismo".[13] É como se o *dormeur* tateante,

---

[13] João Alphonsus, "À deriva", cit., p. 154.

Retalhos do arrabalde: a ficção de João Alphonsus

deslizando "só na noite" entre a realidade e o sonho, perseguisse o ideal da transposição poética que jamais abandonou o escritor.

Como observou José Lins do Rego, a vida comum aparece sempre transfigurada na obra de João Alphonsus: "As pequenas coisas, aquilo que era, porém, substância da alma, os incidentes que olhos vulgares não viam, este escritor, de verdadeiro senso de humor, transformava em matéria de conto ou romance que nos abafava pela ternura, ou pela maldade, pela dor que continha".[14] Sérgio Milliet, que dizia gostar dos contos de João Alphonsus como se gosta de certos poemas, "sentindo mais do que entendendo", teve dificuldade para definir o universo do autor: "Uma fantasia trágica, ou melhor, uma tragicidade gratuita, que se arranca do cotidiano, inexorável, condensada, não sei. Uma poesia cheia de pudor talvez. É difícil escrever sobre João Alphonsus".[15]

Sem desprezar a moderação estilística, o escritor desafia a tradição realista brasileira e o "esplendor da lógica" de Minas — sendo "antimineiramente um cultor do raro, do estranho, do fantástico mesmo".[16] A vivência encaramujada e o excesso de vida interior alimentam a tendência para o sobrenatural, conforme notaram diversos críticos. Presente com variadas intensidades em Aníbal Machado, Lúcio Cardoso, Cornélio Penna, Rosário Fusco, Autran Dourado, Murilo Rubião e Guimarães Rosa, essa tendência pode ser considerada, a contrapelo do estilo equilibrado, uma tradição igualmente forte na literatura de Minas. De acordo com Agripino Grieco, essa literatura surpreende pela "perfeita coexistência da fantasmagoria com o real".[17] O visionarismo de João Alphonsus está longe de ser abundante ou radical. Apresenta-se, ao contrário, sempre discreto e teimosamente cego a qualquer visão da totalidade. Sua especialidade é tornar estranho o mundo familiar, crian-

---

[14] José Lins do Rego, depoimento em *Mensagem*, 4/8/1944.

[15] Sérgio Milliet, *Diário crítico*, v. I, São Paulo, Martins/Edusp, 2ª ed., 1981, p. 267.

[16] Antonio Candido, "Um contista", cit, p. 9.

[17] *Apud* João Etienne Filho, *João Alphonsus*, Coleção Nossos Clássicos, Rio de Janeiro, Agir, 1971, p. 130.

do pesadelos na rotina diária. Os estados mórbidos, a exemplo do satanismo de Poe, são tanto mais inquietantes por se encolherem na moldura do real.

No caso de João Alphonsus, o devaneio jamais instaurou, mesmo num conto como "O homem na sombra...", a possibilidade de uma aventura surrealista. Segundo ele, "a sondagem do subconsciente era coisa tão legítima que se podia indicar o processo surrealista em poetas desde tempos passadíssimos" e, de outra parte, não havia no Brasil poetas exclusivamente surrealistas, "expondo sem a intervenção crítica a primeira mensagem do subconsciente, em cada momento de inspiração".[18] Reduzido a jargões e estilemas, desligado de seu contexto histórico e de sua ambição política, o surrealismo era visto, portanto, simplesmente como a liberdade de seguir o "apelo do inconsciente", sem que esse gesto significasse — eis a distância da "beleza convulsiva" — eliminar as contradições entre o sonho e a realidade.

Na obra de João Alphonsus, o real e a fantasia convivem como dois planos distintos e impermeáveis, que jamais se misturam, diminuindo o poder de estranhamento das narrativas. Em vez de a lógica se dissolver na ousada proposição de uma "realidade absoluta", a consciência habitual é que cobra os seus direitos ao apontar os enganos da imaginação delirante, como se lembrasse taciturnamente que "os sonhos sonhos são". Digamos, portanto, que João Alphonsus praticou um "surrealismo na sombra": um espasmo de liberdade que não chegou a abalar a metódica vida provinciana (o máximo que atingiu foi uma "esbórnia organizada", expressão usada em *Totônio Pacheco* para definir a rotina do personagem Carmo Peres).

O HUMILDE COTIDIANO

As histórias protagonizadas por intelectuais ou indivíduos com fumos de poeta podem ser lidas como testemunhos do esfor-

---

[18] João Alphonsus, "À deriva", cit., p. 153.

ço do escritor para ultrapassar a subjetividade isolada e doente, ampliando-lhe os contatos com o mundo. Esforço que parece chegar a bom termo apenas quando o lirismo deixa de ser tematizado de modo direto para abrigar-se espontaneamente no próprio cotidiano. O narrador irônico, noturno, se deixa levar pelo "imemorial apelo" da vida. Mesmo enfadado, ouve e percute os pregões da rua, o canto do galo, a malandragem sertaneja, as palpitações da província e dos subúrbios etc. Em contraste com o tédio dos que se mantêm isolados, surge a vitalidade selvagem de um Totônio Pacheco, que "não tinha o hábito infeliz e moderno de assistir à sua própria vida: vivia somente". Entretanto, os vazios interiores não serão preenchidos: fugindo de si, o escritor se reencontra nas almas pequenas e até mesmo nas mariposas e baratas, que também são encarnações da tragédia inelutável. A matéria de quase todas as narrativas é a visão noturna (nem sempre piedosa) do ser humano ou animal em lento processo de diluição. Existências falhadas, pequenas tragédias que João Alphonsus recolhe em sua dispersão pelo arrabalde humilde e abandonado. Em tudo está a cegueira, a deriva, a destruição.

A atração pelo arrabalde conjuga várias fontes — da poesia simbolista, com sua tendência ao recolhimento suave e melancólico, até o realismo urbano de um Lima Barreto, cujas ficções emolduradas no "refúgio dos infelizes" (o subúrbio) o escritor mineiro soube apreciar desde cedo, tanto quanto as leituras francesas. Bernardo Guimarães, descrevendo cenários e costumes do interior de Minas, também terá sido uma referência importante. O autor de *O garimpeiro* estimulou em seu sobrinho e admirador a inclinação para criar contos de sabor regionalista, como "Mansinho", que foram incluídos entre as narrativas ambientadas na cidade. Mas a prosa modernista de Mário de Andrade foi confessadamente a principal inspiração da ficção urbana de João Alphonsus. Escritos entre 1923 e 1926, *Os contos de Belazarte* apresentam a infelicidade da gente miúda que vivia na então periferia de São Paulo, e sua marca é bem evidente em contos como "Galinha cega". Com linguagem viva e dinâmica, o escritor mineiro também demonstra sua atração pelo povo e pelas ruas — especialmente as vias estreitas do bairro pobre, situado no alto da colina, longe da cidade iluminada. Também é forte o diálogo de João Alphonsus com a dura "poesia dos bairros" composta por Marques Rebelo, cheia de personagens pobres e malogrados, "sem direito a um destino". Nos três escritores podemos identificar a mesma tendência para veicular, com esse deslocamento para o arrabalde, a nostalgia do mundo rural, primitivo e, supostamente, mais feliz. A consciência de que os habitantes do subúrbio pré-industrial são as vítimas da modernização também desperta entre eles, desde o começo, a "culpa de classe" diante da miséria que mais tarde ainda fará estragos (que se recorde, entre tantos exemplos, da poesia social de Drummond ou do romance *A hora da estrela*, testamento de Clarice Lispector).

Se o subúrbio é "o lugar próprio dos desterrados", como definiu Sérgio Buarque de Holanda no prefácio ao romance *Clara dos Anjos*, de Lima Barreto, o mesmo se pode afirmar da cidadezinha encravada na província. Nesses cenários remotos vivem pessoas humildes e ameaçadas, falando a "língua errada do povo" que João Alphonsus também desejou incorporar e estilizar. Aderindo sem peias à linguagem modernista dos contos de Mário de Andrade, concentrados numa "poética das miudezas", ele teria buscado sobretudo a unidade entre prosa e temática, a sintonia dos objetos com o modo de contá-los, pois em "escrever brasileiramente sobre assuntos brasileiros" é que consistia, segundo o escritor, todo o sopro vivificador do modernismo.[19]

"Galinha cega" teve sua primeira publicação, com êxito imediato, em abril de 1926 na revista *Terra Roxa e Outras Terras*. O conto foi saudado por Antonio de Alcântara Machado e Sérgio Milliet, entre outros, e desde então nunca deixou de frequentar antologias. Cultivando com fluência as incorreções gramaticais, os pronomes oblíquos, os brasileirismos e tudo mais que permitia recriar a oralidade viva da língua, o escritor encontrava seu lugar entre os "estilistas da nossa prosa despachada", conforme exprimiu Mário de Andrade.[20]

[19] João Alphonsus, "À deriva", cit., p. 156.

[20] Mário de Andrade, "João Alphonsus: *Galinha cega*", cit., p. 107.

Retalhos do arrabalde: a ficção de João Alphonsus   169

Estuário de várias águas, a ficção de João Alphonsus percorreu múltiplos caminhos. Nos contos é que se deram, segundo o juízo do autor e da crítica, os seus momentos de mais plena realização. A indecisão relativa aos gêneros (poesia, conto, romance) também se manifestou no zigue-zague entre as paisagens (sertão, cidade, subúrbio) e na proliferação de estilos (do realismo urbano e coloquial ao intenso subjetivismo, do lirismo ao humor grotesco, do simbolismo ao "suprarrealismo"). No grupo dos prosadores filiados ao modernismo, o que distingue João Alphonsus, no entender de Mário de Andrade, é a "acuidade de observação psicológica". Em contraste com a "vivacidade objetiva" de autores como Alcântara Machado, aqui teríamos como marca predominante "o gosto pelas análises de alma, de preferência à fixação viva de personagens".[21] Em comum com Marques Rebelo — e com outros grandes autores da década de 30 —, a obra de João Alphonsus seria alimentada pelo desejo de dar voz e psicologia aos pobres e também aos animais sofredores, que em virtude da humanização adquirem "existência interior".

O que o escritor sabia fixar com "calma filosófica e mineira", na expressão de Drummond, era a morte implacável, presente em tantas páginas. A nota mortuária ressurge o tempo inteiro numa obstinada exposição de sofrimentos e martírios, que é o sumo venenoso dessa "literatura humana, terrivelmente, miudamente, dolorosamente humana".[22] Na obsessão pela morte e pela miséria há não apenas a piedade dos seres que sofrem e, embutido nesse sentimento, um certo desencanto resignado, mas também uma dose soberba de sadismo, podendo a crueldade (a violência contra o gato Sardanapalo, por exemplo) ser vista como um ato de revolta contra o absurdo da existência.

Entre as reações desse ceticismo ríspido e às vezes sarcástico, há espaço ainda para o humor negro, como se vê no conto "Godofredo e a virgem", que retoma o tema da amada agonizante, ca-

[21] *Op. cit.*
[22] Carlos Drummond de Andrade, "João Alphonsus", *in Poesia e prosa*, cit., p. 1.448.

ríssimo à poesia de Alphonsus de Guimaraens ("Morta, beijei-te um dia..."), numa espécie de reverência às avessas. Nos lábios de Carmita, esposa virgem, Godofredo absorve não o "acrissabor das núpcias", mas simplesmente o "gosto de morte". O cheiro dos antissépticos se espalha de maneira bizarra, desconcertante — "Godo, eu apodrecerei quase sem feder, eu juro" (CN, p. 48) —, assim como ocorre no sanatório do romance *Rola-Moça*, onde a morte chega depois de longas vigílias. Ciana, a mulher do coronel Totônio Pacheco, também passa por uma lenta agonia. Situações de doença ou de velório se repetem nos contos "O homem na sombra..." e "Morte burocrática", com o drama das "luzes acesas" se recortando contra o silêncio noturno da cidade.

Há mortes ridículas como a do Dr. Abdo, também de *Rola-Moça*, vomitando sangue numa alcova de meretriz. Outras são comoventes e trágicas como, no mesmo romance, a do velhinho que morre solitário em seu casebre, diante do velório das galinhas desamparadas. A morte "sem socorro dentro da noite indiferente" convive com os suicídios de funcionários públicos, poetas frustrados e prostitutas sempre tristes — ruínas anônimas que João Alphonsus abarca numa renitente contemplação, como se o arrabalde fosse a síntese de todos os términos.

O filho de Alphonsus de Guimaraens exercitou à sua maneira, sem elegias, o pensamento da morte. Seu olhar minucioso, próprio de um aluno de anatomia, se dirigia sobretudo aos processos de decomposição. A marcha da morte é que o interessava, não o "poder das trevas". Dos seres que se estorciam em agonia, ele buscava ouvir os sinais de vida (como a buzina lancinante no meio da noite, acionada pelo corpo do motorista acidentado em *Rola-Moça*), anotando os últimos gestos do náufrago, jamais a entrega passiva. Não deixava de concluir com frieza que tudo caminha para a morte, com a naturalidade do besouro que cumpre seu voo até a lâmpada. Mas ao lado do espasmo sempre registrava a incompreensão, tanto mais pungente porque se produzia em personagens pequenos e frágeis.

Retalhos do arrabalde: a ficção de João Alphonsus   171

PIEDADE E CRUELDADE

"Foi assim que, certa madrugada, quando abriu os olhos, abriu sem ver coisa alguma. Tudo em redor dela estava preto. Era só ela, pobre, indefesa galinha, dentro do infinitamente preto; perdida dentro do inexistente, pois que o mundo desaparecera e só ela existia inexplicavelmente dentro da sombra do nada." (CN, pp. 27-8)

A tragédia narrada no conto "Galinha cega" é uma espécie de figuração humilde das trevas de um mundo inexplicável. A visão dos homens como autômatos e da vida como espetáculo absurdo não se apoia em abstrações filosóficas. A miséria universal é feita de "miseriazinhas", sofridas ingenuamente por seres minúsculos, que vivem e morrem solitários, sem o consolo de uma explicação. Ninguém ouve a dor dos animais, nem eles próprios, e isso é que a torna mais trágica. É comovente a clarividência que a galinha mantém em sua descida às trevas. Com sua lógica férrea, ela não se arrisca a ciscar no terreno dos absurdos: "Não compreendia nem procurava compreender aquilo. Tinham soprado a lâmpada e acabou-se [...]" (CN, p. 29).

A ingenuidade é uma espécie de cegueira que salva os bichos do seu próprio sofrimento. O abismo, contudo, nem por isso deixa de ser profundo. Mergulhando na dor muda e desconhecida dos irracionais, João Alphonsus escreveu seus contos mais lidos e admirados ("Galinha cega", "Sardanapalo" e "Mansinho"), aos quais podemos acrescentar essa pungente narrativa da morte de Malhado em *Rola-Moça*:

"No fundo do buraco circular estava uma vida. Uma vida! Meio mergulhado na água lodosa, entre ramos que arrastara na queda, Malhado espichava o pescoço, levantava a cabeça, desmedia os olhos para o círculo de céu noturno, céu claro visto daquelas profundezas, onde havia duas ou três estrelas, ele que nunca as notara. Uma vida! O mesmo mistério no princípio e no fim. E, por que não, o mesmo *de profundis*, ainda mais trágico, uma vez que as religiões não procuram explicar os sofrimentos de um burro." (RM, p. 244)

A amizade entre homens e animais — sobrevivendo na mesma miséria como Ibrahim e seu cavalo velhíssimo, dividindo martírios como o carroceiro e a galinha, esquentando-se na noite fria como Giovanni e o burro Malhado — gera uma identificação de mão dupla que tanto humaniza a uns quanto animaliza a outros (efeito que também ocorrerá, com rendimento máximo, no romance *Vidas secas*, de Graciliano Ramos). "Quanta miséria", conclui o padre do conto "Mansinho", que de tanto amar o seu burro chega às raias do desmantelo moral. Quando sofria a tentação diabólica de acreditar que seu burro tinha alma, o padre não estava transportando os animais para uma condição elevada, mas sim reduzindo as "almas" ao buraco lodoso onde se arrastam todas as criaturas, racionais ou irracionais, "igualmente dignas de dó e de misericórdia" (CN, p. 142). Humanizar significa perceber, em cada ser, planta ou coisa, a dor universal que a todos iguala; ter olhos para aquilo que, nas entranhas de uma galinha, "doía fundamente". Um gesto de piedade que paradoxalmente, pela exposição ácida e obsessiva do sofrimento, não oculta sua parte de crueldade.

A piedade não possui um sentido cristão na obra de João Alphonsus. Não se trata de um "aceno da graça" ou de um "suave milagre", equilibrando a gravidade do pessimismo e da náusea, como acreditou Henriqueta Lisboa.[23] Consciente de que a dor, inseparável da vida, existe sem qualquer finalidade ou explicação, o escritor apresenta, ao contrário, uma tensão entre lirismo e ironia, próxima da que existe em Marques Rebelo. Essa ironia compassiva indica que, na perspectiva de João Alphonsus, os impulsos aparentemente contraditórios da piedade e da crueldade se fundem. Por trás das expansões líricas, havia um forte sentimento de impiedade e mesmo uma impudente perversidade. Corolário do desen-

---

[23] Henriqueta Lisboa, "João Alphonsus", *in Convívio poético*, Belo Horizonte, Secretaria da Educação, 1955, pp. 161-6.

Retalhos do arrabalde: a ficção de João Alphonsus

canto, a ironia se manifesta tanto no relato melancólico dos processos de dissolução quanto na "cruel desmontagem do ridículo e da insatisfação pequeno-burguesa", como exprimiu Drummond.

O prazer da destruição se cumpre de maneira implacável — mesmo que o autor, no meio do caminho, se compadeça — em cada morte ou enfermidade lentamente narrada. Aos espetáculos de degradação, fraqueza e apodrecimento, soma-se a libido sádica dos personagens que se esmeram em provocar e alimentar a dor. A crueldade está presente mesmo em "Galinha cega", onde a piedade ("a ternura crescente do parati") se impõe com raro encanto, na passagem em que o carroceiro planeja embriagar o gambá assassino e depois "matá-lo aos poucos. De-va-ga-ri-nho. GOSTO-SAMENTE" (CN, p. 31). Se a vingança não é realizada, a tragédia que a estimulou e todo o martírio da galinha parecem ser contados segundo a mesma receita de sadismo. Embora cuidada por um brando carroceiro, a galinha cega não se diferencia do "mísero ratinho" abocanhado pelo gato Sardanapalo. Ambos se submetem ao mesmo processo de humilhação, nas mãos de um narrador que se compraz com a mania de ter piedade e com o prazer de fazer sofrer.

O impasse entre o lirismo e a ironia se prende a uma ambiguidade de origem infantil e atávica. Quando meninos, os noivos do conto "Godofredo e a virgem" armavam arapucas na chácara. Segurando o pássaro pelas perninhas, Carmita "ria das bicadinhas de defesa e dos minúsculos olhinhos inquietos". A menina chega ao ponto de beijar o animal ("a ternura não parava"), e o que era doce sentimento doidamente se transforma em destruição voraz: "O beijo, o abraço, feito um golpe, uma fúria, uma grande dor. Oh, Godo... Ela tinha entre os dedos o passarinho morto" (CN, p. 44). O excesso de diminutivos não atenua, mas acentua a agressividade. Segundo Freud, a crueldade faz parte do caráter infantil justamente por ainda não se ter formado na criança "o instinto de apreensão ante a dor dos demais, isto é, a capacidade de compadecer".[24] Os arroubos de Carmita, no entanto, não teriam por alvo

---

[24] Sigmund Freud, *Tres ensayos para uma teoría sexual*, in *Obras com-*

o sofrimento do pássaro, que ela simplesmente não leva em conta. Para o narrador de *Totônio Pacheco*, a crueldade infantil não tem explicação: "Pergunte você à criança por que é que ela arranca as asas da borboleta. Ou as pernas da mosca" (TP, p. 154). É como se João Alphonsus, brincando de ser cruel com os bichinhos amados, quisesse remontar a um estágio anterior às noções de piedade e sadismo. Daí a confusão entre os dois instintos — mistério que intrigou a tantos críticos.

Às vezes prevalece a piedade: a exemplo do carroceiro de "Galinha cega", que desiste de se vingar do gambá, o personagem do conto "O homem na sombra ou a sombra no homem" fica contente por salvar uma barata do "martírio lento e inglório" de morrer esperneando dentro do lavabo. Outras vezes triunfa a crueldade, como no caso de Godofredo diante do besouro, sorrindo no princípio de sua esperteza inútil — como se fosse possível "tapear o seu Deus" — e afinal decidindo esmigalhar o inseto com o pé. É possível considerar esse ímpeto destrutivo, desafogado em seres tão pequenos, uma derivação da pulsão de morte que, segundo Freud, originariamente se volta contra o próprio indivíduo (o passarinho assassinado prenuncia o destino mórbido de Carmita). Mas João Alphonsus também era leitor de Poe, identificando no "demônio da perversidade", para além do satanismo e da vontade de morrer, a manifestação de um impulso primitivo e radical do ser humano. O autor de "Sardanapalo" em várias passagens alude a essa espécie de maldade atávica, que seria, no domínio irrefreável do instinto, o contraponto da inclinação moral (ditada pela consciência) à piedade.

"Sardanapalo" é uma glosa do famoso conto de Poe "O gato preto", em que o narrador confessa atrocidades cometidas contra um gato astucioso, que em seguida se torna seu carrasco. Em contraste com o original sombrio, gótico e cheio de culpas (o objetivo da confissão, em Poe, é aliviar a alma), João Alphonsus constrói um relato ao mesmo tempo horrível e sereno, em que a cruelda-

---

pletas de Sigmund Freud, tomo II, trad. Luis López-Ballesteros y de Torres, Madri, Editorial Biblioteca Nueva, 4ª ed., 1981, p. 106.

Retalhos do arrabalde: a ficção de João Alphonsus

de está sobretudo na frieza de quem narra, sem vergonha de se desnudar. Apesar da forma equilibrada e neutra, uma "volúpia demoníaca" se espalha pela narrativa, que sempre foi lida e admirada como um "prodígio de arte e perversidade".[25] Abusando de seu caráter confessional, o conto atinge um alto grau de impudência e envenena o leitor, subjugado como o "poeta estudantil" ao espetáculo que se passa de madrugada no velho casarão de Ouro Preto: a infindável tortura de um rato por um gato. O "gozo do apresamento" se transmite do animal para o narrador e, deliciadamente contado, deste para o leitor, que também se deixa levar pelas crueldades elegantes de Sardanapalo, observadas em seus mínimos detalhes.

> "E o meu interesse pela progressão do acontecimento, interesse sem piedade, antes o contrário, estava atingindo o auge. Porém de minha parte não havia qualquer intenção de vingança ou pesar pelos versos roídos, pois tal espírito de vingança contra um insignificante ratinho, dentro de um ser humano, seria uma imperdoável monstruosidade. Era crueldade gratuita, uma intoxicação estranha e única de perversidade, com os nervos alertas mandando cargas para os músculos, tal se os músculos estivessem todos se movimentando como os de Sardanapalo, no corpo do homem sentado sobre a cama, curvado sobre o supliciador e o supliciado, sacudindo as pernas nuas, agitando os braços, sem alma e sem frio, um possesso!" (CN, p. 124)

Sardanapalo era um bichano preguiçoso — gordo, lerdo e preto, "como convinha a um cultor das boas letras, que já lera Poe traduzido por Baudelaire" (CN, p. 119). Por ser um gato de poeta, cuja função era policiar os livros contra a "ação subversiva dos roedores", não seria absurdo considerá-lo também uma alusão à

---

[25] Henriqueta Lisboa, "João Alphonsus", cit., p. 165.

própria poesia — ou a uma certa literatura inútil e velha como os percevejos de "longas barbas multisseculares" da cidade de Ouro Preto, "que se conserva sempre a mesma, dentro deste século onde tudo mudou" (CN, p. 119). A lenda de Sardanapalo, o rei assírio que, sitiado por inimigos, incendiou seu palácio e nele pereceu com suas mulheres e tesouros, serviu de inspiração para uma das telas exóticas de Delacroix. Em Sardanapalo, Baudelaire identificou "um protótipo do herói moderno, dândi e suicida a um só tempo", pois tanto o dandismo como o suicídio significam a "rejeição categórica do meio social".[26] À luz dessa interpretação, a brutalidade cometida no desfecho do conto de João Alphonsus — "Percebi assustado e confuso que a crueldade despertada em mim não estava satisfeita!" (CN, p. 124) — pode ser interpretada como a tentativa de combater uma doença do próprio narrador: a distância em relação à vida, o decadentismo embutido na "praga de Anatole", da qual os modernistas mineiros se esforçavam por escapar. O conto seria então um exercício impiedoso de autoironia, como se o narrador fosse um rato empenhado em roer e subverter a si próprio. Compreende-se dessa maneira por que o remorso anunciado no princípio se esfuma completamente ao longo da narrativa. Entretanto, tal como o gato preto de Poe, Sardanapalo continua vivo depois de sofrer a atrocidade, se arrastando entre as folhas como um fantasma que jamais deixará de perseguir seu dono. A mancha negra não é o felino desaparecido, mas o aristocratismo — misturado à cor local do ruralismo mineiro — que está longe de morrer.

Outro relato envolvendo o tema do sadismo é o conto de *Eis a noite!*, "Caracol". Aqui se mantém o foco de primeira pessoa e a narrativa confessional que desnuda crimes e fraquezas do narrador. Mas o gozo despertado pela crueldade, embora real e indisfarçado, se justifica pelas motivações de Péricles, funcionário derrotado e perseguido na repartição. O caracol era um presente de

---

[26] Cf. Dolf Oehler, *Quadros parisienses*, trad. José Marcos Mariani de Macedo e Samuel Titan Jr., São Paulo, Companhia das Letras, 1997, pp. 195 e 206.

Macrínio, o novo chefe que viera do interior para a capital com suas samambaias e orquídeas. Uma noite, ao chegar em casa, o narrador observa os brotos da planta entrando pela janela do quarto, se intrometendo como o chefe em sua vida íntima:

"Naquele instante a maldade ganhou todo o meu ser. Eram quatro ou cinco brotos. Desci lentamente a guilhotina da vidraça e decepei-os lentamente... Tão devagar que pude escutar um som humilde mas característico, como de carne queimada [...]." (CN, p. 235)

A prática se repete noites seguidas, os brotos do caracoleiro se estorcendo até a morte final, que coincide com a reconciliação entre Péricles e Macrínio e o consequente remorso do narrador: "Fui injusto! Muito injusto com o coitadinho" (CN, p. 239). Refreada a raiva, recolhe-se também o sadismo, que era fruto de um sentimento concreto de derrota e impotência.

Entre a cidade e o sertão

A despeito de suas motivações, a crueldade é sempre praticada e narrada metodicamente, aos poucos. Em João Alphonsus, as misérias são colhidas com pachorra, num ritmo moroso e sereno. Como na literatura de Kafka, as ocorrências são submetidas à marcha minuciosa da repartição, que a prosa mimetiza com cuidado na recorrência dos bocejos e tique-taques, na descrição de tudo que é mecânico e metódico. Funcionários públicos são a maioria dos personagens de João Alphonsus: boêmios e poetas de várias idades, bacharéis e médicos encostados, homens de alpendre, roliços e dorminhocos, vivendo no "canto da preguiça", a capital funcionária de Minas, com seus edifícios públicos vigiados por "homens fardados, burocraticamente indefinidos". Além do narrador de "Caracol", nos contos "Uma história de Judas" e "Morte burocrática" também há funcionários hipócritas e interesseiros, atormentados por culpas, preterições e intrigas de sabor machadiano. To-

dos vivem um "humilde e empapelado destino". O fumar sossegado do *homo burocraticus*, que João conheceu desde o começo da
juventude, é transferido, como observou Drummond, para a sua
"arte de contar".[27] Tema e linguagem remetem a um universo lento, sem progressão, empedernido na "gratuidade burocrática do
domingo".

O ambiente provinciano, com poucas válvulas para o mundo
exterior, está refletido em toda a obra de João Alphonsus. Trata-
-se de uma espécie de "vida de janela", da qual é exemplar a solteirona do conto "Eis a noite!". Madalena tem uma rotina insos-
sa ("nem desgraçada nem feliz"), vivendo com o pai funcionário
público num "recanto obscuro e humilde da cidade", sem conhecer a realidade nem os próprios sonhos silenciados. Numa de suas
vigílias, atendendo a um repente extraordinário, ela abre a janela
para conversar com um guarda-noturno. Mas esse contato com o
mundo exterior se esboça de modo tão estapafúrdio que nem chega a ser compreendido ("conversa de assombração", dirá o guar-
da), e a monotonia sequer é abalada. Da solteirona — outro tipo
que se repete na ficção de João Alphonsus —, pode-se dizer que é
um correlato feminino do burocrata. Ambos carregam o travo provinciano da renúncia e do retraimento, com a apreensão de que "lá
longe as vidas se realizam". O recato das solteironas ecoa a prisão
do sanatório, o tédio da repartição e outras formas de cárcere,
como a existência infeliz dos personagens do conto "Foguetes ao
longe", obrigados a viver como náufragos numa cidadezinha entre montanhas, à espera de uma transferência que nunca ocorre.

A pensão, o sanatório, a repartição, os lugarejos com sua vida
estagnada, os velórios com seus bocejos, o tique-taque das vigílias
de luzes acesas... Não há paisagem ou situação dramática nessa
prosa de funcionário que se apresente sem as marcas da monotonia. Em todos os espaços se manifesta a lentidão modorrenta do
tempo provinciano. A pasmaceira melancólica reina no ambiente
sertanejo (a orquestração dos sapos, o verde interminável, o ruído

---

[27] Carlos Drummond de Andrade, "João Alphonsus", *in Poesia e prosa*,
cit., p. 1.456.

rascante do moinho) e também no cenário urbano infernizado pelos barulhos do apelo do telefone, das máquinas e das buzinas. Os adjetivos "mecânico", "monótono", "cronométrico" e "metódico" estão entre as palavras mais recorrentes da prosa de João Alphonsus. "A vida é uma repetição fastidiosa", diz o protagonista do conto "O mensageiro". Repetição que se impõe na construção dos enredos e na própria linguagem, como se vê nessa passagem do conto "Godofredo e a virgem", que lembra a configuração irritante do poema "No meio do caminho", de Drummond:

> "O luar batia nos muros brancos da chácara. Batia nos muros da chácara. Godofredo sentia-se incompreensível. Prestava atenção no luar que batia nos muros brancos da chácara [...]." (CN, p. 51)

Se os enredos não progridem, imobilizados numa moldura kafkiana onde nada acontece, a linguagem também rodopia e emperra, tatalando as asas sem produzir qualquer movimento. Em *Rola-Moça*, o autor escreve com ironia que "bondes e automóveis quebravam metodicamente o silêncio" (RM, p. 45). Ou seja, mesmo aquilo que interrompe o tédio o faz de maneira cronométrica, uniforme, reproduzindo a sensaboria. A trepidação urbana da qual se abrigam os seres enclausurados é ela mesma um quadro estático. "Uma cidade intolerável esta!", reclama o boêmio elegante de "Morte burocrática" (CN, p. 91), como depois fariam os personagens do romance *O amanuense Belmiro*, de Cyro dos Anjos. A cidade não se diferencia do sertão, dois cenários que não apenas se justapõem, mas se fundem na obra de João Alphonsus.

As viagens pelo interior de Minas e os deslocamentos rumo à capital são tão comuns quanto a descrição dos estados de imobilidade e clausura. O caixeiro viajante ("fatalidade ferroviária") é um dos tipos que se repetem. Duas histórias de *Pesca da baleia*, "O guarda-freios" e "O imemorial apelo" têm como narrador o viajante comercial Arconte Medeiros, que atravessa a paisagem de matinho rasteiro colecionando flagrantes da vida provinciana. As distâncias intermináveis do sertão também são percorridas no ro-

180   Cenas de um modernismo de província

mance *Totônio Pacheco* e nos contos "Galinha cega", "Mansinho" e "Foguetes ao longe", além de estarem na memória do bacharel Anfrísio, de *Rola-Moça*, filho de magistrado pobre vagando desde criança entre comarcas longínquas. Com a mesma inocência, a célebre galinha vive a aventura do ser arrancada de seu "torrão natal distante" e conduzida num galinheiro sobre rodas, com a paisagem "a correr nas grades". Há inúmeros personagens adventícios: peregrinos aportados às pensões e favelas urbanas, burocratas transferidos, como Macrínio, de "Caracol", ou transeuntes da capital em temporada no interior, todos com uma visão incomodada dos ambientes onde passam a viver. Atabalhoado e muitas vezes involuntário, o deslocamento torna inevitável o estranhamento com que se vê tanto o atraso do sertão quanto o progresso da cidade.

Escritor "irredutivelmente central" (conforme a expressão usada por ele mesmo na nota de abertura do volume de contos *Pesca da baleia*), João Alphonsus não encontraria dificuldades para mapear o território e o temperamento mineiro, ele que conhecia bem o passado bafiento de Mariana e tinha o gosto pelas peregrinações campesinas, herdado de Bernardo Guimarães — "voz do centro da província de Minas", sertanista pioneiro "perdido nas caatingas do planalto central, no meio da caipirada rude".[28] Na viagem ao sertão, o que mais impressiona João Alphonsus é a vitalidade dos tipos: o guarda-freios malandro seduzindo pequenas à margem dos trilhos, o canto de Mundico propagando, como um galo na madrugada, o seu grito de vida, e o espírito de oposição e fuzarca do coronel Totônio Pacheco, esse "homem da vida" que tinha o gosto animal de se mover debaixo do sol. Mas o sertão não exibe apenas a força e a fecundidade da natureza. Nele um intelectual da cidade como Carmo Peres também descobre as chagas de um país atrasado, a origem infecta de uma nacionalidade vista ainda com vergonha e preconceito.

---

[28] João Alphonsus, "Bernardo Guimarães, romancista regionalista", *in* Aurélio Buarque de Holanda (org.), *O romance brasileiro*, Rio de Janeiro, Edições O Cruzeiro, s.d., p. 93.

Ao contrário dos sertanistas românticos, que pretendiam fazer a "pintura exata dos lugares" onde viviam as almas agrestes de sua afeição, João Alphonsus passou longe do registro pitoresco do mundo rural. Não buscou um Brasil puro, original, desconhecido. Empreendeu uma volta a seu próprio mundo de origem, revisitado tantas vezes nas viagens pelo interior de Minas que o autor fazia como promotor público. Os casos da vida sertaneja significavam um retorno ao pequeno mundo da província, arrabalde ermo e remoto que era o centro de sua existência "irredutivelmente central". Para ele a viagem representou sempre um regresso: um movimento confirmando o recolhimento. Na opinião de Nelson Werneck Sodré, o despojamento do pitoresco permitiu a João Alphonsus, sem prejuízo de sua condição de "ficcionista de província", a possibilidade de ultrapassar os limites de tempo e espaço, o que seria uma marca do novo regionalismo.[29]

O CRONISTA DE BELO HORIZONTE

Fazer da província o centro do mundo — a fonte primordial de uma cultura que resiste à modernização — era uma atitude comum desde o século XIX, entre os escritores que atribuíam ao sertanejo o dom de revelar o Brasil. Passada a euforia romântica, veio a fase das visões pessimistas, carregadas de preconceito e de um forte sentimento de inferioridade. O ambiente rústico já não exprimia sonhos de opulência, mas simplesmente decadência e atraso. No romance *Totônio Pacheco*, o sertão é filtrado pelo olhar determinista de Carmo Peres. O médico mulato chega da capital para acompanhar a agonia de Ciana, a mulher do coronel, e logo percebe que ao redor da paciente há toda uma construção arcaica que desaba.

---

[29] Nelson Werneck Sodré, *História da literatura brasileira*, Rio de Janeiro, Graphia, 10ª ed., 2002, p. 484.

"Impressão de pobreza, através do desleixo. As paredes haviam sido brancas outrora e se cobriam de uma crosta de poeira ameaçadora, com trechos de onde saíra o reboco, verdadeiros buracos, moradas de bichos infectos, ferimentos de miséria e porcaria. Havia quatorze quartos, dispostos de tal maneira que, para se chegar a alguns deles, era preciso atravessar dois ou três outros. Como se a casa houvesse surgido, e surgira, sem plano determinado, aos pedaços, forçada pela necessidade de acomodações, crescendo com o crescimento da família, adesão de genros e noras, patriarcalmente. Teias de aranha aderiam desagradavelmente aos rostos, sobretudo nas denominadas alcovas, quartos centrais sem janelas, sombrios e mais bafiosos. A maior parte não tinha mobília. Encontravam pelos cantos, no chão, esteiras e trapos, nos quais dormiria promiscuamente uma turba informe e anônima, que o médico somente pressentia infestar a fazenda e que se aglomerava no corredor, na cozinha, no terreiro." (TP, p. 58)

A exemplo do sanatório de *Rola-Moça*, o "pardieiro secular da fazenda" é dos raros ambientes em que se demora o olhar de João Alphonsus, geralmente pouco afeito às descrições. "Resto de um esplendor antigo e acabado", o casarão é o retrato da decadência de Minas: um mundo fadado à destruição ou ao choque da modernização, que é a experiência vivida pelo fazendeiro viúvo, aos setenta anos, depois de se transferir para a capital. Para Carmo Peres, o casarão é o retrato de um país vetusto e promíscuo, prisioneiro das crendices e dos burros de carga. E a explicação do atraso e da "bagunça nacional" estaria na mestiçagem da qual ele, como tantos outros mulatos letrados, se envergonhava. Leitor de Nina Rodrigues, cujo racismo àquela altura se combatia, o médico de *Totônio Pacheco* vive ainda atormentado por acreditar num Brasil formado por sub-raças botocudas e degeneradas, que teriam se juntado num mestiço inconsistente, libidinoso, inimigo do trabalho. Eis o nosso "complicadíssimo problema etnológico", na ex-

Retalhos do arrabalde: a ficção de João Alphonsus

pressão usada por João Alphonsus em 1926, numa carta a Manuel Bandeira.[30] Essa falta de caráter ou unidade podia ser observada tanto na turba amorfa da fazenda — o casarão com suas bocas inumeráveis, roídas pela cachaça e pelo medo de alma penada —, quanto na paisagem urbana cheia de sambas, cafés noturnos, meretrício e malandragem.

Do mestiçamento teria resultado também a desorganização da língua, o português gostoso do Brasil, que João Alphonsus cultivava ao arrepio da gramática. Entretanto, a revolta contra o "país sem totalização" faz Carmo Peres desprezar o sangue que lhe corre nas veias. O artificialismo das explicações raciais e sociais do Brasil, reproduzido na construção da cidade que se ergue sobre a lama do sertão, aparece de várias maneiras ao longo do romance. Tudo soa postiço e indeciso. Os tipos padecem da indefinição que, por ironia, é o defeito apontado pelo médico no brasileiro "sem caráter". À exceção do coronel, os personagens são colhidos apenas em seus aspectos exteriores, como se lhes faltassem motivações ou mesmo biografia. Na própria construção da narrativa, dividida em duas partes com cenários distintos, é possível notar os ecos dessa indecisão. O romance começa na fazenda, apresentando um regionalismo algo forçado, submetido ao filtro arrogante e preconceituoso de Carmo Peres (sem a espontaneidade que se encontra, por exemplo, no conto "Mansinho"), e termina com as loucuras senis de Totônio Pacheco em Belo Horizonte, numa adesão ao realismo urbano. Essa mistura de estilos e de paisagens sugere que a cidade, comparada ao ambiente sertanejo, é "bem diferente e bem igual", como observa à certa altura o fazendeiro (TP, p. 128). O hibridismo, no entanto, faz o romance assumir uma feição incerta e problemática. Transferido para a capital, Totônio ainda conserva muito de sua vitalidade, mas passa a viver à deriva, descaracterizado até o limite da farsa, ou melhor, convertido em caricatura de um Brasil folclórico e atrasado. Como notou Luís Bueno, o romance inverte a lógica da relação entre campo e cida-

---

[30] *Apud* Manuel Bandeira, *Andorinha, andorinha*, Rio de Janeiro, José Olympio, 2ª ed., 1986, p. 195.

de que predominou na década de 30, pois o interesse não se concentra no descendente da família rural decaída, esse ser sem lugar no mundo: "É o velho proprietário, cujo lugar ele sabe perfeitamente precisar onde fica, que estará preso à cidade".[31] A despeito de sua ousadia, os coronéis que ergueram Belo Horizonte não deixaram de resmungar contra o progresso e as modas da capital. Totônio Pacheco é o "exemplo típico do mineiro que fundou a cidade e não soube viver nela".[32] Empobrecido, o que mais lhe faz falta é "aquele sentimento particular de centro de uma vasta circunferência ideal abrangendo homens, irracionais, águas, plantas, que viviam para ele" (TP, p. 88). Mas o coronel não fica preso ao passado e ao alpendre. Com inesperada desenvoltura, o *velho moço* passa a se mover pelas ruas. Aos poucos descobre que a capital mantém a vegetação rasteira, as manhãs floridas e o cheiro úmido da fazenda. O sertão está na cidade assim como ele, Totônio, se encontra entre os seres urbanos, com seu chapéu antigo misturado ao jaquetão moderno. O condutor do bonde é logo reconhecido como o moleque que trabalhava na fazenda. O ápice da bufonaria ocorre numa pensão de prostitutas, quando é visto com um bigode à Carlitos e as unhas pintadas de vermelho, "derreado pelo amor". Mas é falso dizer que só então ele tenha perdido a firmeza do senhor rural. Negligente, inquieto e sonhador, o coronel era um "fazendeiro do ar" antes mesmo de sair da Grota.

Construída por um governo autoritário em oposição aos becos e casas sem planejamento do interior, a capital mineira reproduz as teorias do branqueamento, que tinham por objetivo regenerar a nossa civilização de mulatos dissolutos. Esse o destino de Belo Horizonte: contrafazer as ruínas infectas do casarão de Totônio Pacheco. A higienização, cujas crueldade e falácia serão denunciadas em *Rola-Moça*, deveria encobrir não apenas o decadente passado mineiro mas também o caos dos morros miseráveis, que contrariam a expansão do planejamento urbano. Irregular como

---

[31] Luís Bueno, *Uma história do romance de 30*, São Paulo/Campinas, Edusp/Unicamp, 2006, p. 374.

[32] João Camilo de Oliveira Torres, depoimento a *Mensagem*, 4/8/1944.

Retalhos do arrabalde: a ficção de João Alphonsus

o pardieiro da fazenda, a favela do segundo romance de João Alphonsus é formada por uma multidão de pobres peregrinos também oriundos do interior, a exemplo de Totônio. O arrabalde, repetimos, é o sertão transferido para a capital.

De *Totônio Pacheco* a *Rola-Moça*, observa-se, em contraste com a leitura determinista da realidade brasileira, um aprofundamento da perspectiva e uma entrada mais decidida na face concreta dos problemas — guinada que sem dúvida justifica o salto de qualidade enfatizado pelos críticos. O caráter nacional passa a ser procurado no cotidiano miúdo da gente pobre, com uma visão menos presa a esquemas e estereótipos. É como se a rigidez das teorias raciais, que estavam por trás da ordem fabulada no primeiro romance, agora desse lugar ao fascínio pela desordem. Em *Rola-Moça*, a atenção se volta para as coisas que se destroem enquanto a cidade, constructo racional, vive a sua expansão. Nas beiradas dessa engenharia fria (no subúrbio excluído do plano de Belo Horizonte) é que João Alphonsus apanha os retalhos de sua literatura. Os pobres dos arredores, cuja vida sofredora se confunde com a dos bichos, é que lhe dão a medida do real. Mas até onde vai esse interesse? Os personagens centrais do romance não parecem tão interessados nessa descoberta.

"Em frente dos olhos de Clara estava uma grande janela fechando o mundo", escreve o autor na abertura do romance (RM, p. 41). No Sanatório Montanhês, onde é forçada a se recolher, a moça carioca, em vez do horizonte aberto, sem montanhas, sem bacilos, encontra um ambiente confinado, de paredes brancas, com silêncio de prisão. Acostumada à trepidação da rua, agora nos dias de chuva ela cola o nariz na vidraça (como o personagem infantil dos versos de Ascânio Lopes, o poeta de Cataguases que morreu tuberculoso e é citado no romance) e chora seu desligamento do mundo. A seu lado, no mesmo morro do Rola-Moça, o bacharel Anfrísio vive e trabalha em sua casa modernista, comprada à prestação. Diante dos dois personagens, que nunca se conhecem, estende-se a favela com suas ladeiras e cafuas, "furnas artificiais sem ar e sem luz" (todos vivem enclausurados, e sua falta de contato é que é o tema do romance). Anfrísio observa os casebres apenas

186   Cenas de um modernismo de província

como um passatempo. Já o sanatório lhe desperta "anseios líricos", visões de luar e de "donzelas pendidas dos balcões". Resguardado em sua varanda e com a janela do escritório projetada para o céu, ele parece buscar a amplidão azul e limpa, a exemplo de Clara em sua *chaise-longue*, de preferência à paisagem barrenta dos declives.

Enquanto a paisagem sertaneja pitorescamente se exprime em diminutivos — a cidadezinha encolhida, a estaçãozinha erma, o trenzinho caipira, o capim rasteiro, o córrego raso —, o arrabalde urbano também carrega as marcas do silêncio, da obscuridade e do retraimento, em oposição aos espaços abertos da cidade cheia de luzes. O sossego alheio ao ritmo industrial é que faz da rua suburbana um espetáculo aos olhos de Anfrísio, que "era dotado de um certo espírito literário e assistia à destruição do bairro pobre num carinho comovido para com as coisas que desaparecem mansamente sem memória e sem drama" (RM, p. 51). Mas o bacharel não demora a perceber que a favela transbordava de angústias e que sua tranquilidade era feita de pequenas tragédias. Observando de longe (do alpendre, da janela, do alto da colina) a cidade que avança, o autor de *Rola-Moça* se tornou ao mesmo tempo cronista e crítico da Belo Horizonte dos anos 20 e 30. Ele foi o romancista de uma época de transição, como observou Fernando Correia Dias:

> "João Alphonsus tinha a marca da ambivalência. Ambivalência de certo modo imanente à sua condição de homem da classe média; ambivalência de pessoa oriunda da região mais tradicional de Minas Gerais e que procura integrar-se numa cidade que se moderniza; do homem de província, identificado com os valores provincianos, muito cioso deles, mas participando, simultaneamente, de um movimento intelectual de âmbito nacional, o modernismo, que marcou, no plano literário, o fim do velho Brasil."[33]

---

[33] Fernando Correia Dias, *João Alphonsus: tempo e modo*, Belo Horizonte, UFMG/Centro de Estudos Mineiros, 1965, p. 174.

O nome do sanatório não deixa dúvidas quanto ao fato de *Rola-Moça* — cuja inspiração foi o "Noturno de Belo Horizonte", de Mário de Andrade — ser uma tematização da experiência mineira. Aos olhos dos personagens cariocas de *Rola-Moça*, as duzentas mil almas que vagam pelas ruas de Belo Horizonte são um povo morbidamente frio. Clara se lembra do carnaval do Rio (o salão atulhado, "a calidez sensual de braços audazes") depois de ouvir a paródia mineira da famosa marchinha carioca na voz de Veraldo, sua paixão abafada e clandestina: "Cidade tuberculosa,/ Cheia de micróbios mil./ Cidade tuberculosa,/ Sanatório do Brasil" (RM, p. 206). O sanatório contém o mesmo silêncio mecânico da repartição: ambos simbolizam o tédio e a morte lenta sob o "círculo pesado de montanhas". A eles se assemelha o cenário da pensão, que é bastante familiar na obra e na biografia de João Alphonsus. No conto "O mensageiro", os pensionistas consomem suas "vidinhas" numa casa "só silêncio", sacudida pelos bondes da rua próxima. Esses mundos mortos se localizam na cidade, mas lhe dão as costas, abafando os estrondos ao redor. São tão encaramujados quanto as cidadezinhas perdidas do interior.

A tradição rural e a transição urbana foram focos paralelos e complementares de João Alphonsus. No primeiro caso, temos um mundo em ruínas, cheio de rachaduras como o casarão da fazenda. No segundo, a euforia da novidade, erguida sobre uma base de especulação e miséria — uma modernidade de caráter postiço, que só a crônica miúda e íntima dos morros pode revelar. Ingênua e artificial ("metida a grande") são os epítetos contraditórios atribuídos a Belo Horizonte no primeiro romance de João Alphonsus. Criada pelas mancheias do dinheiro público, a capital é uma obra do cálculo ("prodígio de urbanismo montanhês") fincada num solo agreste e provinciano. "Quadrada, retangular, ingênua. Sobretudo ingênua", afirma em *Totônio Pacheco* (TP, p. 41) o médico Carmo Peres, cuja origem era carioca. Mas a cidade, habitada por imigrantes e por famílias do interior, espontaneamente gera sobre o traçado geométrico uma profusão de arquiteturas. A desordem se impõe já no momento da construção, como relata o mestre de obra italiano ao fazendeiro Totônio: "Isto aqui era um farwest,

188   Cenas de um modernismo de província

coronel!" (TP, p. 90). Toda a beleza da cidade fora feita só com burros e carroças. "Chuva, lama, jogo, cachaça, fêmeas vagabundas, muito dinheiro, ambição, ladroeira, escuridão..." (TP, p. 91) — esse era o estrume de sua modernidade insincera. Belo Horizonte foi erguida à base de violência, exclusão e recalque. Os carroceiros que a construíram foram soterrados pelas avenidas e expulsos para o arrabalde. Nas adjacências da cidade tentacular, com suas galinhas e existências falhadas, é que se passará o verdadeiro drama da modernidade.

De costas para a paisagem oficial de jardins, luzes e avenidas, João Alphonsus fabrica seus "retalhos da vida suburbana, animados de ironia e piedade", conforme a expressão usada por Alfredo Bosi para definir as narrativas de Lima Barreto.[34] No convívio com os corações simples, seus narradores e personagens dão a impressão de fugir de si próprios. Todavia, essa "evasão para o mundo" não vai além da fusão mística alcançada por Clara no final de *Rola-Moça* — uma espécie de elevação que dilata os limites do ser, fazendo a alma, antes recolhida, atingir "as distâncias dolorosas do mundo". A comunhão universal pode até significar um descanso do individualismo, mas está longe de instaurar uma proximidade real e terrestre com o mundo dos que sofrem. A mesma atitude de superioridade é assumida por Anfrísio. Ao redor da sua casa modernista e do sanatório onde Clara cumpre sua morte burocrática, há um universo de dores lancinantes. Mas para ele tampouco será fácil mergulhar nesse mundo real e urgente.

Anfrísio costuma ler revistas de arquitetura moderna. Seu ideal é a casa lógica de Le Corbusier e Warchavchik: uma máquina de morar em sintonia com os princípios da indústria e do progresso, que já foi chamada de "modernismo em estado de inocência".[35] A ironia é que esse sonho, pago em suadas prestações e disputado aos credores como uma questão de vida ou morte, se realiza no meio das cafuas do Rola-Moça, o bairro da pobreza,

---

[34] Cf. Alfredo Bosi, O *pré-modernismo*, cit., p. 101.

[35] Roberto Schwarz, "O progresso antigamente", *in Que horas são?*, São Paulo, Companhia das Letras, 1987, p. 108.

famoso pelo batuque e pela promiscuidade, que está sendo destruído pela Prefeitura (agora é o morro inteiro que vem abaixo, não só os noivos da lenda que se lê no "Noturno de Belo Horizonte"). A cidade avança, trepa nos morros e derruba os casebres, impondo à desordem sua geometria positivista. A exemplo do que ocorre no romance *O cortiço*, de Aluísio Azevedo, o que se pretende é a passagem do ritmo orgânico da natureza para o planejamento racional do mundo urbanizado, num embate que Antonio Candido chamou de dialética do espontâneo e do dirigido.[36] Domar a irregularidade da favela mestiça, que cresce de modo caótico, é o ideal desse ingênuo espírito moderno. O sobrado amarelo de Anfrísio passa a ser então a "sentinela avançada da urbanização inexorável". A favela, a casa modernista e o sanatório são espaços distintos reunidos no mesmo quadro — uma justaposição um tanto brusca e arbitrária (nisso também *Rola-Moça* lembra *O cortiço*), mas apta a fixar o sentimento da transição.

De seus respectivos postos, Clara e Anfrísio admiram o céu puríssimo, evitando baixar os olhos para a pobreza que sobe as ladeiras do Rola-Moça. A casa modernista abriga também o *bureau* do advogado (com uma janela larga e alta pela qual se vê unicamente o céu), e sua vida doméstica livre de sobressaltos é um espelho do sanatório onde se morre lentamente. Trancafiado, ali ele passa o dia na leitura dos autos, atribuindo intensidades dostoievskianas aos fatos desumanizados das fórmulas processuais. Plantar o literário nas vidas comuns é a diversão de Anfrísio. O que ele está fadado a conhecer, no contato com o Rola-Moça, é a vida "sem requintes psicológicos e sem literatura", o sofrimento com fisionomia e cheiro (agora, sim, "tremendamente humano") de seres desamparados. As crônicas policiais apelidavam aquele recanto de coito de malandros, um pedaço ainda informe da cidade. Mas o bacharel aos poucos percebe a existência de operários, serventes, lavadeiras, vivendo à margem de qualquer conforto ou ambição. A cidade é um amontoado de gente sem terra, não um traça-

---

[36] Antonio Candido, "De cortiço a cortiço", in *O discurso e a cidade*, São Paulo, Duas Cidades, 1993, p. 135.

do de linhas retas. Superar a inocência modernista implica descobrir que a cidade é feita de negros, burros, cafuas escuras e existências falhadas como a da beata Sá Laura, que enlouquece diante da ameaça de ter seu barracão destruído. Sem diretriz, "sem sentido" e "sem alma", misturando cantos de igreja a retalhos de marchas carnavalescas, Sá Laura expõe os dramas recalcados de um povo mestiço e sofredor — os desterrados do subúrbio, cada um com sua "banalíssima tragediazinha", que compõem a *urbs* moderna. Desejando romper o isolamento, o bacharel de *Rola-Moça* transfere o seu *bureau* para um quarto do sobrado com larga porta sobre a cidade: "Tirava os olhos dos autos para a cidade matutina, cheia de sol e viço de árvores, ou para a cidade noturna, com luzes que pareciam bulir entre as frondes. Quando voltava aos autos, era com redobrado interesse humano" (RM, p. 186). Mas o passo decisivo de sua abertura ao real é a coragem de penetrar nos "meandros da pobreza", que se realiza, movida a princípio apenas pela curiosidade, quando ele visita a cafua de um cavouqueiro morto. É chocante a visão do cadáver com os pés inchados ("a deformidade de quem nunca viu sapato") em contraste com o corpo magríssimo, sujo de terra, recoberto de edemas. O relato naturalista parece sublinhar o sadismo desse encontro de classes. Só então, quando descobre o rosto anônimo da miséria, é que Anfrísio se revela a si mesmo.

Logo depois virá o pesadelo em que, no lugar da favela, Belo Horizonte é que aparece em ruínas, com seus edifícios a desabarem fragorosamente. Livre do capitalismo e das dívidas, o bacharel todavia não escapa de perder a casa, sendo expulso pelo negro cavouqueiro, que ressurge sem rosto (mas com o lenço da Revolução de 30) no papel do justiceiro: "[...] pela inutilidade que você tem demonstrado na vida, merece é residir na minha cafua" (RM, p. 234). O sonho revela menos a aproximação do que o choque, impregnado de culpas, entre Anfrísio e os pobres. Atormentado pelas dívidas, Anfrísio tem medo de ser excluído da ordem burguesa, a exemplo das baratas que sempre apareciam quando era desmanchado um casebre próximo — "pobres baratas que logo se perturbavam na iluminação elétrica, nascidas a agir na sombra das cafuas ou à luz morteira das lamparinas" (RM, p. 237) — e dos miseráveis obrigados a rolar pelo morro, rumo ao extremo arrabalde.

A tragédia do burro Malhado, com sua desabalada carreira primeiro nas ruas da cidade e depois nos declives do Rola-Moça, é o mesmo choque figurado de um ponto de vista oposto e inferior. O burro, que pertencia ao carroceiro Giovanni, espalha a carga no calçamento, disparando na rua atrás de um caminhão — "acompanhava furiosamente o veículo mecânico cheio de madeiras" (RM, p. 231). Se o burro do conto "Mansinho", conduzindo o padre pelos vilarejos paupérrimos, empacava sem motivo, aqui temos o exemplo contrário de um animal que se move inexplicavelmente (por fascínio ou revolta?), empurrado para a cidade moderna da qual tanto destoa. Castigado pelo dono, Malhado tem a carne entre as ventas fendida num desbeiço monstruoso, que ao longo da caminhada de volta à favela atrai os risos cruéis da garotada: "Olha o burro que ri!". Giovanni se vinga com chicotadas e termina assassinado pelo pai de um dos moleques. À noite, vasculhando o morro em busca de informações, a polícia descobre o animal. Apavorado pelo clarão das chapas, Malhado desembesta pela segunda vez.

> "Desceu desabalado pelo declive na direção da cidade. Mas parou em face dos milhares de luzes, como à súbita recordação dos males daquele dia, e voltou logo sobre seus passos, instintivamente, para a casa do dono. Alguém lhe embargou a corrida, de braços abertos, aos guinchos para desorientá-lo ainda mais. Enveredou pelas moitas, ainda perseguido pelos risos aqui ali. E o seu tropel cessou com tal subitaneidade que impressionou o pessoal." (RM, p. 244)

Malhado tinha caído numa cisterna e, no ápice do sofrimento, nota pela primeira vez as estrelas. Veio o último clarão (o da bala) "e deixou de existir". Minutos antes da morte do animal, Anfrísio havia desafiado a cidade, gritando para os prédios altos (os marcos do capitalismo) que não fracassaria. No final do romance, após a cegueira provocada pelo fascínio da modernização, o que lhe resta é o medo noturno da cidade tentacular. Anfrísio, como o burro, se recolhe ao buraco. Os limites racionais de sua casa modernista são uma espécie de refúgio ameaçado, que não o impede de rolar no despenhadeiro: "O bacharel desejaria parar e era continuamente empurrado para a frente" (RM, p. 51). A saída que ele encontra é olhar a lua e se entregar ao transe de fazer versos (RM, p. 248):

Lua, madrinha dos falhados,
Que não têm lar e não têm pão!

Que têm um lar e têm um pão,
Mas que não é deles não!

Lua, madrinha dos falhados,
Seja minha madrinha não!

No desfecho de *Rola-Moça*, o personagem mais autobiográfico de João Alphonsus reincide na poesia, trazendo de volta o espírito vanguardista dos anos 20, pelo qual "se entusiasmara como outros moços, eternos no entusiasmo do precário, buscando fixar e dar arras de definitivo àquilo que trazia os selos mais transitórios do planeta: futurismo, modernismo, tempo em movimento" (RM, p. 137-8). A casa de Anfrísio prova que, na verdade, ele nunca se afastou do espírito modernista. E agora ele o resgata explicitamente com esse "poema-piada" em que tenciona dizer a miséria comum a todos os falhados, num gesto humilde, porém cheio de ambiguidade, que pretende ir além da pompa espiritual cultivada (e sacrificada) na velha Ouro Preto do gato Sardanapalo. Ao mesmo tempo, a presença da lua denuncia a melancolia decadente que está na base da atitude contemplativa de João Alphonsus. Embora deseje se colocar modernamente rente aos pequeninos, essa poesia reabilitada continua longe deles, como revela de modo acintoso o esconjuro dos versos de Anfrísio. O que importa é não falhar, é ser diferente dos que "desaparecem mansamente sem memória e sem drama", aos quais se oferece tão somente um "carinho comovido".

Num comentário sobre os contos de *Galinha cega*, Murilo Mendes destacou a intimidade de João Alphonsus com criaturas de todas as classes e origens: "O livro dele é indiretamente um panfleto contra o espírito do século [...] e volta-se para os indivíduos que estão sendo postos à margem [...]".[37] Entretanto, em sua incessante deriva, o escritor talvez não tenha conseguido sequer pôr os dois pés na outra margem. O arrabalde foi o espaço primordial de sua obra literária, território-limite, como vimos, em que convergem a cidade e a roça. Essa mistura aparece na variação geográfica dos contos, na divisão em duas partes (rural e urbana) do romance *Totônio Pacheco* e no cenário híbrido (o arrabalde) que aparece em *Rola-Moça* e em todas as histórias citadinas. A tentativa de estilizar a fala brasileira também seria um sinal da disposição de cruzar o limite em direção aos marginalizados. Ocorre que o desafio não consistia apenas em imitar a voz popular, mas em dar voz de fato a esse outro desconhecido, como procurou fazer com radicalidade a melhor fatia do romance de 30.

João Alphonsus não pôde ir tão longe. Em *Rola-Moça*, a inclinação pelos humildes revela um forte franciscanismo: Anfrísio tinha "pena de todos os animaizinhos de Deus" (RM, p. 237). Embora estivesse distante da piedade conformista, baseada na caridade dos religiosos (com sua vaga suspeita de que os pobres existem apenas para que possam exercê-la), o autor ainda assim nos deixa a impressão de que seu amor pelos miseráveis dispensava o contato direto com a pobreza. No livro *Uma história do romance de 30*, Luís Bueno considerou "epidérmica" essa aproximação, algo não muito distante da tendência de Jorge Amado para considerar os excluídos apenas como "classe", e não como indivíduos.[38] Em *Rola-Moça*, com efeito, existem apenas dois personagens: Anfrí-

---

[37] *Apud* João Etienne Filho, *João Alphonsus*, cit., p. 132.

[38] Luís Bueno, *op. cit.*, pp. 377-80.

sio e Clara. O resto é uma massa informe e indistinta, cujo único papel é o de fornecer as pequenas histórias, em geral trágicas, de que se alimenta a piedade (e a perversidade) do narrador.

O final do romance desmascara um impasse que já estava presente nos admirados contos de João Alphonsus: a dificuldade do intelectual modernista de completar, para além da nostalgia do mundo rural, a sua "deriva" em direção ao arrabalde. Nesse sentido, *Rola-Moça* pode ser visto como um gesto de autocrítica — um balanço da aventura modernista tal como faria, na mesma época, o romance escrito por Cyro dos Anjos.

Retalhos do arrabalde: a ficção de João Alphonsus

Cyro dos Anjos (1906-1994) em Belo Horizonte, em 1938.

5.

Balanço de geração:
o amanuense de Cyro dos Anjos

"Meu caro poeta Carlos: envio-lhe solenemente o *Amanuense*. Como lhe disse pelo telefone, não o faço sem algum receio. Em cada capítulo, sempre procurei imaginar — ao escrever — o que o poeta Carlos poderia pensar disso ou daquilo. [...] Talvez o livro lhe pareça literário. Se isso acontecer, dir-lhe-ei que, nesse caso, eu é que sou literário e não o livro. Pode crer que ele foi escrito com sangue, como pediam Zaratustra e o velho Aurélio Pires... Houve muita transposição etc., mas o livro é sentido e real. Depois conversaremos acerca dos personagens. Talvez você não identifique alguns deles, pois são um verdadeiro mosaico."

Cyro dos Anjos, carta a Drummond, 22/3/1937[1]

As páginas iniciais de *O amanuense Belmiro* focalizam um grupo de amigos a discutir questões existenciais no acanhado cenário do Parque Municipal de Belo Horizonte: "Ali pelo oitavo chope, chegamos à conclusão de que todos os problemas eram insolúveis [...]" (p. 21).[2] Renunciar à vida é a solução dada por Silviano, o "filósofo" quarentão, envolvido com moças em flor, cujo pessimismo os amigos põem na conta da dor de cotovelo. É véspera de Natal — um diário está nascendo —, e o debate corre animado. Alheia aos problemas, a multidão alegre se espalha. São

[1] *Apud* Maria Patrícia Cândido Hetti, *Razão e paixão de um intelectual: oscilações, indeterminações e influências do pensamento moderno em* O amanuense Belmiro *de Cyro dos Anjos*, São Paulo, FFLCH-USP, Dissertação de Mestrado, 2005, p 41.

[2] As citações do romance *O amanuense Belmiro* (1937) serão acompanhadas apenas da indicação da página correspondente na edição publicada pela Livraria Garnier (Belo Horizonte/Rio de Janeiro, 2001).

pretos reforçados, garçons urgentes, mulatas dengosas, soldados da Cavalaria... Na abertura do *Amanuense*, desfilam as misturas de um típico "carnaval modernista", como exprimiu Paulo Arantes, ao comentar o famoso ensaio de Roberto Schwarz sobre o livro de Cyro dos Anjos.[3] O primeiro capítulo já revela, portanto, o motivo que percorrerá todo o romance. É no carnaval de 1935 que Belmiro se deixa encantar por Carmélia, a jovem aristocrática que o faz evocar a "donzela Arabela" de sua infância. Não por acaso, o título escolhido para a tradução italiana foi *Carnevale a Belo Horizonte*, e a festa momesca surge estampada nas capas de quase todas as edições do livro. Entretanto, os apontamentos de Belmiro cuidarão menos da realidade exterior — figurada no movimento do carnaval — do que dos sentimentos e fantasmagorias desse literato frustrado, porém narcisista, que aos 38 anos resolve escrever um livro de memórias. É duvidosa, portanto, a confusão democrática que se instaura no capítulo inicial. Como observou Roberto Schwarz, as palavras "recusam a promiscuidade", e o conflito social é neutralizado pela prosa que "festeja a todos cordial e indistintamente", seguindo os passos do fraternalismo populista.[4] Cenário da festa, o parque reproduz tanto o ambiente da rua quanto o mundo bucólico suplantado pela construção da urbe moderna. Nesse espaço fronteiriço, em que o campo se aproxima da cidade e nela se perpetua, os herdeiros das elites gozam de relativa privacidade e podem manter sua distância em relação ao povo.

O carnaval que atropela Belmiro, arrancando-o de sua existência recatada, é o carnaval vivido por toda uma geração — o grupo formado pelos escritores mineiros, impregnados da herança pós-simbolista, que atuaram nas décadas de 20 e 30 sob o impacto do modernismo. Ao longo do século XX, a sucessão de grupos literários na sempre pacata Belo Horizonte desencadeou uma

---

[3] Paulo Arantes, *Sentimento da dialética na experiência intelectual brasileira*, Rio de Janeiro, Paz e Terra, 1992, p. 58.

[4] Roberto Schwarz, "Sobre *O amanuense Belmiro*", in *O pai de família e outros estudos*, Rio de Janeiro, Paz e Terra, 1978, p. 13.

onda de balanços e crônicas de geração. *O amanuense Belmiro* segue a trilha aberta em 1927 por Eduardo Frieiro, com *O clube dos grafômanos*, um "romance de ideias" aparentemente concebido para atacar a "brotoeja literária" que os modernistas de São Paulo teriam inoculado nas letras mineiras. A tradição da crônica geracional se prolonga nas obras de Fernando Sabino, Luiz Vilela, Pedro Nava, Ivan Ângelo e Sérgio Sant'Anna. Em épocas distintas, esses autores retrataram a vida pequeno-burguesa de jovens tímidos e inquietos, às voltas com revistas literárias, fracassos pessoais e derrotas políticas. A própria tendência para o balanço — "Cota zero", na expressão de Drummond — já indica o saldo negativo: em vez do inventário dos feitos, a consciência de nada ter realizado. A leitura desses livros deixa a impressão de que "todos os grupos se parecem em Belô" — o que equivale a dizer, como já alertara Frieiro, que "na província não há salvação literária".[5]

No romance *Basileu*, publicado em 1930 com o título *Inquietude, melancolia*, Eduardo Frieiro põe em cena um intelectual imaturo e inadaptado, que tem o estranho vício da autoanálise, de pensar enquanto os outros vivem. Escolhido com intenções satíricas, o nome do personagem, Basileu Prisco, indica a impossibilidade de sobrevivência desse príncipe de outras eras (o escritor alienado) quando se acumulam as exigências da vida em sociedade. Nesse romance frio e tedioso ao extremo, o impasse é superado à custa de soluções conservadoras (o casamento, o catecismo, o "romantismo da ação"), introduzidas de modo ingênuo e incoerente na trajetória de personagens sem psicologia, mas cheios de ideias.

De que maneira Cyro dos Anjos representa a si mesmo e à sua geração? Os amigos reunidos no bar do parque não têm ar de rebeldes, embora sejam românticos, e parecem mais dannunzianos do que futuristas. Quatro anos mais novo que os rapazes do cír-

---

[5] *Apud* Fernando Correia Dias, "O romance urbano em Belo Horizonte", *in Seminário João Alphonsus: da ficção mineira de Bernardo Guimarães aos primeiros modernistas*, Belo Horizonte, Conselho Estadual de Cultura de Minas Gerais, 1981, p. 179.

culo de Drummond, Cyro foi um "modernista retardatário" que só aderiu ao grupo quando o movimento estava acabando (e depois de o haver criticado num jornal de sua cidade natal, Montes Claros). A exemplo de Eduardo Frieiro, investia pouco entusiasmo no modernismo. Segundo ele, o ímpeto reformista não combinava com o ceticismo, a discrição e a tendência classicizante do grupo mineiro. Em sua formação literária, as antigas admirações — Machado, Eça, Anatole, Alphonsus de Guimaraens — se mantiveram a contrapelo das novidades do modernismo europeu. Para além dos clássicos, havia também as influências de escritores franceses contemporâneos, como Georges Duhamel e André Gide (além, é claro, de Proust), que também destoavam do futurismo e das outras correntes da vanguarda.

Nada pareceria mais contrário ao espírito aventureiro dos modernistas do que os rigores de composição de Cyro dos Anjos. À disciplina da língua, aprendida por ele nas escolas mineiras de latinidade, soma-se o apego ao bom vernáculo, o brilho da filologia, o glossário de achados quinhentistas, e com tudo isso se tece a página caprichosa, com "sabor de perenidade", que passa a figurar em gramáticas e dicionários. Essa prosa simples, porém clássica e impecável, foi comparada desde o começo com a de Machado de Assis. No plano formal, as semelhanças se notam em vários níveis: na linguagem refinada, na paixão pela elipse e pelo fragmento, no exercício constante da ironia, no enxame de teorias e citações etc. Sérgio Milliet reconheceu "um parentesco de forma mas não de espírito", pois Machado é "quase feroz", enquanto o autor do *Amanuense* demonstra pudor na análise e simpatia por seus heróis[6] — algo que Antonio Candido chamou de "um maravilhoso sentido poético das coisas e dos homens".[7]

Os personagens de Cyro dos Anjos são líricos, mas sobretudo livrescos, letrados demais, castiços demais. Quando Sábato Magal-

---

[6] Cf. Sérgio Milliet, *Diário crítico*, v. IV, São Paulo, Martins/Edusp, 2ª ed., 1981, p. 242.

[7] Antonio Candido, "Estratégia", *in Brigada ligeira*, São Paulo, Editora da Unesp, 1992, p. 82.

di diz que todo mineiro carrega dentro de si um Belmiro Borba,[8] a mineiridade está sendo definida mais uma vez pela ausência de transbordamentos, pela submissão a toda regra e por um "convencionalismo de raiz". Abúlico, tímido, contemplativo, o mineiro "gosta de esconder-se", nas palavras do próprio romancista, mas também adora mostrar-se, como indica a tradição da literatura na primeira pessoa, que desde o século XVIII se formou em Minas.[9] Para Fábio Lucas, a tradição intimista data do século XX e prevalece a partir do modernismo, com a proliferação de "heróis da consciência" que não resistem à tentação da autoanálise, "como se grassasse uma crise de autenticidade no tecido social mineiro".[10]

Belmiro Borba é um homem das antigas, um filho de fazendeiro que enterrou seu brilho na repartição burocrática e que sonha reencontrá-lo, quem sabe, ao escrever uma obra monumental. O caráter é o mesmo de Basileu, mas no romance de Cyro dos Anjos os problemas se ampliam, o confessional se impõe e a forma se torna mais complexa. *O amanuense Belmiro* deve o aprimoramento de sua fatura em parte à sinceridade do impasse, que ao fim do livro, justamente por ser verdadeiro (um drama vivido pelo próprio autor), permanece irresolvido. Essa espontaneidade, que salta aos olhos, certamente contribuiu para a rapidez com que a obra tomou forma, em apenas quarenta dias. A diferença em relação ao tempo exigido pelos romances posteriores, *Abdias* (cinco anos) e *Montanha* (dez anos), mostra que o livro de fato fluiu como "uma coisa quase mediúnica" — como disse o autor em entrevista a Edla Van Steen —, exprimindo de modo imediato, porém irônico, as mundivivências do escritor. Na verdade, a primeira aparição do personagem ocorreu em 1933, nas crônicas publicadas por Cyro dos Anjos — "linhas de um lirismo desconfiado, ingênuo, brincalhão" — com a assinatura Belmiro Borba. Depois as crôni-

---

[8] Cf. Sábato Magaldi, *As luzes da ilusão*, São Paulo, Global, 1995, p. 15.

[9] Cf. Antonio Candido, "Poesia e ficção na autobiografia", *in A educação pela noite e outros ensaios*, São Paulo, Ática, 2ª ed., 1989, pp. 51-5.

[10] Fábio Lucas, "Aspectos da ficção mineira pós-45", *in Mineiranças*, Belo Horizonte, Oficina de Livros, 1991, p. 187.

Balanço de geração: o amanuense de Cyro dos Anjos

cas se converteram em romance, e o pseudônimo virou heterônimo.[11] Mas esse dado só reforça a impressão de que "o livro é sentido e real", uma das possíveis causas da ótima acolhida que o *Amanuense* obteve na época de sua publicação.

O romance de estreia de Cyro dos Anjos foi apontado como o "acontecimento literário" de 1937, obtendo vasta fortuna crítica e duas edições em menos de um ano (a primeira pela editora Os Amigos do Livro e a segunda, uma edição "nacional", promovida pela José Olympio). O surpreendente é que a prosa limpa e a filiação psicológica do romance se contrapunham fortemente à tendência social e regionalista do período. Em comum com os escritores da linhagem espiritualista (Lúcio Cardoso, Cornélio Penna, Otávio de Faria), Cyro dos Anjos tinha forte inclinação para o realismo interior, substituindo o conflito (a oposição eu/mundo) pela "tensão interiorizada", conforme os termos adotados por Alfredo Bosi.[12] O diário de Belmiro não é feito de grandes acontecimentos: a matéria do "romance lírico" é a existência social subjetivada. Na expressão de Bosi, *O amanuense Belmiro* e *Abdias* são romances de educação sentimental, em que se narra "menos a vida que as suas ressonâncias na alma de homens voltados para si mesmos, refratários à ação, flutuantes entre o desejo e a inércia, entre o projeto veleitário e a melancolia da impotência. O diário é a estrutura latente desse tipo de narração".[13]

O *gauchismo*, mais que o produto de um contágio, era o selo de uma geração: um sentimento partilhado por um grupo de modernistas que enfrentavam, no mesmo ambiente, os mesmos "insolúveis" problemas. Um dos principais feitos do *Amanuense* foi transpor em alto nível para a prosa o temperamento *gauche* que vincou profundamente a nossa poesia moderna. Não fosse a admiração por Drummond, o escritor jamais teria largado os con-

---

[11] Cf. entrevista de Cyro dos Anjos a Edla Van Steen, *in Viver e escrever*, v. II, Porto Alegre, LPM, p. 16.

[12] Cf. Alfredo Bosi, *História concisa da literatura brasileira*, São Paulo, Cultrix, 39ª ed., 1994, p. 392.

[13] *Op. cit.*, p. 418.

terrâneos boêmios e conservadores que, conforme se lê no volume de memórias *A menina do sobrado*, formaram a sua primeira roda na chegada à capital. "E sou sempre *gauche*. Quando converso, as melhores ideias ficam cá dentro, sem encontrar expressão" (p. 113). Ao citar os versos de "Poesia", o narrador-protagonista endossa a concepção drummondiana do lirismo como comunicação frustrada, bloqueada pela imobilidade na concha (o poema "está cá dentro e não quer sair") e pela timidez que orienta todos os atos para o avesso. De *Alguma poesia*, Belmiro tira inspiração para várias passagens, reproduzindo versos de "Cota zero", "Poema de sete faces", "Poema que aconteceu" etc. Com *Brejo das almas*, a afinidade se dá em torno da crise política — uma descrença representada (e ironizada) no fracasso amoroso de poemas como "Um homem e seu carnaval" e "Sombra das moças em flor", que na versão ficcional de Cyro dos Anjos comparecem como motivos centrais.[14] Mas o humor agressivo da segunda coletânea de Drummond não encontra espaço no diário de Belmiro. O romance habilmente se movimenta entre a ironia e a poesia — "*Brejo das almas*, porém com graça", como exprimiu Roberto Schwarz.[15]

A GESTAÇÃO DO DIÁRIO

O amanuense Belmiro, com seu estilo intimista, conquistou espaço num período em que o romance social dava sinais de esgotamento (a literatura nordestina parecia ter cumprido o seu ciclo). Mas o sucesso de um romance escrito em forma de diário, contendo a "vida interior" de um burocrata frustrado, não poderia deixar de causar cismas e ressalvas. Segundo Mário de Andrade, "o sr. Cyro dos Anjos nos deu, menos que uma análise, um exemplar excelente desses voluptuosos de vida interior que, cépticos ou sor-

[14] Cf. John Gledson, *Influências e impasses: Drummond e alguns contemporâneos*, São Paulo, Companhia das Letras, 2003, pp. 201-32 e 323.

[15] Cf. Roberto Schwarz, "Sobre *O amanuense Belmiro*", cit., p. 16.

Balanço de geração: o amanuense de Cyro dos Anjos

ridentes, pessimistas ou dolorosos, antes de mais nada são voluptuosos do seu mundo escondido, se envaidecem dele por mais que
o desprezem, e reagem contra a própria timidez por um pressuposto jamais confessado de superioridade".[16] A crítica nos reconduz
ao velho debate com Drummond, aos torpedos em que Mário iro-
nizava os "abúlicos inteligentes", argumentando que "vida interior
todos têm" e que "não é a inação exterior que dá vida interior mais
intensa, não".[17]

Ao gosto da introspecção, corresponde uma apagadíssima
atividade vital. O diário íntimo — o superlativo latino *intimus* significa "o mais secreto" — não difere de um poema que permanece "cá dentro", frustrado em rabiscos, como o feto enjeitado de
uma patética gravidez, que é a imagem usada por Belmiro no capítulo "Questão de obstetrícia", ao comentar seu plano literário e
a decisão de escrever o livro:

> "Posta de parte a modéstia, sou um amanuense com-
> plicado, meio cínico, meio lírico, e a vida fecundou-me
> a seu modo, fazendo-me conceber qualquer coisa que já
> me está mexendo no ventre e reclama autonomia no es-
> paço. Ai de nós, gestantes." (p. 31)

O problema é resistir às sabotagens do "Belmiro sofisticado".
Outras tentativas abortadas precederam o livro de memórias que
agora o amanuense resolve dar à luz, com alguma solenidade, numa noite insone de Natal. Curiosamente, a obra nasce no bojo de
uma reviravolta pois, embora continue pertencendo ao gênero autobiográfico, já vem ao mundo "decaída" para um subgênero menor. O plano de escrever memórias, essa tarefa cem vezes iniciada,
afinal se restringe à sensaboria do diário — notas sobre episódios,

---

[16] *Apud* Afonso Henrique Fávero, *A prosa lírica de Cyro dos Anjos*, São
Paulo, FFLCH-USP, Dissertação de Mestrado, 1991, p. 119.

[17] Cf. Silviano Santiago (org.), *Carlos e Mário: correspondência de Mário de Andrade e Carlos Drummond de Andrade*, Rio de Janeiro, Bem-Te-Vi,
2002, p. 332.

impressões, sentimentos, ideias tolas ou vagas —, que no entanto se torna a própria vida do amanuense. O abandono da ideia inicial — da qual o amanuense desiste com impressionante rapidez — parece confirmar de saída o fracasso constitutivo do personagem.

"Fali na vida, por não ter encontrado rumos. Este Diário, ou coisa que o valha, não é sintoma disso? (Ocorrem-me umas palavras bem significativas de Gregório Marañón: '*En el hombre adulto la práctica del Diario equivale a una supresión progresiva de la personalidad activa, social, de su autor. En realidad un Diario equivale a un lento suicidio*'.)" (p. 194)

Se escrever significa evadir-se da vida, a gravidez anunciada pelo amanuense é antes a gestação da morte. "Força do demônio", como define o narrador de *Abdias*, a análise é um produto da impotência. Assim como o tédio, a introspecção é puro instinto de morte. Nos romances de Cyro dos Anjos, há passagens em que se considera o ato de pôr a alma no papel como um mergulho nos abismos — "masoquismo espiritual" do sujeito outoniço e melancólico, que se debruça sobre o seu eu empobrecido, submetendo-o a pesado julgamento crítico. O que sobreleva, porém, tanto no *Amanuense* quanto em *Abdias*, é a ideia de que a expressão dos pensamentos traz alívio a quem se confessa. A análise pode ser uma "força do demônio", mas também produz a expiação da falta e o apaziguamento (o "flagelo dos demônios") atribuídos à confissão pelo homem culpado do catolicismo. Comentando a abundância de motivos pessoais e autobiográficos na literatura moderna (essa "grande confissão" fecundada pelo livro de Rousseau), Croce lamentou que ela fosse dominada antes pelo "desafogo" do que pela "expressão".[18] Libertar-se de seus fantasmas, eis o que busca o espírito — e a expressão artística, segundo o amanuense, "alivia-o docemente".

---

[18] Cf. Benedetto Croce, *Breviário de estética/Aesthetica in nuce*, trad. Rodolfo Ilari Jr., São Paulo, Ática, 1997, p. 133.

Nas palavras de Belmiro, quem escreve um diário não escapa à sua própria contemplação. Mas é possível fazê-lo com deslumbramento ou com aversão (estraçalhando-se), conforme adverte Cyro dos Anjos ao concluir as memórias de *A menina do sobrado*. O problema é saber se a análise resulta em autocrítica (algo raro quando se tem leitores) ou simplesmente em complacência. "Estas notas são íntimas e nelas devo pôr toda a sinceridade", afirma o amanuense (p. 61). No lugar dos eufemismos, o narrador de *Abdias* enaltece a "grandeza da verdade" que não se tem vergonha de confessar. Ambos refletem o ideal platônico da transparência, cuja garantia Rousseau atribui menos à clareza da razão do que à sinceridade do sentimento. *As confissões* propõem a expressão imediata das paixões, com as inevitáveis contradições de uma escrita descontínua, que pretende "dizer tudo".[19]

É ilícito mentir a si mesmo, diz Pedro Nava em suas memórias catárticas, sepultadoras dos mortos, que ele chama de "ajuste de contas do eu com o eu".[20] A aspiração ao depoimento integral gera o "frenesi da sinceridade" (a expressão é de Croce), que, por ser frenesi, não é sinceridade, e se confunde com a dramatização.

"Quem quiser fale mal da literatura. Quanto a mim, direi que devo a ela minha salvação. Venho da rua oprimido, escrevo dez linhas, torno-me olímpico.

Descobri o segredo do Silviano: transferir os problemas para o Diário e realizar uma espécie de teatro interior. Parte de nós fica no palco, enquanto outra parte vai para a plateia e assiste. O indivíduo que ficou no palco nos fará rir, nos comoverá ou nos suscitará graves meditações. Mas é um indivíduo autônomo, e nada te-

---

[19] Cf. Jean Starobinski, *Jean-Jacques Rousseau: a transparência e o obstáculo*, trad. Maria Lúcia Machado, São Paulo, Companhia das Letras, 1991, pp. 187-207, e Jeanne Marie Gagnebin, *Sete aulas sobre linguagem, memória e história*, Rio de Janeiro, Imago, 1997, pp. 176-7.

[20] Cf. Joaquim Alves de Aguiar, *Espaços da memória: um estudo sobre Pedro Nava*, São Paulo, Edusp, 1998, p. 24.

mos que ver com suas palhaçadas, suas mágoas, ou sua inquietação. Terminado o espetáculo da noite, tomamos o bonde e vamos para casa sossegados, depois de um chocolate." (p. 198)

Toda autobiografia resulta de uma construção: o eu que se exibe é sempre "um outro", ou, como apontam os fragmentos de Georges Duhamel usados como epígrafe do *Amanuense*, as lembranças da vida real se misturam às imaginárias, sendo inútil procurar, na ficção que daí resulta, o "eu" indubitavelmente verdadeiro. O memorialista sabe que nem tudo deve ser confessado e que o suposto ajuste de contas não passa, muitas vezes, de um "teatro interior". De acordo com Abdias, "os sentimentos usam máscaras até em sua câmara íntima".[21]

O indivíduo que se confessa luta para ser absolvido e não apenas por si próprio. Belmiro tem consciência de que "não toca trombone" somente para seu uso. Ninguém escreve apenas para si mesmo: o diário não é um solilóquio, um "texto sem destinatário", mas dirige-se a outrem, um vago leitor futuro ou imaginário, cuja presença vai avultando nas notas que o amanuense logo reconhece não serem mais íntimas. Nos tumultos de 1935, os cadernos de Belmiro servem para provar sua inocência (ou inércia) e o livram de um apuro com a polícia, que neles reconhece as marcas do testemunho autêntico. A despeito da linguagem elegante e castiça, o diarista domina os recursos da oralidade e frequentemente se corrige, como a realçar o caráter documental e a pureza ou imprecisão dos rabiscos imediatos. O teatro não é só interior, há mais gente contemplando o espetáculo e se faz necessário mentir a todos. A inclusão do leitor desvirtua a natureza do diário, torna estratégico o que parecia espontâneo, implanta a máscara e o cabotinismo onde se prometia a sinceridade total.

Nas páginas do *Amanuense*, o cinismo apenas se insinua: a força da convenção prevalece sobre o despudor dos relatos since-

---

[21] Cyro dos Anjos, *Abdias* (1945), Belo Horizonte/Rio de Janeiro, Garnier, 1994, p. 102.

Balanço de geração: o amanuense de Cyro dos Anjos   207

ros, que podem beirar o terrorismo. Tal é o caso do espantoso diário de Joaquim Fidélis, personagem do conto "Galeria póstuma", de Machado de Assis. As memórias secretas em que dizia o que pensava sobre os amigos eram notas cruas e secas, que contrastavam com as maneiras cordiais do finado — um "livro inédito" se comparado à "edição pública, revista e expurgada". Em *Abdias*, conta-se a anedota dos dois diários do velho Tolstói: um era escrito às claras e esquecido de propósito pela casa, enquanto o outro, o verdadeiro, era escrito em segredo e escondido em botas. Nesse sentido, apenas o texto "primitivo", "interior", que não tem leitores, é que poderia ser sincero. Nos demais casos, predominaria o teatro, e Belmiro sabe que "a mentira é a base da ordem doméstica", tendo aprendido com Silviano a necessidade de torná-la "espontânea, técnica, de sorte que haja, entre ela e a verdade, apenas a diferença de substância e não de forma" (p. 52). A exemplo do *Memorial de Aires*, o último livro de Machado, *O amanuense Belmiro* é um produto consumado do cabotinismo, um baile de máscaras, embora discreto — um romance "apesar da forma de diário que tem".

Para quem se considera um lírico falido, a forma do diário atrai particularmente por seu parentesco com a poesia. Cyro dos Anjos a repetiu não só em *Abdias*, mas também no romance polifônico *Montanha*, cujas melhores páginas são o caderno íntimo de Ana Maria. Assim como a crônica, o diário capta o instante (o tempo congelado) na sucessão dos eventos, sugerindo o vago da experiência poética numa espécie de pintura sem perspectiva (sem o distanciamento que é próprio da autobiografia). Entretanto, mesmo quando os registros se fazem no calor da hora, a lembrança já representa um passo além da surpresa, uma impressão trabalhada pela consciência, a substituição do "choque" e da aspereza das coisas por uma "apologia da mediação".[22] Ao exprimir as emoções, as palavras introduzem o artifício que paradoxalmente as contém: "Eis que o amanuense é um esteta: ao passo que há nele

---

[22] Alfredo Bosi, "Uma figura machadiana" *in Machado de Assis: o enigma do olhar*, São Paulo, Ática, 1999, p. 132.

um indivíduo sofrendo, um outro há que analisa e estiliza o sofrimento" (p. 36).

Para alcançar o "verdadeiro", Rousseau julga necessário entregar-se ao sentimento e ao movimento espontâneo da linguagem. Longe desse desalinho romântico, Belmiro e Abdias são incapazes de libertar as palavras porque a ânsia subjetiva da confissão neles entra em conflito com o desejo de objetividade. Barrada pela autocensura, mediada pela reflexão, a declaração íntima não chega intacta e sem rodeios ao papel. O Belmiro patético, que se confessa, sofre a perseguição do homem que se censura (o *éiron*). Corrigindo a sinceridade, a ironia serve ao narrador tanto para o controle das emoções quanto para, sabiamente, diminuir-se, dissimular-se. Graças ao gesto irônico, que se esparrama por todas as páginas, a realidade flutua entre diversas configurações, que o tempo inteiro se relativizam: "hoje dormimos arlequim, amanhã acordaremos pierrô" (p. 101). O diário de Belmiro estabelece, de acordo com Antonio Candido, "um movimento de báscula entre a realidade e o sonho".[23] A todo momento, novas quimeras são compostas por esse "demônio fantasista", cuja vontade não se fixa em lugar algum. À medida que os cadernos se acumulam, o próprio amanuense se surpreende com o volume de contradições em que se esfacela sua fisionomia moral.

A variedade é uma das razões do fascínio que o mar exerce sobre Belmiro. Em sua viagem ao Rio de Janeiro, ele contempla um espetáculo que lembra o perpétuo devir da báscula. A perturbação sensorial que engendra as imagens confusas e simultâneas do poema "Coração numeroso", de Drummond — "O mar batia em meu peito, já não batia no cais" — se repete no romance com a vertigem romântica das "águas inquietas" e o súbito aparecimento de um Belmiro "atlântico", "dominador", em contraste com o amanuense "sufocado entre montanhas". Belmiro também se impressiona pelo silêncio ou "anseio de comunicação" que atribui ao "grande paralítico". O destino do mar parece o mesmo do homem "poderoso" que, sorvendo o carnaval ("a cidade sou eu", escreve

---

[23] Antonio Candido, "Estratégia", *in Brigada ligeira*, cit., p. 80.

Balanço de geração: o amanuense de Cyro dos Anjos

Drummond), entretanto não se dissolve e regressa fatigado à sua concha na rua Erê.

"Desculpem a poeira", diz o amanuense que se considera complicado — "meio cínico, meio lírico" —, mostrando ter consciência de sua volubilidade e do fato de sua vida processar-se "em arrancos e fugas". Em *Abdias*, esse mundo de aparência movediça é contraposto à estabilidade da vida na fazenda. O desvio da linhagem rural seria, portanto, o primeiro da série de deslocamentos que caracterizam a condição fluídica do *gauche*. Os "abalos" e os "desnivelamentos" formam a essência desse "sobrevivente" que ora pede desculpas: "Desejaria planar suavemente, conduzindo, sem tropeços, os que me acompanham, mas falta-me engenho para isso e nem poderia pô-lo, nestes apontamentos íntimos, sem o risco de falseá-los" (p. 98). Por conta de suas constantes antinomias, tudo no diário do amanuense se torna indefinido, ambíguo, inconsistente. Logo no início do livro, na quarta-feira de cinzas em que se refere com ironia à sua "comovente pesquisa das remotas origens do ser", Belmiro confessa que não deseja o entendimento claro das coisas, mas antes obscurecê-las, à maneira do que sucede no carnaval.

> "Há muito que ando em estado de entrega. Entregar-se a gente às puras e melhores emoções, renunciar aos rumos da inteligência e viver simplesmente pela sensibilidade — descendo de novo, cautelosamente, à margem do caminho, o véu que cobre a face real das coisas e que foi, aqui e ali, descerrado por mão imprudente — parece-me a única estrada possível. Onde houver claridade, converta-se em fraca luz de crepúsculo, para que as coisas se tornem indefinidas e possamos gerar nossos fantasmas. Seria uma fórmula para nos conciliarmos com o mundo." (p. 39)

Entregar-se à sensibilidade, renunciando à inteligência, é o mesmo desejo expresso pelo eu lírico do livro *Ingenuidade*, de Emílio Moura. Nos dois casos, trata-se de um ideal laborioso e insustentável. Belmiro deseja viver apenas pela sensibilidade, isto é, sob o império do capricho, gerando a seu bel-prazer ("ai de nós, gestantes") fantasmas ou fórmulas de se conciliar com o mundo. De acordo com Roberto Schwarz, esse ideal do amanuense tem significação ambígua, exprimindo tanto a autenticidade da vida simples quanto uma falta de compromisso com a verdade, que se deseja recoberta por um véu: "Governar-se pela sensibilidade, portanto, é ligar-se à *aparência tradicional*, cuja ruptura é *imprudente*, e não à verdade. A alma sensível, que por vezes é *diferença*, é penhor, aqui, de conformismo". É a falta de retidão do pensamento que transforma a sensibilidade numa "estética da acomodação", em que todas as coisas se atenuam e se esterilizam: "Nem a cultura garante lucidez, nem a floresta de contradições produz um conflito".[24]

Da oscilação entre realidade e sonho, da impossibilidade de ver "o dia abrir-se em flor, e a flor em fruto", é que provém a "vaga arquitetura" a que se refere Emílio Moura no soneto "Pastor de nuvens", dedicado a Cyro dos Anjos.

PASTOR DE NUVENS

Navegaste em palavras e não viste
teu dia abrir-se em flor, a flor em fruto.
Diante do mar apenas procuravas
um marulho de concha a teus ouvidos.

Que estradas mais abstratas. Que cenários
de papel inventaste! Nunca viste
que outras paisagens, vivas, te sorriam.
Só de esquivas imagens te cercavas.

Navegaste em palavras. Vivas? Mortas?
Belas, apenas? Dóceis, tinham asas,
e era tudo uma vaga arquitetura:

---

[24] Roberto Schwarz, "Sobre *O amanuense Belmiro*", cit., pp. 15-6.

tua amada, teu mundo, teu caminho,
teu rebanho de nuvens, tantas nuvens,
tua face no espelho, o próprio espelho.

O poema, além de definir exemplarmente o próprio Emílio,
é uma espécie de retrato coletivo que serve na verdade aos vários
"personagens" que estamos acompanhando. Ao navegar em palavras, fechando-se em suas abstrações, o amanuense se esquiva dos
atritos com o mundo exterior. Rendendo-se às contradições, o que
afirma é a mais completa imobilidade. Pelos diários de Belmiro e
Abdias transitam existências paradas, "dinamismos frustrados" —
um "domingo sem fim nem começo" em que, dada a ausência de
desejos, todos os gestos morrem no pensamento. O fato de nada
levar a nada na vida de Belmiro, que Schwarz considerou "o hor-
ror do livro", é um dos traços que mais se têm associado à literatura moderna. Entrando em cena, a monotonia afasta as "tensões
e divertimentos" que havia nos romances do passado. O tema da
realização individual, que enchia a trama de peripécias, é substituído pela ação congelada de educações sentimentais em que se
alternam a agitação e a melancolia. Belmiro sabe que "as epopeias
de um amanuense encontram seu lugar justo é dentro da cesta".
Não se espere dele, que costuma assobiar operetas, o enredo monumental de um romance burguês.

Emílio Moura se agarra ao consolo de descrever o mundo
com a ótica da ingenuidade, dando vazão a "recalques de infância". Mas Belmiro facilmente desiste de voltar às suas "remotas
origens". Esse retorno, na verdade, além de impossível, se mostra
desnecessário, dada a presença avassaladora da infância, diretamente ligada à memória poética da vida rural, na capital provinciana em que se prolonga o seu apego ao passado. No romance de
Cyro dos Anjos, assim como na poesia de Drummond, o que se
observa é a "fatalidade histórica" de um sujeito colocado entre dois
pontos: o latifúndio e a vida urbana. Nas cidades, os pequenos
mundos rurais se pulverizam, as classes se misturam e o estilo de
vida patriarcal é substituído pela mediania em que nada se distingue. Mas a sinecura, como escreveu Roberto Schwarz, é o posto

menos urbano da cidade. Mesmo ao extraviar-se, o *gauche* mantém os pés firmes na terra, como se vê pela síntese poética (e histórica) contida na imagem do "fazendeiro do ar". E a ocorrência ultrapassa, como se sabe, as fronteiras de Minas. Na formulação de Roberto Schwarz, "uma figura tradicional da literatura brasileira deste século é o 'fazendeiro do ar': o homem que vem da propriedade rural para a cidade, onde recorda, analisa e critica, em prosa e verso, o contato com a terra, com a família, com a tradição e com o povo, que o latifúndio lhe possibilitara. É a literatura da decadência rural".[25]

Dessa posição em falso entre dois mundos é que retiram sua matéria-prima os escritores que Sergio Miceli chamou de "cronistas da casa assassinada", inspirado no título do principal romance de Lúcio Cardoso. No prefácio ao livro de Miceli, Antonio Candido observa uma espécie de "estigma" a percorrer a literatura brasileira: "Sempre me intrigou o fato de num país novo como o Brasil, e num século como o nosso, a ficção, a poesia, o teatro produzirem a maioria das obras de valor no tema da decadência — social, familiar, pessoal".[26] A esse respeito, o perfil literário de Cyro dos Anjos parece não deixar dúvidas. Poucos escritores foram tão fiéis ao gênero autobiográfico quanto ele, que a rigor sempre escreveu memórias — romanceadas ou "imaginárias", nos dois primeiros romances, e "verdadeiras", embora líricas, em *A menina do sobrado*. Entre esse volume memorialístico final e o título de estreia, a crítica já levantou toda uma lista de semelhanças. Além de os narradores terem as mesmas origens e o mesmo destino, repetem-se nomes, objetos, passagens, referências, o que só confirma o caráter autobiográfico do personagem Belmiro. Na década de 40, bem antes do aparecimento de *A menina do sobrado*, Antonio Candido já havia observado coincidências entre *O amanuense Belmiro* e a *História da família Versiani*, escrita por Rui Veloso

[25] Roberto Schwarz, "Cultura e política, 1964-1969", *in O pai de família e outros estudos*, cit., p. 92.

[26] Cf. Sergio Miceli, *Intelectuais à brasileira*, São Paulo, Companhia das Letras, 2001, p. 75.

Balanço de geração: o amanuense de Cyro dos Anjos

Versiani dos Anjos — especialmente a semelhança do velho Belarmino Borba com o pai de Cyro, o coronel Antônio dos Anjos.[27] Essa foi, portanto, a imagem que ficou: a de um escritor sempre devotado à mesma matéria — o perdido paraíso rural e a beleza das moças em flor —, tratada com distanciamento irônico e, mesmo no livro de memórias, envolta em "bruma lírica". Um autor obcecado até o fim por etéreas "aparições" e imagens impregnadas da herança simbolista: "Escrevo. A menina do sobrado tece o seu intérmino tapete. Envelheci. Ela continua com dezessete anos, enamorada da vida".[28]

EM BUSCA DO PRESENTE

Belmiro classifica seu diário como "livro sentimental, de memórias" e nega que esteja escrevendo um romance. Sua ideia inicial é procurar a si próprio no passado, "reviver o pequeno mundo caraibano" — desejo que justifica com a afirmação "minha vida parou" (p. 32). No entanto, o presente se impõe à sua revelia, como insiste o narrador, desde as primeiras notas, sobrando pouco espaço para as escavações planejadas na noite de Natal. As páginas se tornam assim "contemporâneas" e não mais nostálgicas. Expelindo os fantasmas de Vila Caraíbas, o diário exprime segundo ele "o malogro de um plano". Se o projeto era escrever memórias, como entender aquela abertura já dedicada ao tempo atual, descrevendo a cena cotidiana de um natal no parque? Não é verdade que o caderno tome aos poucos "a feição de Diário". O referido "malogro" não pode ser visto como um acidente involuntário.

E como entender a comparação de Cyro dos Anjos com Marcel Proust, que ocorreu desde os primeiros artigos escritos sobre o

[27] Antonio Candido, "Apostilas ao amanuense", *Folha da Manhã*, 8/10/1944.

[28] Cyro dos Anjos, *A menina do sobrado* (1979), Belo Horizonte/Rio de Janeiro, Garnier, 1994, p. 421.

214   Cenas de um modernismo de província

autor em 1937? No *Amanuense*, não acontece nada parecido com as "explorações no tempo" (título inicial do livro de memórias, depois rebatizado pelo autor com o acréscimo da segunda parte) que têm por objetivo rearticular a experiência vivida. Não há sequer o desejo de buscar o tempo perdido. O narrador declara-se, de saída, incapaz de ressuscitá-lo à maneira proustiana: "Inútil tentativa de viajar o passado, penetrar no mundo que já morreu" (p. 96). O buliçoso São João, as tranças, as polcas, o campo orvalhado, tudo faz parte de um tempo velho: o mundo irreal da adolescência, corroído pela triste mutação dos quadros da vida. Contrariando as ilusões de permanência do passado, as donzelas trazem a Belmiro "uma imagem da vida que foge, e foge sem dó" (p. 63). Nos romances iniciais de José Lins do Rego, é nítido o esforço para acender e reviver o passado. Mas o narrador-personagem de Cyro dos Anjos não se preocupa em reter a experiência rural, estando por isso mais próximo de Luís da Silva, de *Angústia*. Sem prejuízo das diferenças, que são enormes, há muitas semelhanças entre *O amanuense Belmiro* e o romance de Graciliano Ramos. Conforme anotou John Gledson, ambos são livros "experimentais", narrados por funcionários letrados e solteirões, que vivem com dificuldade em capitais provincianas, ruminando sua decadência enquanto se envolvem em ridículos casos amorosos.[29]

A infância de Belmiro e a rusticidade do mundo agrário não têm peso no romance. Se fosse um livro de memórias, o *Amanuense* certamente daria aos antepassados um espaço maior que o da irônica dedicatória: "Aos Borbas, da linha tronco, desde Porfírio, até Belarmino" (p. 19). É como se o narrador-personagem dissesse aos parentes: vejam o que sobrou de vocês. O último parágrafo do romance, retomando a ironia inicial, insiste que Belmiro é uma "negação de Belarmino, de Porfírio, de Firmino e de Baldomero", pois os velhos Borbas "viviam com plenitude".

O "desvio da linhagem rural" — problema nomeado com precisão e ao qual Belmiro dedica alguns parágrafos, antes da nar-

---

[29] John Gledson, *Influências e impasses: Drummond e alguns contemporâneos*, cit., p. 204.

rativa do carnaval — é a causa principal da ruptura com o passado, o desvio na base de todos os deslocamentos.

"[...] sou um Borba errado. Onde estão em mim a força, o poder de expansão, a vitalidade, afinal, dos de minha raça? O velho Borba tinha razão, do ponto de vista histórico: como Borba, fali. [...] Um burocrata! exclamava o velho com desprezo. [...] Neguei as virtudes da estirpe. Sou um fruto chocho do ramo vigoroso dos Borbas, que teve seu brilho rural." (p. 27)

Percebendo sua "dissolução de espírito", a irmã mais velha, com quem o amanuense vive na capital, chama-o de "excomungado". Para Belmiro, Emília é "uma presença vigorosa e viril, que restabelece a atmosfera moral da fazenda" (p. 26). Se a irmã encarna a virilidade perdida pelo narrador, ao mesmo tempo é ignorante, esquisita e cheia de crendices, formando, com a louca Francisquinha, uma "extravagante bagagem". Criadas como bicho do mato, as velhas chucras mostram que, na tradição herdada por Belmiro, nem tudo traz a beleza do idílio e a força do mito. De outra parte, o próprio amanuense se encarrega de questionar a retidão que estaria por trás do brilho rural. A traição à gleba, segundo ele, teria começado bem antes: "Mas, ao cabo de contas, foi no velho que começou o desvio da linhagem rural. Não citavas o teu Vergílio, pai Belarmino?" (p. 28). Admirador dos clássicos, o pai de Belmiro era um fazendeiro de cultura sólida — um boiadeiro a ler filosofias, conforme se dizia em Montes Claros a respeito do coronel Antônio dos Anjos.[30] Em *Angústia*, a desagregação do narrador parece ter sido determinada de antemão pela decadência dos ancestrais — do avô sonoramente batizado de Trajano Pereira de Aquino Cavalcante e Silva, resta apenas um "Luís da Silva qualquer". No mesmo caminho vai o poema "Os bens e o sangue", no qual Drummond explicita a ligação entre o passado da família

---

[30] Cf. Rui Veloso Versiani dos Anjos, *op. cit.*, p. 103.

216 Cenas de um modernismo de província

e o presente do indivíduo, confirmando que "o extraordinário poder do grupo familiar consistiria em excluir qualquer outro modo de ser para o descendente".[31]

Cyro dos Anjos, como tantos outros memorialistas (não só mineiros), tinha sem dúvida grande apreço por sua origem familiar e o desejo de afirmar a própria identidade por meio de uma "ritualização da decadência" e do enobrecimento das raízes.[32] O caso, porém, é que só pôde realizar plenamente o "plano das memórias" após o distanciamento de algumas décadas, não tendo achado meios de fazê-lo nos anos 30, agitados pela luta política e pelo frêmito do movimento modernista, cujo balanço o livro se propunha a apresentar. Não é só pelo caráter intimista que *O amanuense Belmiro* se distancia de boa parte da ficção brasileira da década de 30, mas também por essa impossibilidade de reconstituir o passado, que destoa da tendência memorialista tão forte no período. No romance de Cyro dos Anjos restou apenas a "memória volátil de um tempo quiçá nunca vivido" e a isso certamente se relaciona a insustentabilidade do projeto autobiográfico de Belmiro.[33] A exemplo do que ocorre em *Angústia*, o declínio da família patriarcal rural aqui também parece ter contribuído para "a abreviação do passado no plano ficcional".[34]

Num sentido diverso, podemos pensar em outro retorno também visto como impossível que está diretamente ligado ao modernismo da década de 20. Vila Caraíbas, o nome fictício que batiza o local de nascimento de Belmiro, nos remete ao "Brasil caraíba" de Oswald de Andrade — "Queremos a revolução caraíba. Maior

---

[31] Antonio Candido, "Inquietudes na poesia de Drummond", *in Vários escritos*, São Paulo, Duas Cidades, 2ª ed., 1977, p. 112.

[32] Cf. Maria Arminda do Nascimento Arruda, *Mitologia da mineiridade: o imaginário mineiro na vida política e cultural do Brasil*, São Paulo, Brasiliense, 1999, p. 192.

[33] Cf. Alcir Pécora, "Um romance reticente", *in* Cyro dos Anjos, *O amanuense Belmiro*, Belo Horizonte, Editora UFMG, 2006, pp. 236 e 238.

[34] Cf. Fernando C. Gil, *O romance da urbanização*, Porto Alegre, EDIPUCRS, 1999, p. 35.

que a revolução francesa", é o que diz o *Manifesto Antropófago* —, visão encantada do país, prolongada depois no realismo "utópico" dos anos 30, que não encontraremos em autores como Graciliano Ramos e Cyro dos Anjos. Curiosamente, a última (e decepcionante) visita de Belmiro Borba à terra natal é datada de 1924 — o ano em que os interiores de Minas foram desbravados pela caravana modernista.

A resolução de não voltar a Vila Caraíbas — nem mesmo através da literatura — vem da convicção melancólica de que se acham "no tempo, e não no espaço, as caras paisagens" (p. 96). Daí a "sensação de aposentadoria" que o amanuense confessa a exemplo do narrador de *Memorial de Aires* e a despeito de ser bem mais novo do que ele.

"Estou só, totalmente só. Os rumores de fora, carros, bestas, gentes, campainhas e assobios, nada disto vive para mim. Quando muito o meu relógio de parede, batendo as horas, parece falar alguma coisa — mas fala tardo, pouco e fúnebre. Eu mesmo, relendo estas últimas linhas, pareço-me um coveiro."

Essas palavras poderiam ter sido ditas pelo amanuense, mas foram extraídas do último romance de Machado de Assis.[35] Ao lado da poesia de Drummond, a obra machadiana que boa parte da crítica considerou melancólica, crepuscular e mesmo inferior — menos que um romance, apenas um memorial, segundo Lúcia Miguel Pereira —, terá sido a principal matriz para a composição do *Amanuense*. Cyro dos Anjos encontrou ali não só a inspiração do diário, mas também o modelo do narrador aposentado: o "autor-defunto" que, afastado dos conflitos da sociedade, observa a movimentação dos vivos e sobre eles diz o que pensa, embora sem a verve do "defunto-autor" Brás Cubas. No recolhimento doméstico, o conselheiro Aires escreve suas "folhas de solitário", uma nar-

---

[35] Cf. Machado de Assis, *Memorial de Aires*, Rio de Janeiro/Belo Horizonte, Garnier, 1988, p. 104.

ração aparentemente descolorida, já definida como "arte de envelhecer" ou "estilo da velhice". Essa fala desencantada de quem se diz retirado do mundo se insinua em cada página do *Amanuense*. O romance que sintetiza a experiência de toda uma geração modernista curiosamente contém muito do enfado e do sentimento ralo que Drummond, em carta de 1925 a Mário de Andrade, criticou no "estilo de Machado".[36] Se a prosa do cotidiano não elimina a feição clássica (o tom de "sobrecasaca") da narração de Belmiro, tema e cenário urbano tampouco disfarçam sua modorra antimodernista. Eis a situação transitiva de um romance que soa ao mesmo tempo antigo e moderno: o impasse da forma reproduz a indecisão do narrador, que vive simultaneamente no presente, ao qual não consegue entregar-se, e no passado, que é incapaz de recuperar.

Apesar da decadência, dirá Belmiro, nada exclui o "fundo agrário" de seu temperamento: "Os Borbas gritam dentro de mim". O mesmo ocorre com o personagem principal de *A ilustre casa de Ramires*, de Eça de Queiroz. Ao retratar a aristocracia rural decadente, o romance põe em primeiro plano o desejo de reatar a tradição, de reaver não só as armas, mas também a alma dos antepassados. O gosto pela dimensão rural (a supremacia da serra sobre a cidade) teria contribuído, segundo Antonio Candido, "para amainar os fermentos de drama" nesse último romance de Eça,[37] no qual a crítica sempre ressaltou, a exemplo do que fez com o *Memorial de Aires*, elementos de leveza, abrandamento e pacificação. No caso do *Amanuense*, a ausência de conflito, apontada por Roberto Schwarz, parece estar ligada não só à permanência do mundo rural (como base das relações cordiais, isto é, arcaicas, que predominam nas cidades a despeito da modernização), mas também — e em sentido contrário — à impossibilidade de (re)viver o passado. A fuga aos conflitos seria então provocada pela mesma ra-

---

[36] Cf. Silviano Santiago (org.), *Carlos e Mário*, cit., p. 165.

[37] Cf. Antonio Candido, "Ironia e latência", *in* Beatriz Berrini (org.), *A ilustre casa de Ramires: cem anos*, São Paulo, Educ, 2000, p. 26.

Balanço de geração: o amanuense de Cyro dos Anjos

zão que impede a escrita das memórias: Belmiro Borba não dispõe de uma posição suficientemente coesa "para defender o seu projeto literário original dos acontecimentos invasivos do presente".[38] Mas as imagens do passado não serão totalmente expulsas. Na conversão do livro de memórias em diário, parece haver uma passagem do monumento à miudeza, a autobiografia cedendo espaço para uma forma menos orgulhosa de comunicação, condizente aliás com o recolhimento e o fracasso que se exprimem no *Amanuense*. Entretanto, na decisão de colher fragmentos do "vasto mundo" urbano, persiste de alguma maneira a intenção de recompor o "pequeno mundo" rural. O sentimento de perda — esse aspecto central que distancia Cyro dos Anjos da memória proustiana — dá um ar de coisa remota e mítica a "realidades" do mundo caraibano que continuam vivas no presente. Se não é possível fixar a volátil mocidade, sobrevivem no entanto os valores e as estruturas do passado — esse o fato histórico que é disfarçado pela fala poética de Belmiro.

No Brasil, à literatura liga-se quase sempre o ofício da burocracia. Aos desviados de sua linhagem rural, não resta outra possibilidade senão a de sobreviver às custas dos empregos que se "prestam às divagações do espírito".[39] Ao confessar sua condição de "amanuense ocioso", Belmiro chega perto da desfaçatez: "Na verdade nunca tivemos serviço, e jamais conheci ficção burocrática mais perfeita que a Seção do Fomento..." (p. 41). A responsável por suas fantasias é a repartição, "que não fomenta coisa alguma senão o meu lirismo" (p. 66). Nas páginas timbradas também se abrigam os "versos frustrados", escritos sob o olhar complacente do burocrata chefe. "Viva a Seção que me dá o pão e o papel", ironiza Belmiro. De acordo com Drummond, a rotina do funcionário é que desperta a sua veia criadora: transformando o papel da repartição numa espécie de "tapete mágico", ele constrói, "sob a proteção da Ordem Burocrática, o seu edifício de nuvens, como

---

[38] Alcir Pécora, *op. cit.*, p. 236.
[39] Sergio Miceli, *op. cit.*, p. 160.

um louco manso e subvencionado".[40] Nas palavras de Belmiro, dentro do funcionário há um "prestidigitador" que o desvia da rotina — imagem que nos faz pensar no mágico desencantado de Murilo Rubião, que também achou emprego numa Secretaria de Estado e cujo problema central era a impossibilidade de construir "todo um mundo mágico".[41]

Há semelhança entre o diário e a repartição burocrática "onde os homens esperam pachorrentamente a aposentadoria e a morte" (p. 207). Se o diário equivale a um "lento suicídio", a burocracia, esse símbolo do imobilismo, também parece uma forma lenta de suicídio, conforme a define o ex-mágico de Murilo. Aqui jamais poderia haver lances épicos: a vontade se anula e a vida simplesmente definha. Segundo Belmiro, a maioria dos funcionários passa a vida lamentando não ter feito carreiras na Igreja, na política ou no Exército: "Mas houve qualquer coisa que tudo atrapalhou, desviando-lhes a rota da vida" (p. 48). Embora se considere afetado por esse mesmo desvio, Belmiro o relativiza ao dizer que está convencido de "ter neste *bureau* um destino lógico, que, no fundo, não me contrista" (p. 49). Opondo-se ao personagem, nas memórias e nas entrevistas Cyro dos Anjos relata uma experiência bem mais sufocante, referindo-se ao serviço público como uma "galé burocrática", à qual ele vivia acorrentado, cumprindo "trabalhos de mouro", tarefas que lhe esfolavam o lombo, alheias às suas inclinações naturais — ou seja, o contrário de um "destino lógico".[42]

Mudança de rota ou fatalidade aceita com resignação, a burocracia é sinal de decadência e ao mesmo tempo traz as marcas do privilégio. Nos anos 30 e 40, com a expansão da máquina burocrática e o trabalho de "construção institucional" movido por Getúlio Vargas, não só aumentou consideravelmente o número de funcionários no país, como também se reforçou a antiga simbiose,

---

[40] "A rotina e a quimera", *in* Carlos Drummond de Andrade, *Obra completa*, Rio de Janeiro, Aguilar, 1964, p. 659.

[41] Murilo Rubião, "O ex-mágico da taberna minhota", *in Contos reunidos*, São Paulo, Ática, 1ª ed., 1997, pp. 8-13.

[42] Cyro dos Anjos, *A menina do sobrado*, cit., p. 417.

que vinha do tempo do Império, entre serviço público e literatura. De acordo com Sergio Miceli, os movimentos de renovação surgidos na literatura, nas artes plásticas, na arquitetura, "coincidiram com a formulação de um projeto reformista do poder oligárquico".[43] À frente do Ministério da Educação, Gustavo Capanema reuniu um círculo de intelectuais subsidiados para a produção de uma cultura oficial. Mas foram muitos os participantes do que já se chamou com acerto de "República dos modernistas".[44] Aos rapazes de Belo Horizonte se atribui um "destino ministerial" que pertenceu, na verdade, ao conjunto dos artistas e intelectuais envolvidos com o modernismo (e atrelados desde os anos 20 quer aos aparelhos de Estado, quer aos favores da aristocracia). Na hierarquia burocrática, seus cargos eram de preferência os mais altos. Um processo de "racionalização" havia sepultado os encostos e prebendas da velha República. No entanto, a conversão da sinecura em subvenção não chegou a eliminar nem o privilégio nem a prática da autoindulgência.

No artigo "A rotina e a quimera", depois de afirmar que "quase toda a literatura brasileira, no passado como no presente, é uma literatura de funcionários públicos", Drummond faz uma exaustiva enumeração, com nomes de todas as épocas e de variada importância, atestando "o que as letras devem à burocracia, e como esta se engrandece com as letras".[45] Seu modo de ver esse consórcio é demasiadamente cômodo, obscurecendo as relações de favor e os mecanismos conservadores de recrutamento que em sua época ainda moviam a engrenagem burocrática. Não se trata de acusar o poeta de sujeição à ideologia do Estado — pois há diferença entre os intelectuais que "servem" e os que "se vendem", como observa Antonio Candido[46] —, mas de enxergar a compla-

---

[43] Sergio Miceli, *op. cit.*, p. 239.

[44] Helena Bomeny, *Guardiães da razão: modernistas mineiros*, Rio de Janeiro, Editora UFRJ/Tempo Brasileiro, 1994, p. 179.

[45] Carlos Drummond de Andrade, *op. cit.*, pp. 658-9.

[46] *Apud* Sergio Miceli, *op. cit.*, p. 74.

cência no simples fato de ele não questionar as instituições de que se beneficia. "Hoje sou funcionário público", diz o poeta como quem se curva a um "destino lógico". Na verdade ele se lança ao "tapete mágico" em que favores, culpas e conflitos se dissolvem. Embora se entregue ao presente, o amanuense não o vive. As "seduções do atual" soam tão duvidosas quanto o desejo místico de render-se à sensibilidade, renunciando à inteligência. Declarações como "os acontecimentos conduzem os homens" e "agora é o presente que me atrai" lembram o "sentimento do mundo" apregoado nos anos 40 por um Drummond que permanece solitário e preso aos tempos idos. Nesse sentido, não é o presente que se insinua nas notas do amanuense, mas o passado que se implanta na "vida besta" de Belo Horizonte. De acordo com Alfredo Bosi, o *Amanuense* configura uma "realidade aparentemente em mudança, mas, no fundo, estática e repetitiva".[47] Belmiro tenta trazer o campo para a cidade, assim como fazem os moradores de Paris na época dos panoramas, segundo Walter Benjamin. Nas cidades, "o novo se interpenetra com o antigo", ou melhor, a falsa aparência de novidade reflete o "eterno retorno do mesmo".[48]

Ao contemplar Belo Horizonte do alto de uma colina, o amanuense percebe o contraste dos palácios, jardins, praças e avenidas com os "quadros singelos de Minas", mas não deixa de assinalar que "dentro das casas mora, porém, o mesmo e venerável espírito de Sabarabuçu, Tejuco, Ouro Preto e de tantas outras vetustas cidades". O amanuense mira Belo Horizonte, e a "cidade besta" nele se espelha. Reformas conservadoras como a que se deu em Minas nos primeiros anos da República apenas reproduzem a imobilidade. A fazenda contamina a cidade, provocando a oscilação entre as imagens do presente e do passado que já foi chamada de "dualismo estrutural" do Brasil. Na articulação contraditória dessas duas realidades (a herança colonial e o presente capitalista), reside, segundo Paulo Arantes, a origem do sentimento da dialética na

---

[47] Alfredo Bosi, *História concisa da literatura brasileira*, cit., p. 418.

[48] Walter Benjamin, "Paris, capital do século XIX", *in* Flávio Kothe (org.), *Walter Benjamin*, São Paulo, Ática, 1985, pp. 34 e 40.

experiência intelectual brasileira. O impasse ideológico das elites brasileiras gira em torno dessa promiscuidade entre o tradicional e o moderno, que Roberto Schwarz chamou de "mistura belmiriana" de inconciliáveis.

"Em Belmiro convivem os inconciliáveis: o democratismo e o privilégio, o racionalismo e o apego à tradição, o impulso confessional, que exige veracidade, e o temor à luz clara. Ora, para estar dos dois lados é preciso que Belmiro esteja, de algum modo, a salvo destes conflitos. A pedra seca do amanuense é a burocracia. Por ser uma extensão do privilégio rural, a sinecura é o posto menos urbano da cidade. [...] Da Vila Caraíbas à Repartição, Belmiro passou do mesmo ao mesmo [...]. Entre a vida rural e a burocracia, entre o passado e o presente, não há transformação radical. O romance da urbanização, que por sua natureza deveria ser *dramático*, pode tornar-se *lírico* na perspectiva intermediária do burocrata."[49]

Para o amanuense, a burocracia representa a um só tempo punição e benefício, "de modo que a sua gratidão deve ser melancólica, a sua crítica amena e sua posição incerta". Desse impasse pessoal, figurando um descompasso histórico, nasce a forma instável, que aliás é própria das rupturas estéticas, embora Belmiro a considere o "malogro de um plano". A figura final do romance, como observa Schwarz, é a imobilidade, "forma negativa de conciliação". "Nenhum desejo neste domingo, nenhum problema nesta vida", escreve o amanuense, citando mais uma vez versos de *Alguma poesia* (p. 133). Se o planejado livro de memórias não chegou a existir, também não haverá, nas páginas sombrias do *Amanuense*, o brilho de nenhum carnaval.

Estudando a volubilidade no romance *Memórias póstumas de Brás Cubas*, Roberto Schwarz considerou-a não apenas uma regra

---

[49] Roberto Schwarz, "Sobre *O amanuense Belmiro*", cit., pp. 19-20.

de composição da narrativa, mas também a "estilização de uma conduta própria à classe dominante brasileira". Se os caprichos se acumulam, inexiste a continuidade de propósitos. Daí o "enredo errático e frouxo", o "andamento sem núcleo dramático" em que as contradições são "desativadas pela inconstância do desejo".[50] A volubilidade enforma uma espécie de movimento em falso ou "dialética negativa" — nas palavras de Walter Benjamin, uma dialética "em estado de paralisação", que não vai além da poeira levantada pela ambiguidade.[51] As contradições, multiplicando-se, se esvaziam, perdem a dimensão prática do antagonismo.

Ao ser definido por Jandira como *analgésico*, Belmiro registra com malícia que, à função de calmante, preferia a de excitante. Mas o efeito de sua prosa repousada e clássica é justamente amenizar a gravidade de todas as coisas. A esse temperamento pacificador se liga a distância que o amanuense toma das lutas políticas ocorridas no ano de 1935, em que o romance fixa seu calendário. Belmiro sonha com um Brasil civilizado e "cordial", "sem os cruentos conflitos que andam pelo mundo" (p. 75). E assim como o conselheiro Aires, que na escola não brigava com ninguém (fazendo da sua alma "um compasso, que abria as pontas aos dois extremos"), o amanuense se esquiva dos choques com os amigos. Não lhe importa que as diferenças se percam e que as dualidades coexistam sem contradição: "Sou apenas um poeta lírico, em prosa, e só desejo que me deixem sossegado" (p. 114). No *Memorial de Aires*, essa calmaria define uma classe que se fecha em si mesma, nas palavras de Alfredo Bosi, depois de ser atropelada pelos dilemas da abolição e da queda do Império.[52] Seja no último romance de Machado, ou no livro de estreia de Cyro dos Anjos, a modernização está longe de sepultar o tempo antigo — o passado em ruínas, porém vivo e reformado.

---

[50] Roberto Schwarz, *Um mestre na periferia do capitalismo*, São Paulo, Duas Cidades/Editora 34, 2000, pp. 18 e 67-83.

[51] Cf. Walter Benjamin, *op. cit.*, p. 39.

[52] Alfredo Bosi, *Machado de Assis: o enigma do olhar*, cit., p. 141.

Balanço de geração: o amanuense de Cyro dos Anjos

O carnaval de Belmiro

A moça que o amanuense vislumbra no carnaval é a personificação de uma fábula infantil, a donzela Arabela. O próprio Belmiro reconhece, ao comentar sua paixão súbita por Carmélia, que o presente pode aparecer "sob aspectos enganosos, encarnando formas pretéritas" (p. 40). Ao ser envolvida no fluxo de um cordão, a figura de colarinho alto e *pince-nez* — retrato cômico do burocrata infenso ao frenesi urbano, tal como o *gauche* de óculos do "Poema de sete faces" — não se entrega de fato à roda alegre, pois o que entoa é uma velha canção dos tempos de Vila Caraíbas. Embora o figurino antigo de Belmiro não combine com o da refinada festa carnavalesca, as imagens do passado surpreendentemente roubam a cena. Na narrativa do encontro com Carmélia, ressoam mais uma vez imagens que conhecemos de poemas drumondianos, tais como "No meio do caminho", "Quadrilha" e, sobretudo, "Um homem e seu carnaval".

> "[...] abandonaram-me ao meio da rua, embriagado de éter. Novo cordão levou-me, porém, para outro lado, e, nesse vaivém, fui arrastado pelos acontecimentos. [...]
> Deem-me um jacto de éter perdido no espaço e construirei um reino. [...]
> O braço que se lembrou do meu braço tinha uma branca e fina mão. Jamais esquecerei: era uma branca e fina mão. Olhei ao lado: a dona da mão era uma branca e doce donzela. Foi uma visão extraordinária. Pareceu-me que descera até a mim a branca Arabela, a donzela do castelo que tem uma torre escura onde as andorinhas vão pousar. [...]
> Em meio dos corpos exaustos, a incorpórea e casta Arabela. Parecia que eu me comunicava com Deus e que um anjo descera sobre mim. Meu corpo se desfazia em harmonias, e alegre música de pássaros se produzia no ar." (pp. 37-8)

Entregue à festa coletiva, Belmiro continua fiel a si mesmo. O carnaval atua à maneira do mito, desviando-o para reinos perdidos, ao encontro de donzelas trancafiadas (como ele) em torres escuras. Conduzidas pelo éter, as metamorfoses criam novas aparências ou impressões particulares (daí a repetição do verbo "parecer"), dissolvendo as realidades em fantasias incorpóreas. O carnaval vivido nas ruas não difere do diário que ele escreve no confinamento, alheio à vida que se passa fora das repetições do seu círculo íntimo. "Neste carnaval de 1935, hoje começado, mais do que nunca senti de modo tão vivo a impossibilidade de me fundir na massa" (p. 35). Isolado em meio à multidão, o amanuense se sente paralisado como o eu lírico do poema "Carnaval", de Emílio Moura: "Quero rir, chorar, cantar, dançar ou destruir, mas ensaio um gesto, e o braço cai, paralítico" (p. 35). Algo que realça o perfil penumbrista desse "carnavalesco" é o fato de a parte mais importante do relato do carnaval ser feita na noite de quarta-feira de cinzas, "chuvosa e reflexiva".

Não fossem as fantasmagorias da interioridade, Belmiro talvez se sentisse mais livre para acudir aos apelos da multidão. Mas algo sempre impede a comunicação entre o mundo de fora e o seu mundo de dentro, "rico de uma paisagem mais numerosa". "Vivemos tão preocupados com o nosso próprio espetáculo que no geral ficamos cegos para o alheio", diz Belmiro (p. 49). Ao mesmo tempo, ele sabe que, dos seus motivos individuais, o artista não extrai melodias apenas para si mesmo. Que sirva de testemunho o sanfonista de Vila Caraíbas, que chorava suas mágoas "tão bem que cada um que o cercava sentia as suas mágoas igualmente choradas" (p. 33). O que se reivindica aí, como fim e essência da arte, é o "movimento incoercível para o universal".[53] Nessa generosidade, afinal involuntária e incontrolável, dissolve-se o individualismo do artista, a exemplo do que ocorre no círculo de amigos em que se derrama Belmiro, ainda que de modo "fracionário".

---

[53] Cyro dos Anjos, *A criação literária*, Rio de Janeiro, MEC, 1956 (Série Cadernos de Cultura, 96), p. 25.

Do alheio, o amanuense só recolhe, na verdade, o que lhe pertence. O "conceito antifederativo do indivíduo" ajuda-o a disfarçar o egocentrismo que reduz os amigos a meros fantasmas ou prolongamentos de si próprio. Com Silviano, ele partilha o "problema fáustico", a busca da totalidade, a excitação pelas moças em flor. Em Florêncio, "homem sem abismos", encontra o Belmiro linear, repousante. A sedução pela aristocracia e o beletrismo hesitante se projetam em Glicério, "homem sem endereço". Redelvim é companheiro no celibato, na burocracia e nos apertos financeiros. O complexo de inferioridade ecoa em Carolino, que mesmo vindo de boa família nem amanuense chegou a ser — decadência social que se reflete ainda em Jandira, mulher de ideias avançadas com problemas de proletária, presa a cuidados prosaicos, em busca de marido e proteção. Ainda que pareça ser composta de fios alheios, a trama exibida no diário converge sempre para próprio narrador — afinal o único personagem verdadeiramente construído do romance.

O próprio nome Carmélia — em que ressoam as lembranças do amor de doze anos (Camila) e do mito infantil (Arabela) — parece refluir sobre o nome do narrador, como se Belmiro figurasse, por meio de um irônico jogo de palavras, o narcisismo de seu amor não apenas platônico, mas carente de objeto, isto é, focado em si mesmo. Na dança do carnaval, a repetição do detalhe poético que se impõe às retinas — "jamais esquecerei: era uma branca e fina mão" — faz pensar em obstáculo e paralisia. O amor é impossível, parece constatar logo de saída esse "amador cerebrino".

"Creio que vos estou amando, Arabela" (p. 49), escreve o amanuense de modo ambíguo e amaneirado, substituindo o ser real (Carmélia) pela criação do espírito. A linguagem cortês e o fato de não se corrigir a troca dos nomes ressaltam não só a imagem do amor inalcançável (confundido com um impossível retorno ao passado), mas também, e contrariamente, a impressão pouco romântica de cálculo e frieza. As moças em flor se confundem porque todas representam o mesmo objeto — "a vida que foge", "a eterna graça" —, uma representação universal e não particular, como lembra Belmiro. Assim como Fidélia, do *Memorial de Aires*, Carmélia é alvo de um amor apático, ainda que patético. "A alma descarrega suas paixões sobre objetos falsos, quando lhe faltam os verdadeiros", diz o amanuense, citando Montaigne (p. 31). Ao amor físico da Carmélia real, ele prefere o mito, que jamais poderá ser tocado. Da moça não se terá, ao longo do romance, nenhuma presença que vá além da "tela esfumada" ou da imagem refletida em espelhos. Amando as donzelas de outros tempos, o "namorado retrospectivo" (a expressão é de Abdias) enfatiza de outro modo seu descompasso em relação ao presente.

Quando vai ao Rio ver Carmélia partir com o noivo para a Europa (na ida ao cais se retoma mais uma passagem famosa do *Memorial de Aires*), o amanuense se entristece, mas não perde o equilíbrio. "Lembre-se daquele arranjo seu: 'o mito Arabela'. Para todos os efeitos, você amou o mito e não a moça" (p. 195). A facilidade com que se consola estampa o caráter artificioso das paixões puramente cerebrais — o sofrimento cultivado e exacerbado de quem ama apenas o "amor em si", como diz Belmiro. A falta de ressentimento beira a indiferença. Será amor um sentimento "tão desvirilizado" e cheio de renúncias? — pergunta-se o narrador. É como se a incapacidade de amar decorresse do mesmo desvio (a decadência) que o confinou na burocracia.

"Aos vinte e oito anos eu poderia (não sendo apenas um amanuense) pretender essa Carmélia que não terá chegado aos vinte" (p. 64). Embora colocado entre parênteses, o complexo de inferioridade pesa mais que a diferença de idade na constituição do amor platônico de Belmiro. O "coração de trovador", que amiúde o conduz ao mundo medieval, está cheio das "veleidades de elegante" a que se refere Abdias. O desejo de frequentar as altas rodas persegue os dois narradores, que se sentem párias desde a sua chegada à capital. A poesia das moças em flor revela não a passagem inelutável do tempo ("a vida que foge"), mas a humilhação social que de toda maneira torna o amor impossível. Pois não basta que sejam donzelas, conforme lembra Jandira, a amiga atraente (mas pobre) que o amanuense também deixa de amar. É preciso exibir as distinções que tragam de volta não apenas as lendas românticas, mas sobretudo o prestígio da aristocracia rural.

Nas anotações secretas de Silviano, o amanuense faz uma "descoberta sensacional": o drama de Fausto. A existência desses cadernos, onde Silviano acumula material para uma pedante *Memorabilia*, é outra coincidência a enlaçar o amanuense e o filósofo. Nas palavras do amigo, Belmiro identifica o estado psicológico que a ambos define: "Problema: — o eterno, o Fáustico — o amor (vida) estrangulado pelo conhecimento" (p. 67).

O problema de Fausto (e também de Amiel, cujo famoso diário o filósofo cita em suas notas) é definido como "a aspiração do imaterial e do intemporal feminino" — a sede de infinito que se confunde com o desejo de imobilidade. Nas primeiras chuvas de 1935, uma luta armada se prepara e um governo autoritário se impõe no país. Enquanto isso, os personagens do *Amanuense* se entregam a melancolias — problemas eternos? Drama fáustico? Mas essa "cisão" também revela acanhamento, necessidade de compensações, desejo de "multiplicar as ressonâncias de uma existência pobre em acontecimentos".[54] A fuga para o universal é um recurso tão amenizador quanto a prosa ligeira e elegante. À maneira dos penumbristas, o fracasso comparece sem mágoa, melancolicamente fruído. É o oposto do que ocorre com Luís da Silva, de *Angústia*, que, embora pertença à mesma classe decaída, põe a violência no lugar da "complacência irônica ou piedosa", não se entregando a ilusões compensatórias.

Literatura e política

No diário de Belmiro, sem ódios profundos, a vida se encolhe. Aos problemas relacionais vividos na cidade, opõe-se a solidão empedernida do diário. É como se os choques sofridos no turbilhão do tráfego nem chegassem a arranhá-lo. Na festa carnavalesca, Belmiro termina sendo "pisado e machucado", como um grotesco parvajola punido por sair do seu lugar. Na viagem ao Rio

---

[54] Bernardo Gersen, "Auto-análise e caráter — II", *Suplemento Literário de O Estado de S. Paulo*, 15 e 22/7/1961.

de Janeiro, um "providencial irmão luso" puxa seu colarinho, impedindo-o de ser atropelado por um ônibus. Nas últimas páginas do romance, o susto causado pelo carro veloz em que passeiam Carmélia e o noivo o faz saltar de modo ridículo: "Secretas intenções do acaso, eu vos agradeço, humildemente, os salpicos" (p. 226). Nenhum efeito, além do cômico, resulta dessas ameaças de colisão. Carmélia não vai além de uma flor efêmera: *une passante* cuja aparição está longe de desconcertar o mundo fixo de Belmiro. A miragem amorosa se confunde, afinal, com a busca indecisa e fantasmagórica do homem comum. Entretanto, a exemplo da paixão do amanuense pelas mulheres, que nunca deixa de ser platônica, o amor ao ser humano é impessoal e teórico. É o que sentem todos os pequeno-burgueses do círculo de Belmiro: do socialista Redelvim, com sua "mania de povo", ao fascista Silviano, que duvida "se povo existe". Em *Abdias*, a vida dos proletários é objeto de uma pesquisa leviana, movida por segundas intenções, e o narrador não sabe dizer a miséria senão com generalidades e clichês — "arrastam-se pela vida, desnutridos, e geralmente morrem cedo".[55] Belmiro tampouco se mistura com o povo. Quando é preso entre os malandros (vexame do qual escapa graças aos privilégios e credenciais de que dispõe), ele os representa como uma fauna simpática, porém exótica. No passeio pelo Rio, dando por acaso nos ribeirinhos do Mangue, o amanuense fica deprimido com a pobreza dessas regiões "não machadianas", isto é, indignas de literatura. Abdias julga desnecessário escrever sobre os pobres: "Quem não conhece a vida dos nossos proletários?". Apesar de seus problemas concretos, os miseráveis só existem como "abstrações econômicas", barulhos que passam pelo narrador apenas "de raspão" (como o carnaval fantasmagórico do poeta de *Brejo das almas*), e não enquanto "criaturas que sentem e pensam".

Premido por "apelos de sensibilidade", o narrador de *O amanuense Belmiro* fica longe dos "radicalismos revolucionários". Há uma correspondência entre o platonismo e a alienação, como per-

---

[55] Cyro dos Anjos, *Abdias*, cit., p. 122.

Balanço de geração: o amanuense de Cyro dos Anjos

cebe o delegado depois de ler o diário de Belmiro. O preso é libertado porque sua espécie lírica de anarquismo se mostra tão inofensiva quanto a paixão pelas moças em flor. Sua visão cheia de escrúpulos, realçando em todas as coisas a presença da contradição, não lhe permite assumir uma posição definida.

> "Por que hão de classificar os homens em categorias ou segundo doutrinas? O grande erro é pretender prendê-los a um sistema rígido. Socialismo, individualismo, isso, aquilo. [...] Não é possível ser-se tudo ao mesmo tempo? E, se sentimos que a verdade e a contradição foram semeadas em todos os campos, como poderemos definir-nos? Tudo o mais é violência ao espírito. Dizem que tal perplexidade ou tal cepticismo conduzem à inação. A prova do contrário está em mim. Atuo, no meu setor, como se acreditasse nas coisas. As necessidades vitais fazem o homem agir e não permitem que ele se torne um contemplativo puro." (p. 112)

Para defender o direito do indivíduo à contradição (ou à inação), Belmiro usa um discurso francamente contraditório, em que a lógica sofre seguidos ataques. Como observa Roberto Schwarz, ao afirmar que as necessidades vitais o impelem a agir, ele confunde ativismo e ganha-pão, emprego burocrático e "crença fingida nas coisas", como se os rótulos ou a teoria socialista é que impedissem os homens de ser tudo ao mesmo tempo: "Porque é a favor da igualdade e da fraternidade, o amanuense afirma a inexistência real da diferença".[56]

O carnaval do amanuense se passa no ano da Intentona Comunista, que a maioria dos intelectuais viveu intensa e agitadamente. Em julho de 1935, Getúlio Vargas decreta a ilegalidade da Aliança Nacional Libertadora. Em novembro, estouram levantes nos quartéis de Natal, Recife e Rio de Janeiro. Segue o estado de

---

[56] Roberto Schwarz, "Sobre *O amanuense Belmiro*", cit., p. 18.

sítio e a perseguição implacável aos comunistas, que contou entre suas vítimas o escritor Graciliano Ramos. O tempo é de insurreições, greves, tiroteios e prisões. Enquanto isso, à semelhança do contraponto que se estabelece no *Memorial de Aires*, o silêncio se espalha pelos capítulos do *Amanuense*. Uma data particular — o aniversário de 38 anos, que Belmiro completa no dia 25 de agosto, em plena agitação — é mais comentada do que o terremoto coletivo. Com a notícia das sublevações, o amanuense se lembra dos "dias penosos" de 1930 (o alpendre crivado de balas durante a Revolução) e diz a Emília, consolando a ambos, que tudo mais uma vez não passava de briga de "gente graúda". Além de revelar a inércia de Belmiro, os silêncios do diário refletem o imobilismo da própria sociedade brasileira. Cyro dos Anjos não escondia a maneira como aceitou os fatos de 1937: "passivamente, como a maioria do povo do país, e no novo regime cheguei a postos de destaque".[57]

De outra parte, as páginas apolíticas do amanuense também parecem aludir à palidez de uma revolução que significou simples mudança de quadros (briga de coronéis), sem expressar realidades sociais. Foi o diagnóstico feito por Martins de Almeida, membro do grupo que fundou *A Revista*, no livro *Brasil errado*.[58] Entre os escritores da década de 30 que não se entusiasmaram com o romance social, esse tipo de desconfiança certamente teve papel decisivo. Mesmo entrosada na estrutura estatal, a inteligência dita contemplativa de autores como Cyro dos Anjos e Drummond não deixou de captar e exprimir problemas essenciais da sociedade brasileira. A dificuldade de seguir uma direção certa — apontada como essencial ao país por Martins de Almeida — coincide com a essência do temperamento *gauche*. Nos dois casos, observa-se a falta de acerto, de lugar, de projetos, de soluções. Numa passagem dos *Poemas coronários*, Cyro dos Anjos escreve: "Aqui descansa

---

[57] *Apud* Sábato Magaldi, *op. cit.*, p. 24.

[58] Cf. John Gledson, *Influências e impasses: Drummond e alguns contemporâneos*, cit., p. 325.

Balanço de geração: o amanuense de Cyro dos Anjos

um homem errado, que sempre tentava emendar-se". Retomando a antinomia do pão e do papel, digamos que, em sua existência burocrática, Belmiro associa ao "pão" o cidadão correto, respeitoso do sistema, ao passo que o "papel" abriga o "homem errado", que se enche de dúvidas e ao longo da vida — vivida como literatura — recebe contínuas emendas.

Depois da viagem ao Rio, o amanuense saudoso de suas origens (confuso diante do mar) com alívio retorna ao seu pequeno mundo em Belo Horizonte: "a verdade está na rua Erê". A promessa de expansão do indivíduo, que encontra eco no carnaval e nas "vozes atlânticas", se recolhe logo após a partida de Carmélia para a Europa. O carnaval de Belmiro é falso como o desvio da linhagem rural e tão insincero quanto o diário que, em lugar da intimidade, expõe o abandono vigiado, a sinceridade refletida. O amor impossível se confunde com a poesia incomunicável: "Ouço dizer que há tiroteio/ ao alcance do nosso corpo./ É a revolução? o amor?/ Não diga nada". Nos versos de *Brejo das almas*, tudo parece ser inútil e impossível. Além de exprimir a decepção amorosa, o carnaval frustrado aponta para a desilusão política (o fracasso do engajamento, que será profundamente sentido pelo poeta de *A rosa do povo*). Para escapar dos tiroteios, o amanuense se declara "sem ideias políticas". Até o empenhado Redelvim, depois de "pensar maduramente", resolve abster-se da ação.

> "Assim foi em 35, ano tempestuoso. Terá passado o furacão? Até então a vida me parecera de tal modo parada que supus estar no passado o sentido de minha existência. [...] Depois os acontecimentos me arrastaram no seu tumulto e me fizeram viver. Vivi um ano com intensidade superior à da soma de muitos anos de vida. Retorno, agora, à paz desta casa imutável, onde não subsiste nas coisas o sinal das atribulações." (p. 205)

O amor, a literatura, a política... — menos que paixões, tudo é veleidade na existência de Belmiro. Daí a desistência fácil, ou melhor, a falta de projetos, desse homem que se acredita desde sempre e para sempre destinado ao fracasso. Em 1941, no artigo "A elegia de abril", Mário de Andrade fala do "herói novo" — o fracassado — que passou a protagonizar as obras dos melhores ficcionistas do país. Esse "indivíduo desfibrado", entregue a uma "conformista insolubilidade", já tinha aparecido dez anos antes em sua análise da poesia de 1930. Ao rematar o mote, Mário aprofunda a crítica aos escapismos e sequestros, chamando de "literatura dissolvente" a obra dos aristocratas degenerados que formaram a geração modernista. Para ele, o fracasso em questão não deriva, como o de Otelo ou Dom Quixote, de duas forças em luta.[59] Por não possuir "nenhum músculo como nenhum ideal", o herói sequer inicia qualquer empreitada. No final do *Amanuense*, com a dissolução do círculo de amigos do narrador, interrompe-se também o diário. À diferença do Natal cheio de cores e promessas do primeiro capítulo, o que se destaca agora é o cheiro de naftalina do vestido de Emília, como a anunciar o "suicídio" do personagem que ao término de um ano se encolhe na rua Erê, "como dentro de um caramujo". Na língua dos caingangues, a palavra *erê* significa roça, campo, erva, folha. Em sintonia com essa origem indígena, a rua Erê localiza-se no bairro do Prado, que no plano original de Aarão Reis fazia parte do subúrbio de Belo Horizonte. O recolhimento de Belmiro ao arrabalde figura portanto um novo retorno às raízes, ao passado rural, após o desencanto com as seduções do presente.

Diário fechado, vida encerrada. "Esqueceu-me dizer-lhe que a vida parou e nada há mais por escrever" (p. 227). Caberia perguntar: era intensa a vida que parou? Que movimento se interrompeu? É menos vertigem do que tédio o sentimento que provoca no leitor esse "furacão" — ou carnaval — dito com tantos silêncios por um *gauche* equilibrado, que deseja apenas sacramentar a imobilidade. Ao iniciar a escrita do diário, Belmiro já se apresenta como um homem cuja vida havia parado (daí o plano de escrever

[59] Mário de Andrade, "A elegia de abril", *in Aspectos da literatura brasileira*, São Paulo, Martins, 5ª ed., 1974, pp. 190-2.

Balanço de geração: o amanuense de Cyro dos Anjos

sobre os velhos tempos). Mas logo vem a dúvida — "a vida parou/ ou foi o automóvel?" — e a sacudidela arrasta para o cenário urbano o incauto amanuense. Nas últimas páginas, a sensação de paralisia novamente o assalta, desta vez conduzindo-o à decisão contrária de interromper o diário. Ao mesmo tempo, ocorre-lhe a impressão de que entre os dois Natais nem transcorrera todo um "agitado ano". É como se o herói, longe dos acontecimentos, repousasse o tempo inteiro em si mesmo. Predominando em todas as fases, a inércia primeiro impulsiona a escrita, depois se converte em sua matéria (o diário é um "lento suicídio") e ao cabo decreta o seu fim. O romance se fecha como uma concha. A estrutura circular, que também caracteriza *Vidas secas*, parece mimetizar o destino dos fracassados, sugerindo as platitudes de uma história — a brasileira — que, por excesso de conciliação, não avança. Num país periférico, incompleto, marcado por um sem-número de "negativas", é natural que os romances terminem na total esterilidade. Desse destino não escapou nem *Macunaíma*, "com a extraordinária tristeza de suas últimas páginas", conforme escreveu Roberto Schwarz. A volubilidade (ou insuficiência da vontade) transforma a ambição em frustração, e seus objetos em alvos desvirtuados.[60]

"Que faremos, Carolino amigo?" — pergunta o amanuense na última linha do diário. Na indagação final, ressoa não a perplexidade (o problema, o conflito), mas o velho "desaniminho" que Mário de Andrade também chamou de "frouxo conformismo" — o suicídio tantas vezes confirmado. O narrador-personagem não gostaria de fazer coisa alguma. Mesmo abandonando o diário, não quer substituir a literatura pela vida. Prefere a morte lenta das coisas imutáveis, que é o desejo comum a "todo pobre diabo que se preze".[61] Parando de escrever, reintegra-se à rotina burocrática (concha recolhida à concha).

---

[60] Roberto Schwarz, *Um mestre na periferia do capitalismo*, cit., pp. 68 e 204.

[61] Cf. José Paulo Paes, "O pobre diabo no romance brasileiro", *in A aventura literária*, São Paulo, Companhia das Letras, 1990, p. 53.

AUTOCRÍTICA DO *GAUCHE*

As quimeras, entretanto, não morrem. Oito anos depois, nas páginas de *Abdias*, elas reaparecem com nova roupagem, embora sem a mesma intensidade. O diário interrompido de Belmiro ganha continuidade nos cadernos do professor do Colégio das Ursulinas. Antonio Candido viu em *Abdias* uma sombra do *Amanuense*. De acordo com Cyro dos Anjos, o romance de 1945 foi feito com as "sobras" do primeiro, cujo material não havia se esgotado.[62] Com efeito, há semelhanças em todos os planos. Repetem--se a forma, o personagem, a linguagem, o ambiente etc. O mesmo literato frustrado, a mesma rapariga em flor... A única diferença é que o solteirão agora surge casado e com filhos: "A posteridade te deverá esse serviço, avisada Carlota. O moço Abdias ancorou-se em ti, no momento difícil em que as desilusões sociais e os amores frustrados o iam atirando à vida boêmia". O casamento é a "solução" que teria retirado o narrador do brejo, tornando-o um ser útil, capaz de enfrentar a vida. Não se trata, é claro, da visão ingênua e moralista que nos livros de Eduardo Frieiro conduzia o indivíduo mecanicamente da inércia à salvação (ou à ação). Aos personagens rasos de Frieiro, Cyro dos Anjos acrescenta pesados sofrimentos morais, de uma espécie que também não existia no *Amanuense*. Com esse passo adiante surgem, porém, algumas dificuldades estruturais, apontadas por John Gledson.[63] Da escrita como atividade necessária e precária, em *Abdias* sobra apenas o eco. A diluição do *gauchismo* se mantém até o desfecho melancólico: viúvo e sem o amor de Gabriela, o professor termina "desapegado de tudo", sentindo-se "a voz de um mundo que se extingue". Ao mesmo tempo, não se livra do sentimento belmiriano (e cada vez mais pálido) de ter de "fazer ainda alguma coisa".

A espera pachorrenta da morte, que define a rotina burocrática e a escrita dos diários, é algo que continua indefinidamente.

---

[62] *Apud* Afonso Fávero, *op. cit.*, pp. 52 e 149.

[63] Cf. John Gledson, *op. cit.*, p. 218.

Balanço de geração: o amanuense de Cyro dos Anjos

Daí a sensação de emparedamento "em pianíssimo" que se tem à leitura dessa dupla de romances de Cyro dos Anjos: "*O amanuense Belmiro* e *Abdias* fizeram sobre mim o efeito de mundos fechados, rarefeitos, sufocantes, que abandonei com certo alívio", escreveu Bernardo Gersen. Em sua opinião, esses livros de personagens fracassados paradoxalmente teriam representado um "triunfo" para o autor que "deixou para trás um destino limitado e escapou de um mundo estreito".[64]

Ao lançar em 1956 o romance *Montanha*, cedendo às advertências da crítica e ao desejo de ampliação da perspectiva, Cyro dos Anjos surpreende com um autêntico desvio de rota. Esgotada a fala sobre o indivíduo, o autor decide finalmente discorrer sobre o alheio. O narrador "fáustico", mergulhado em sua vida interior, dá lugar ao romancista neutro e objetivo, com influências da moderna novelística norte-americana. A polifonia substitui a melodia. No lugar da palavra monológica, surgem a narrativa na terceira pessoa, o diálogo e o contraponto de vozes. Move-se em inúmeras direções esse vasto painel da vida política brasileira, cujo personagem principal é o ambicioso Pedro Gabriel, um homem virado para o concreto e não para o poético (algo que, segundo ele, convém apenas aos artistas, "que vivem no fictício").

Entretanto, tal como as vozes e os planos narrativos, os defeitos também se acumulam na colagem de *Montanha*. Foram apontadas diversas vezes a falsidade dos personagens, a tendência para o costumbrismo e a caricatura, a ausência de emoção, de conteúdo dramático e de uma visão crítica do poder.[65] Assim como a repetição do intimismo em *Abdias*, a abertura ao coletivo em *Montanha* também teve resultado negativo. Teria mesmo havido a superação do individualismo? As melhores partes do romance de 1956 são as que preservam os motivos do lirismo e da autoanálise, ou seja, o diário de Ana Maria, essa "nietzschiana provocadora",

---

[64] Bernardo Gersen, *op. cit.*

[65] Cf. Sábato Magaldi, *op. cit.*, p. 28, e Fábio Lucas, "Aspectos da ficção mineira pós-45", *op. cit.*, p. 189.

como definiu Drummond na orelha do livro. Se o diário, como dizem, é coisa de mulheres, agora é a própria moça em flor que toma a palavra. Em suas mãos, curiosamente, a pena produz sobressaltos que raramente ocorrem no *Amanuense* ou em *Abdias*. Seu diário é mais "uma forma de participação e insubmissão do que um modo de refúgio do eu", como observou Wander Melo Miranda.[66] Ana Maria não vive apenas de ficção. Comentando o famoso verso *"toda la vida es sueño"*, ela conclui, na última página do romance: "Belo mas inexato. Um frenesi talvez. Nunca um sonho. A vida nada tem de sonho. É uma realidade tremenda, Señor Calderón!".[67]

A vida não é sonho, poderia dizer Carmélia ao solteirão que por ela se apaixona no carnaval. O movimento entre a realidade e o sonho engendra imagens traiçoeiras, desvios, confusões ridículas. É a comédia que Sancho censura em Dom Quixote. No *Amanuense*, a dificuldade de adaptação se revela tanto nas quimeras de Belmiro Borba quanto na "mitomania" de Silviano, esse homem dannunziano, com fumos de nobreza, que "bordeja grandes abismos e procura culminâncias", ao mesmo tempo em que engana a esposa em aventuras de subúrbio, fazendo-se passar por Aristóteles de Estagira. Em ambos os personagens, o ceticismo e a dificuldade de adaptação convivem com a aversão às novidades, o conservadorismo tacanho, o respeito aos bons costumes (que hoje nos soam sobretudo velhos). Reduzir o drama fáustico à loquacidade de um "gordanchudo Dom Juan", amalucado e pernóstico, que o narrador do diário ainda por cima admira ("não conheço criatura mais complexa"), é uma estratégia irônica de Cyro dos Anjos. O que Belmiro exprime de modo esbatido (e seu amigo filósofo com "estilo silviânico") é o bovarismo próprio do intelectual brasileiro decaído e alienado: a mescla de acanhamento provinciano com desenvoltura verbal — rotina e quimera — que em Minas foi nu-

[66] "Reler *Montanha*", *Suplemento Literário de Minas Gerais*, n° 18, out. 1996.

[67] Cyro dos Anjos, *Montanha* (1956), Rio de Janeiro, José Olympio, 2ª ed., 1956, p. 391.

Balanço de geração: o amanuense de Cyro dos Anjos

trida pelo veneno de Anatole e dos poetas simbolistas (os livros de cavalaria da geração modernista de Belo Horizonte).

Na fortuna crítica do *Amanuense*, os elogios se acumulam na mesma medida que a desconfiança em relação à pesquisa monocórdica desse Belmiro desfibrado pela introspecção, "tolhido pelo excesso de vida interior". Para Antonio Candido, o personagem ilustra o destino do intelectual na sociedade brasileira, "que até aqui tem movido uma conspiração geral para belmirizá-lo, para confiná-lo nas esferas em que o seu pensamento, absorto nas donzelas Arabelas, nas Vilas Caraíbas do passado, na autocontemplação, não apresenta virulência alguma [...]".[68] Dando continuidade ao argumento, Luís Bueno considerou o livro não só "a mais aguda representação que o intelectual fez de si mesmo nos anos 30", mas também "o registro íntimo de um momento de definição da história social brasileira", que afinal não distanciaria muito *O amanuense Belmiro* da produção mais engajada da época.[69]

John Gledson identificou no romance uma tensão entre a adoção do ponto de vista do narrador e sua transcendência pelo autor.[70] Cyro dos Anjos compartilha, é claro, o pequeno mundo de seu *alter ego*, mas também se eleva acima dele (daí preferir chamá-lo de *heterônimo*). Cabe ao leitor perceber não apenas o narcisismo de Belmiro, mas também o que Roberto Schwarz, a propósito dos romances machadianos narrados com intenção crítica na primeira pessoa, chamou de "autoexposição involuntária".[71] O mesmo fenômeno ocorre com o *Amanuense*, pois, nas palavras de Schwarz, "o que Belmiro diz é bastante para concretizar-lhe a figura e para prová-lo limitado, para permitir, embora não force, uma leitura que transcenda o seu ponto de vista e o tenha por tema".[72]

---

[68] Antonio Candido, "Estratégia", cit., p. 84.

[69] Luís Bueno, *Uma história do romance de 30*, cit., p. 575.

[70] John Gledson, *op. cit.*, p. 227.

[71] Roberto Schwarz, *op. cit.*, p. 78.

[72] Roberto Schwarz, "Sobre *O amanuense Belmiro*", cit., p. 17.

Eis a principal estratégia do romance e uma das razões de sua complexidade: a ironia que, conduzindo ao significado real, se confunde ao cabo com a própria sinceridade. Personagem recorrente na vida intelectual brasileira (dentro e fora dos romances), Belmiro se torna assim o alvo de uma "ironia de segundo grau". Ao leitor caberia ver, por trás da autoanálise cheia de finuras, a cegueira autocomplacente do narrador-personagem. No lugar da autobiografia direta, desponta assim uma forma enviesada de confissão, que exige leitura desconfiada. A dissimulação não tem por objetivo enganar, mas esclarecer, despertar "interpretações subversivas". As ironias contra o *gauchismo*, visto cada vez mais como quixotismo, se espalham por todo o romance. A exemplo do *gauche*, há várias criaturas vivendo situações grotescas, como o papagaio Tomé — que de agoureiro passa a caduco e sem plumagem, "o dia todo a cochilar, como que alheio a tudo" — e as extravagantes irmãs do narrador-personagem, sobretudo Francisquinha, que em momentos de crise se põe a arranhar as paredes. O próprio amanuense vê semelhanças entre as manias dessa "caricatura dolorosa da razão" e sua inclinação romântica para os devaneios. Outra projeção do *gauchismo* aparece na anedota do "homem do funil". Sem poder alimentar-se pela boca no final da vida, o tabelião Carpóforo manteve o vício da bebida por meio de funil e sonda introduzida no estômago — e "para consolar o paladar", bochechava com o resto de bebida que havia no fundo do copo. Essas "aventuras inadequadas" ecoam o quadro grotesco do homem de colarinho alto e *pince-nez*, embriagado de éter, que desmaia no meio do cordão carnavalesco.

Na composição do retrato ao mesmo tempo trágico e ridículo do *gauche*, também entram os disparates encenados pelos dois cães que aparecem no romance. O primeiro marca o nascimento do diário: é o "cão dos fundos" que de madrugada ladra "sem ódio nem convicção" e que Belmiro se arrepende de ainda não ter eliminado. No fundo do quintal também moram os projetos literários enterrados como "anjinhos sem batismo", sendo fácil comparar o diário do amanuense com esse "latido de advertência" que afinal deixa de irritá-lo: "Reconciliei-me com o cão e com o livro"

(p. 32). O segundo é o vira-lata que no fim do romance aparece em ridícula postura, preso numa lata de lixo — "o focinho para cima, isto é, a lata para cima, na direção das estrelas", batendo-a "em quantos obstáculos encontrava no caminho" (p. 211). Belmiro observa que "não é muito recomendável estar fuçando as coisas", lamenta que nem os animais estejam a cobro do ridículo e termina essa página machadiana com a conclusão de que "qualquer coisa me liga a esse cachorro magro e abandonado" (p. 211). É a contemplação das sombras que impele o *gauche* a proferir seu latido de advertência. É a cegueira que o faz tropeçar em obstáculos. O cão melancólico simboliza a incansável investigação que primeiro provoca o nascimento do diário e finalmente a desistência de fuçar as coisas. O focinho dentro da lata também figura o retorno à concha e a recusa do mundo, que o amanuense não consegue expressar — e menos ainda encobrir.

Para além do emparedamento provinciano, *gauches* como Belmiro e "pobres diabos" como Luís da Silva nos conduzem à consciência de importantes problemas estéticos e históricos, isto é, aos conhecidos impasses do processo de modernização do Brasil e, por conseguinte, do nosso modernismo literário. No entender de Fernando Gil, *Angústia* e *O amanuense Belmiro* pertencem à categoria que ele denomina "romance da urbanização" — uma vertente do romance de 30 que, tendo sido fundada no contexto modernista, coloca sob suspeita os alicerces do modernismo, isto é, as noções de modernidade e de projeto nacional.[73] Com efeito, os romances foram escritos na província por autores que representam a transição da sociedade rural para a urbana, pondo em dúvida as esperanças utópicas concebidas ao longo de um período de febre da cultura modernista. Os autores contrariam radicalmente o otimismo dos intelectuais da época, que lhes parecia ingênuo e fadado ao fracasso. Nesse sentido, poderíamos especular se a criticada ausência de conflitos do *Amanuense* não teria relação com essa recusa das concepções míticas do modernismo, que se mantiveram

---

[73] Cf. Fernando C. Gil, *op. cit.*, p. 14.

mesmo após o abandono do "bárbaro tecnizado", na visão dita "realista" do romance de 30.

Se Mário de Andrade compôs, no final dos anos 20, o epitáfio das visões idílicas do primeiro modernismo, a mesma coisa fizeram em relação ao segundo período modernista Graciliano Ramos e Cyro dos Anjos. Silviano Santiago observou que, por conta da linguagem castiça, *O amanuense Belmiro* parece não reclamar nada das conquistas estilísticas da prosa de Mário e Oswald. Ao estampar na epígrafe fragmentos de Georges Duhamel, que foi um homem de reação às vanguardas e contrário à civilização da máquina (tal como o sobrevivente de Drummond), o autor do *Amanuense* parecia enfatizar sua distância em relação ao modernismo.[74] E por que teria havido, então, ainda que circunscrita a um grupo provinciano, a intenção de fazer a revisão ou o balanço da experiência modernista? Se descontarmos a "escrita castiça", veremos que o romance contém, na verdade, boa parte das conquistas do modernismo de 22: a contenção estilística, o fluxo natural da linguagem, a observação do cotidiano, a crônica dos acontecimentos e, como *Macunaíma*, a mistura de gêneros que também faz do *Amanuense* um livro inclassificável ("romance reticente", na expressão de Alcir Pécora). Nos dois casos, o hibridismo do gênero manifesta, no plano da forma, as irresoluções dos protagonistas. A paralisia de Belmiro, resultante de sua permanente indecisão entre o passado e o presente (o rural e o urbano), ecoa as flutuações do herói de Mário de Andrade.

Macunaíma percorre tempos e espaços sem se fixar em nenhum deles, retornando afinal, na mais profunda melancolia, para o silêncio do Uraricoera, assim como o amanuense se encolhe na rua Erê, "como dentro de um caramujo". A partir de uma posição recolhida — e falando de dentro do modernismo —, ambos emitem seu juízo sobre a história do movimento. Nesse sentido, também não seria exagero comparar o romance de Cyro dos Anjos —

---

[74] Cf. Silviano Santiago, *A vida como literatura: O amanuense Belmiro*, Belo Horizonte, Editora UFMG, 2006, pp. 33-7.

Balanço de geração: o amanuense de Cyro dos Anjos   243

lançado naquele período de desilusão e angústia em que Mário vivenciou seu "lento suicídio" — com a severa revisão crítica do modernismo feita em 1942 pelo autor de *Macunaíma*. Ao buscar a atualização da inteligência artística brasileira, o movimento modernista, segundo a sua avaliação pessimista, se refugiou no "aristocratismo", deu as costas para os interesses da vida contemporânea, caiu no "abstencionismo" e foi, ao cabo, bastante "inatual" — uma "festança em que nos desvirilizamos".[75] No caso do romance de Cyro dos Anjos, a acusação ocorre praticamente nos mesmos termos. Há obras que se impõem como pontos de convergência e tal é o caso desse livro que reúne em si tantas vozes. A oscilação entre as imagens do passado e as solicitações do presente não diz respeito apenas ao lírico amanuense. É um impasse decisivo na formação da sociedade brasileira, que pertence de modo íntimo a todo o modernismo.

[75] Mário de Andrade, "O movimento modernista", in *Aspectos da literatura brasileira*, cit., p. 252.

Considerações finais:
"A verdade está na Rua Erê"

No Brasil, a modernidade parece ter sido ao longo de muitas gerações um alvo não apenas irresistível, mas facilmente assimilável. É como se existisse no país "tupi-barroco-surreal" uma vocação natural — e eterna — para ser moderno, comprovada nos anos 20 pela rápida proliferação do ímpeto vanguardista, com a facílima "rotinização" na década seguinte do modernismo, ainda que em alguns casos, por conta de um desejo mais desconfiado, a velocidade do ataque às velhas formas se tenha mostrado um pouco mais lenta ou reticente. Neste estudo sobre o modernismo em Belo Horizonte, procuramos focalizar impasses, lentidões e paralisias característicos dos escritores que pertenceram ao grupo liderado por Carlos Drummond de Andrade. Mais do que apontar inquietudes de vanguarda na província mineira, o objetivo principal foi conhecer de modo mais amplo o próprio "modernismo" — seus projetos e problemas — em condições periféricas.

Na primeira poesia de Drummond e no romance de estreia de Cyro dos Anjos, vimos quanto é forte e definidora a marca deixada pelo passado rural nas vidas das *personae* representadas. O *amanuense Belmiro* torna ainda mais explícita a intenção, presente desde o poema "Explicação", de *Alguma poesia*, de oferecer não apenas o autorretrato do poeta *gauche*, mas o perfil genérico (e portanto distanciado) do próprio escritor modernista. Nessa pintura tudo entra: a afirmação orgulhosa das contravenções modernistas, a índole romântica do movimento (daí as bravatas e os sentimentalismos), o humor oswaldiano, o telurismo de Manuel Bandeira, o desejo tão típico de Mário de Andrade de falar ao mesmo tempo do país e de si mesmo e, sobretudo, a reiteração da constante flutuação cultural brasileira, aqui realçada pelas cores sombrias de um dramático deslocamento. As ambiguidades e irresoluções do temperamento *gauche* voltam a ser representadas — ou seria melhor dizer denunciadas? — no romance de Cyro dos Anjos. As "teorias" do narrador-protagonista sobre o *gauchismo* mais desviam e mistificam do que iluminam, mas por conta da "ironia de segundo grau" mobilizada pelo escritor (neste ponto é que se verifica, aliás, toda a força da influência machadiana) temos a possibilidade de perceber com clareza as limitações do personagem. Para Drummond e Cyro, o importante era expor a precariedade do individualismo e desaprovar "a conduta (ou falta de conduta) espiritual do autor".[1] Com isso, realizava-se o duplo esforço de encerrar uma etapa pessoal e ao mesmo tempo sintetizar a experiência modernista. Ambos os escritores estariam trabalhando no sentido de mostrar, pela impossibilidade de resistir à "vida presente", a necessidade de resistir e sobreviver ao passado, que no entanto voltaria sempre a repontar.

O personagem *gauche* resiste aos ataques e se manterá vivo para sofrer outras crises (leiam-se as obras dos dois autores na década de 40), que serão novamente expostas ao público, ao lado das autocríticas cada vez mais ferozes. Ironizar o *gauchismo* — visto como precário, insuficiente, cheio de fantasias como o carnaval — não significa exorcizá-lo. No desfecho do *Amanuense*, ele por assim dizer se consagra numa encenação coletiva em que ressurge não o círculo de amigos de Belmiro (reunido na alegre véspera de Natal do capítulo de abertura e dissolvido ao longo do romance), mas a imagem dos próprios companheiros da geração de Cyro dos Anjos, da qual se apresenta agora, em forma de "sonho literário", uma derradeira figuração.

Nesse capítulo intitulado "Mundo, mundo", o narrador sonha com uma longa viagem de trem — que não se trata, é claro, da locomotiva do progresso, celebrada pelos futuristas, mas daquele "trenzinho caipira" que aparece mais de uma vez nas evocações líricas de João Alphonsus. Três passageiros silenciosos colocam-se à volta do amanuense, formando um círculo de poetas.

[1] Carlos Drummond de Andrade, "Autobiografia para uma revista", *in Poesia e prosa*, Rio de Janeiro, Nova Aguilar, 8ª ed., 1992, p. 1.344.

O primeiro disse: sou o poeta irônico.
O segundo disse: sou o poeta místico.
O terceiro disse: sou o poeta sem nome.

Passando-me a mão pelos cabelos, falou o poeta irônico:

> "*Mundo mundo vasto mundo*
> *se eu me chamasse Raimundo*
> *seria um rima, não seria uma solução.*"

Com os olhos postos no céu, braços erguidos, o poeta
[místico indagava:

> "*— Senhor, são os remos ou são as ondas o*
> *que dirige meu barco?*
> *— Eu tenho as mãos cansadas*
> *E o barco voa dentro da noite.*"

E, saltitando, cantarolava o poeta sem nome:

> "*Pirolito que bate, bate,*
> *Pirolito que já bateu,*
> *Quem gosta de mim é ela*
> *Quem gosta dela sou eu...*"

Depois, braços dados, volteando em redor de mim e
acompanhados pelo chefe de trem, que soprava um grande
trombone, cantavam a *una voce*:

> "*Mundo mundo vasto mundo,*
> *Mais vasto é meu coração.*"[2]

Na estrutura teatral em que se narra o sonho de Belmiro, cada
personagem chega com um epíteto e uma fala acompanhada de
rubrica. O primeiro poeta é irônico, mas traz um gesto de confor-

---

[2] Cyro dos Anjos, *O amanuense Belmiro* (1937), Belo Horizonte/Rio de
Janeiro, Garnier, 2001, pp. 226-7.

Considerações finais: "A verdade está na Rua Erê"

to ao narrador. O segundo, erguendo os braços cansados, dissolve--se no misticismo. O terceiro não tem nome, mas não lamenta nem consola — cantarola — e introduz a "plenitude" de que os outros sentem falta. Os poetas representam as faces do lirismo ou suas formas de resistência, como exprime Alfredo Bosi: a crítica, a utopia, a nostalgia etc.[3] Nos dois primeiros casos, escolhendo versos dos poemas de abertura de *Alguma poesia* e *Ingenuidade*, o amanuense declara de modo preciso a quais poetas particulares se refere.

Drummond desconfia das rimas e das soluções, fecha-se aos projetos de participação política, sem deixar de refletir em profundidade sobre os dramas da sociedade brasileira — eis o que representam o anjo torto de *Alguma poesia* e o elefante desengonçado de *A rosa do povo*. Emílio Moura também parece dar as costas ao mundo objetivo, abrindo-se para o infinito, em busca do estado beatífico. Mas a permanente oscilação entre os polos da ingenuidade e da negatividade faz com que a elevação jamais se complete ("e o céu tão alto, e o céu tão alto!"). Para Emílio, o peso da herança simbolista não provocou, como vimos, uma obstrução ou resistência ao modernismo. No vocabulário, na expressão simples e depurada, na presença dos dados locais, na valorização da memória particular e coletiva, em muitos aspectos a poesia de Emílio Moura revela-se intrinsecamente modernista. O substrato de penumbra com o qual ele se enfrentou fez parte, na verdade, da trajetória de todos os modernistas. Se estava presente mesmo entre as vertentes poéticas exibidas na própria Semana de 22, com seu forte ímpeto destruidor, o que dizer dos modernistas que viviam em meios rurais e folclóricos como Minas Gerais e Rio de Janeiro? A esse respeito, Mário de Andrade observou que "é mesmo de assombrar como o Rio mantém, dentro da sua malícia vibrátil de cidade internacional, uma espécie de ruralismo, um caráter parado tradicional muito maiores que São Paulo".[4]

[3] Alfredo Bosi, *O ser e o tempo da poesia*, São Paulo, Cultrix, 1983, p. 144.

[4] Mário de Andrade, "O movimento modernista", *in Aspectos da literatura brasileira*, São Paulo, Martins, 5ª ed., 1974, p. 236.

Sobre a identificação de Cyro dos Anjos com Drummond, não há dúvida: a construção de seu "heterônimo", o multifacetado Belmiro, e as fartas citações de poemas drummondianos ao longo do diário são bastante eloquentes. Já a presença de Emílio Moura, embora menos ostensiva, não deixa de ser igualmente forte. Poderíamos dizer que o amanuense se encontra a meio caminho da ironia e do misticismo, as duas qualidades atribuídas no sonho aos poetas. A semelhança com o místico fica evidente na inclinação para a irrealidade, que se manifesta inclusive no gosto tão simbolista pela música e pelas incorpóreas aparições femininas. No citado poema "Pastor de nuvens", que Emílio dedicou a Cyro dos Anjos, imagens como "cenários de papel" e "vaga arquitetura" remetem a abstrações que pertencem a ambos os escritores. Para além da circunstância de terem criado uma revista modernista, os integrantes do Grupo do Estrela (ao qual, como vimos, Cyro aderiu tardiamente) mantiveram laços muito estreitos, que lhes permitiam o tempo inteiro espelhar-se uns nos outros.

E qual seria nesse círculo a posição de João Alphonsus? No sonho narrado por Belmiro, há ainda um terceiro poeta, que é o mais misterioso. Ele chega sem nome, entoando uma canção de origem popular — uma despretensiosa quadrinha que no final dos anos 30, pelas mãos de João de Barro e Alberto Ribeiro, foi transformada em marcha carnavalesca. Nesse momento se enfatiza a inspiração folclórica que já percebíamos comandar o relato do sonho. Na canção infantil "Terezinha de Jesus" (e o mesmo vale para a paródia de Chico Buarque), o terceiro elemento é o que destoa e ao mesmo tempo o que triunfa — um momento de síntese, equilíbrio ou conciliação, resolvendo o antagonismo que havia entre os polos anteriores. O terceiro poeta, com efeito, é um personagem "humilde" que carrega o realismo que falta aos poetas: a sabedoria de que as coisas são o que são (o que bate, bate; quem ama, ama). Dentre os personagens do *Amanuense*, o poeta sem nome parece ser encarnado em Florêncio, o "homem sem abismos" (em oposição aos altiplanos de Silviano) e portanto sem a vastidão interior que distancia das fontes populares tanto o poeta irônico quanto o poeta místico.

Considerações finais: "A verdade está na Rua Erê"   249

Por buscar a fertilidade do canto socializado, em contraste com a individualização excessiva, o artista anônimo faz pensar em João Alphonsus, com suas incursões pelos arrabaldes e a tentativa de praticar literatura engajada, conforme a linha dominante na década de 30. Dos nossos quatro autores, foi ele o que deu resposta mais rápida e apaixonada à demanda política da época. Mas essa viagem também se mostra incompleta, pois o escritor, ao contrário do carroceiro que se desmancha em cuidados com a galinha cega, não chega ao extremo de viver só para os outros. Sem revelar dissonâncias, sua "humildade" não vai além do apaziguamento proporcionado pela piedade. Compadecer-se é, etimologicamente, padecer junto — mas mantendo-se em posição de superioridade e de modo a encobrir as contradições, sem jamais politizar a miséria. Daí o efeito pouco radical — o lirismo sem abalos — de muitas das histórias de João Alphonsus. Como se viu em *Rola-Moça*, a vida dos favelados é observada à distância por personagens que não transbordam de suas sombras e dos fantasmas que apavoram a pequena burguesia. Mesmo nos melhores contos, os pobres que o escritor de modo tão modernista colocou em cena ainda estão longe de se tornar *personagens*. Voltando ao sonho de Belmiro, talvez seja essa a razão de o terceiro personagem — o poeta sem nome — não ser, como na tradição, o vencedor da brincadeira de roda. Quem vence no final é o poeta irônico, pois todos cantam em coro a estrofe-símbolo do individualismo drummondiano e mineiro: "Mundo mundo vasto mundo/ mais vasto é meu coração".

Embora procure sair de si mesmo, João Alphonsus repete a indecisão do carnaval em que se metem Belmiro e os eus líricos de Emílio Moura e Drummond. A festa que deveria ser popular — conforme lembra a marcha carnavalesca incrustada, com intenção irônica, no meio do capítulo — não passa afinal de um folguedo de elite. Está longe de incluir a diversidade social dos tempos modernos, que entretanto já se fazia presente nos contornos da capital mineira, para além das avenidas iluminadas e vazias. O sentimento de *deriva* que foi tantas vezes confessado pelo autor de *Totônio Pacheco* seria, ao cabo, muito parecido com o *deslocamento* que provoca tantos desvios na experiência do *gauchismo*. Eis o mundo flutuante por onde cada um dos escritores desliza com seu barco desgovernado.

Frustrado o carnaval, sobra o *gauche*, essa *persona* desmembrada em quatro atores no desfecho melancólico do *Amanuense* (além dos três poetas, há o narrador que sonha e a cuja volta todos dançam). Sem desvencilhar-se de suas origens, giram sempre em torno de si mesmos esses *gauches* que se dão os braços no irônico sonho de Belmiro. O sentimento do mundo para o qual convergem esses escritores terá sempre como obstáculo o coração vasto, que se encerra no diário, se contrai entre parênteses, se atrofia na introspecção. "Que faremos, Carolino amigo?", pergunta o diarista em sua última página — e a forma plural do verbo sugere a presença a *una voce* de todos. A imobilidade, conforme notou Roberto Schwarz, é a figura final do *Amanuense*: eis a imagem da geração modernista à qual se dá balanço.

É curioso que o carnaval, ocupando um lugar tão destacado no romance de Cyro dos Anjos, seja ao final "rebaixado" ao acanhamento pueril da canção folclórica e da dança de roda — que nos remetem, eis o ponto, não à sociedade urbana, mas ao repertório de imagens do mundo rural. O sonho de Belmiro reitera a impressão de que sua vida "encolhe-se na rua Erê". Tanto o amanuense quanto o trovador "sobrevivente" do poema de Drummond desejam participar do mundo moderno, mas as "almas" com que comparecem à festa pertencem a outro tempo. É com a matéria dos tempos arcaicos que Drummond constrói muitos de seus poemas modernos. Como observou com argúcia Nuno Ramos, "o segredo dele, como artista, é olhar para trás e para frente ao mesmo tempo, mas sem o cinismo machadiano. Ele é o nosso poeta público, mas ao mesmo tempo o poeta da família; nele o tempo é prospectivo e o mundo moderno é bem-vindo, mas nada anda verdadeiramente para frente e os fantasmas falam, falam, falam o tempo todo".[5]

Esse elo (ou contradição) produzido pelo choque (ou acomodação) de tempos históricos define o grupo de Belo Horizonte,

---

[5] *Apud* Eduardo Jorge, "Nuno Ramos: a literatura, um boneco de piche", *Suplemento Literário de Minas Gerais*, n° 1.326, nov. 2009, p. 5.

Considerações finais: "A verdade está na Rua Erê"

como já se podia ver pela boa síntese de Antonio Candido: a ideia de uma literatura moderna em Minas "feita com o sumo dos clássicos". Mais que o sumo dos clássicos — extremo oposto da "língua sem arcaísmos, sem erudição" defendida por Oswald de Andrade no *Manifesto da Poesia Pau-Brasil* —, o adubo fornecido pelos dados locais, explorados por uma literatura enraizada e até mesmo telúrica, é que terá feito frutificar essa "curiosa modernidade mineira". O que possibilitou a irradiação internacional das vanguardas no início do século XX foi a sua capacidade de interagir profundamente com as diversas circunstâncias históricas. No caso do modernismo de 22, conforme escreveu Iumna Maria Simon, "se a vanguarda brasileira não tivesse chegado à percepção do contexto local e se suas soluções literárias não correspondessem a tal particular, o modernismo dela recairia no vazio de um modernismo retórico, no universalismo abstrato de um futurismo de ultramar".[6] Apesar de sua localização montanhesa, longe da sedução dos navios, a literatura produzida em Minas foi associada desde os tempos de Vila Rica com o mais potente universalismo. Na geração modernista mineira, como lamentou Mário de Andrade, todos pareciam muito "despaisados". O que percebemos, ao contrário, é a insistente *explicação* das raízes, que envolve não apenas a exposição da "cor local" mas também a representação do "sentimento íntimo" envolvido na condição de ser mineiro ou brasileiro.

Na abertura do nosso primeiro livro de poesia moderna, *Pauliceia desvairada*, no mesmo poema cheio de antíteses em que celebra a cidade arlequinal, Mário de Andrade introduz imagens do passado rural e a denúncia de que São Paulo não passaria, afinal, de um "galicismo a berrar nos desertos da América". A linguagem simultaneísta de "Inspiração" parece aludir, no fundo, a essa contemporaneidade, tão marcante no país, entre o presente e o passado. No segundo poema do livro, "O trovador", o eu lírico se define como "um tupi tangendo um alaúde", isto é, primitivo e civilizado. Esse jogo de contrastes é retomado, como vimos, na abertura

---

[6] Iumna Maria Simon, "Considerações sobre a poesia brasileira em fim de século", *Novos Estudos Cebrap*, n° 55, nov. 1999, p. 29.

de *Alguma poesia*, com a inesperada justaposição dos cenários urbano e rural — os *flashes* da capital planejada intercalando-se, daí por diante, aos cromos da "cidadezinha qualquer". Na ficção de João Alphonsus, os dois cenários se misturam na sucessão dos contos e até dentro de um mesmo romance, *Totônio Pacheco*. Em *O amanuense Belmiro*, o presente rouba a cena — a ponto de transformar o projetado livro de memórias num diário tão "atualizado" que hoje nos parece profundamente datado —, mas a conclusão do narrador é pelo recolhimento ao passado, conforme exprime, perto do fim do romance, no capítulo "A verdade está na Rua Erê":

> "Como esta Rua Erê me enternece! Cá estou, de novo, e melhor fora não ter saído. A verdade está na Rua Erê e não no Arpoador. É aqui nesta sala de jantar, onde o relógio de repetição bate horas caraibanas, que encontro um refúgio embora precário."[7]

Apesar de ter mostrado entusiasmo pelo automóvel e pela indústria — a rua 15 e "o progresso de São Paulo" desejando se transformar em um dos símbolos nacionais, tal como vemos na paródia da "Canção do exílio" feita por Oswald de Andrade —, o chamado "futurismo paulista" não se contentou com o mito da modernização econômica. A obsessão com o passado — não só a tradição, mas o atraso brasileiro — persistiu mesmo entre os líderes de 22. É pensar em Macunaíma com sua origem selvagem, representando a cultura do ócio em oposição ao mundo do trabalho, ou nos sofrimentos vividos, nas margens da Pauliceia, por personagens pobres, oriundos do meio rural, que se tornam as vítimas da modernização nos *Contos de Belazarte*. Que se recorde também o poema de Oswald, "Pobre alimária", em que uma carroça fica atravessada nos trilhos do progresso. Na obra de Drummond, a consciência desses obstáculos se torna ainda mais aguda. A alegoria pitoresca do Brasil que encontramos em muitos poemas oswaldianos cede lugar à descoberta de um país dividido e violento

---

[7] Cyro dos Anjos, *op. cit.*, p. 205.

Considerações finais: "A verdade está na Rua Erê"   253

— ao encontro com os problemas que se escondiam por trás dos cromos modernistas. Em relação ao projeto utópico formulado nos anos 20, o poeta mineiro contrapõe uma visão irônica de nossa história — tão cruel quanto a de Machado de Assis.

O Brasil rural, que os escritores das províncias retomaram com força na década de 30, foi uma presença recessiva e apagada na década anterior. Embora tenham sido valorizadas pela estética Pau-Brasil, nesse primeiro modernismo as imagens do país arcaico foram entrevistas de modo sempre distanciado, valorizando-se no mesmo gesto o futurismo e o cosmopolitismo que vinham determinando os rumos do movimento. Não por acaso, a viagem a Minas feita pelos modernistas em 1924 seria vista como o marco inaugural da nova fase em que se impôs o nacionalismo estético. "Encontrei em Minas as cores que adorava em criança", escreveu Tarsila do Amaral no final dos anos 30. Menina criada em fazenda, no interior paulista, a artista via as festas populares e se admirava com as cores que lhe disseram, mais tarde, serem "feias e caipiras".[8] Na paisagem mineira — não só a Minas barroca da época da mineração, que deixou apenas vestígios, mas sobretudo o cenário constituído pela vida predominantemente rural do século XIX, em substituição às lavras e à cultura urbana —, os modernistas de São Paulo encontraram inspiração para a sua redescoberta do país. Minas ficou sendo, portanto, o símbolo desse "retorno à tradição, à simplicidade", que agora os conduzia, depois das viagens ao exterior e da imitação das vanguardas estrangeiras, a uma espécie de excursão para dentro de si mesmos.

Essa *interiorização* do modernismo — dada pela valorização da matéria local — seria aprofundada pelos próprios escritores mineiros. À exceção de João Alphonsus, também eles descartaram o regionalismo (que no entanto tinha forte tradição em Minas, onde seria dentro de pouco tempo retomado e radicalmente transformado pela pena de Guimarães Rosa), mas essa recusa não implicou a exclusão do tema rural. Eis aí uma das principais contri-

---

[8] Cf. Aracy Amaral, *Tarsila: sua obra e seu tempo*, São Paulo, Editora 34/ Edusp, 2003, p. 150.

buições de Minas e dos mineiros para a construção do segundo tempo modernista. Como exprimiu Drummond em "Cota zero" ("Stop./ A vida parou/ ou foi o automóvel?"), estava descartada a possibilidade de se desenvolver ali um "futurismo de província" — um disparate na economia pré-industrial daquele espaço entre montanhas (entre mangueiras). Impunha-se, portanto, a realização, mais condizente com o estágio histórico do país, de uma inquietante, embora em aparência paralisada, espécie de modernismo provinciano.

Na segunda metade da década de 20, o "primitivismo" se impõe como veio central do modernismo brasileiro, desmembrado em diversas linhas: da antropofagia concebida por Oswald e seus companheiros à vertente rural, provinciana ou "telúrica", apresentada pelos modernistas de Minas. Apesar de opostas, as duas correntes propõem a união da linguagem moderna com a matéria arcaica, tematizada de forma lírica e/ou irônica numa espécie de defesa da *ingenuidade* local. Na contramão do universalismo, a poesia de Drummond transforma o que de início parecia um "sequestro" em verdadeira obsessão: as imagens da terra e da família, a memória da "vida besta" de Minas. No romance de Cyro dos Anjos, reajustando-se após o desequilíbrio causado pela tentativa carnavalesca de viver o presente, o protagonista se encolhe na rua Erê, isto é, na roça caraibana. Na obra de João Alphonsus, o arrabalde figurado em contos como "Galinha cega" ainda não é a periferia violenta da cidade moderna: ao contrário, é o espaço nostálgico em que se pode retornar à simplicidade sertaneja. A ingenuidade — que deu título ao livro de estreia de Emílio Moura — deixaria de ser, com o impulso dado por esses modernistas provincianos, uma mera projeção mítica do nacionalismo da década de 20, traduzida no elogio à preguiça e à inocência primitiva, para converter-se em ponto de vista radicalmente contrário à utopia da modernização. É a perspectiva assumida ao mesmo tempo pelo *gauche* Macunaíma e pelos macunaímicos personagens do modernismo mineiro, com seu balanço crítico das limitações do vanguardismo de 22, em especial o "abstencionismo", e sua visão não pitoresca, mas dramática, de um país esfacelado.

Considerações finais: "A verdade está na Rua Erê"　255

Bibliografia

CARLOS DRUMMOND DE ANDRADE

ANDRADE, Carlos Drummond de. *Poesia e prosa*. Rio de Janeiro: Nova Aguilar, 8ª ed., 1992.

_____. *Obra completa*. Rio de Janeiro: Aguilar, 1964.

_____. *O observador no escritório*. Rio de Janeiro: Record, 1985.

_____. *Tempo vida poesia*. Rio de Janeiro: Record, 2ª ed., 1987.

_____. *Farewell*. Rio de Janeiro: Record, 1996.

_____. (org.). *A lição do amigo: cartas de Mário de Andrade a Carlos Drummond de Andrade*. Rio de Janeiro: Record, 2ª ed., 1988.

_____. (org.). *Uma pedra no meio do caminho: biografia de um poema*. Rio de Janeiro: Editora do Autor, 1967.

ALPHONSUS, João. "Crítica literária: *Alguma poesia*", *Estado de Minas*, Belo Horizonte, 11/5/1930.

ANJOS, Cyro dos. "Um poeta, um livro e um ambiente", *Minas Gerais*, Belo Horizonte, 7/5/1930.

_____. "Dois dedos de poesia no agitado quotidiano", *Minas Gerais*, Belo Horizonte, 6/6/1934.

ARRIGUCCI JR., Davi. *Coração partido: uma análise da poesia reflexiva de Drummond*. São Paulo: Cosac Naify, 2002.

BANDEIRA, Manuel. "Carlos Drummond de Andrade", *in Crônicas da província do Brasil*. Rio de Janeiro: Civilização Brasileira, 1937.

BISCHOF, Betina. *Razão da recusa: um estudo da poesia de Carlos Drummond de Andrade*. São Paulo: Nankin Editorial, 2005.

BONVICINO, Régis. "O poema antifuturista de Drummond", *Sibila*. Disponível em: http://www.sibila.com.br/index.php/critica/486-o-poema-antifuturista-de-drummond. Acesso em março de 2010.

BRAYNER, Sônia (org.). *Carlos Drummond de Andrade*. Coleção Fortuna Crítica. Rio de Janeiro: Civilização Brasileira, 2ª ed., 1978.

CAMILO, Vagner. *Drummond: da Rosa do povo à rosa das trevas*. São Paulo: Ateliê Editorial, 2001.

_____. "Uma poética da indecisão: *Brejo das almas*", *Novos Estudos Cebrap*, n° 57, São Paulo, jul. 2000.

CANÇADO, José Maria. *Os sapatos de Orfeu*. São Paulo: Scritta, 1993.

CANDIDO, Antonio. "Inquietudes na poesia de Drummond", *in Vários escritos*. São Paulo: Duas Cidades, 2ª ed., 1977.

CARPEAUX, Otto Maria. "Fragmento sobre Carlos Drummond de Andrade", *in Origens e fins*. Rio de Janeiro: CEB, 1943.

CÉSAR, Guilhermino. "Tempos de *Alguma poesia*", *in Carlos Drummond de Andrade: 50 anos de* Alguma poesia. Belo Horizonte: Conselho Estadual de Cultura de Minas Gerais, 1981.

COELHO, Joaquim-Francisco. *Terra e família na poesia de Carlos Drummond de Andrade*. Belém: Universidade Federal do Pará, 1973.

CORREIA, Marlene de Castro. *Drummond: a magia lúcida*. Rio de Janeiro: Jorge Zahar, 2002.

COSTA, Iná Camargo. "A herança modernista nas mãos do primeiro Drummond", *in* PIZARRO, Ana (org.). *América Latina: palavra, literatura e cultura*, v. III. São Paulo/Campinas: Memorial da América Latina/Unicamp, 1995.

DAMAZIO, Reynaldo. *Drummond revisitado*. São Paulo: Unimarco, 2002.

FRIEIRO, Eduardo. *Letras mineiras*. Belo Horizonte: Os Amigos do Livro, 1937.

GLEDSON, John. *Poesia e poética de Carlos Drummond de Andrade*. São Paulo: Duas Cidades, 1981.

_____. *Influências e impasses: Drummond e alguns contemporâneos*. São Paulo: Companhia das Letras, 2003.

HOLANDA, Sérgio Buarque de. "Rebelião e convenção", *in O espírito e a letra*, v. II. São Paulo: Companhia das Letras, 1996.

LIMA, Luiz Costa. "Carlos Drummond de Andrade: memória e ficção", *in Dispersa demanda*. Rio de Janeiro: Francisco Alves, 1981.

_____. *Lira e antilira*. Rio de Janeiro: Topbooks, 2ª ed., 1995.

LINS, Álvaro. *Os mortos de sobrecasaca*. Rio de Janeiro: Civilização Brasileira, 1963.

MERQUIOR, José Guilherme. *Verso universo em Drummond*. Rio de Janeiro: José Olympio, 2ª ed., 1976.

MORAES NETO, Geneton. *O dossiê Drummond*. São Paulo: Globo, 1994.

MOURA, Emílio. "A lição de uma poesia", *Minas Gerais*, Belo Horizonte, 18/6/1933.

PILATI, Alexandre. *A nação drummondiana: quatro estudos sobre a presença do Brasil na poesia de Carlos Drummond de Andrade*. Rio de Janeiro: 7 Letras, 2009.

Py, Fernando. *Bibliografia comentada de Carlos Drummond de Andrade (1918-1930)*. Rio de Janeiro: José Olympio, 1980.

Sant'anna, Affonso Romano de. *Drummond: o gauche no tempo*. Rio de Janeiro: Record, 4ª ed., 1992.

Santiago, Silviano (org.). *Carlos e Mário: correspondência de Carlos Drummond de Andrade e Mário de Andrade*. Rio de Janeiro: Bem-Te-Vi, 2002.

_____. "O poeta enquanto intelectual", *in Carlos Drummond de Andrade: 50 anos de* Alguma poesia. Belo Horizonte: Conselho Estadual de Cultura de Minas Gerais, 1981.

Secchin, Antonio Carlos. "Drummond: infância e literatura", *in* Chaves, Flávio Loureiro (org.). *Leituras de Drummond*. Caxias do Sul: EDUCS, 2002.

Simon, Iumna Maria. *Drummond: uma poética do risco*. São Paulo: Ática, 1978.

Suplemento Literário de Minas Gerais. "Drummond: 50 anos de poesia" (edição especial), Belo Horizonte, 3/5/1980.

Suplemento Literário de Minas Gerais. "Drummond: 70 anos" (edição especial), Belo Horizonte, 28/10/1972.

Teixeira, Jerônimo. *Drummond cordial*. São Paulo: Nankin Editorial, 2005.

Teles, Gilberto Mendonça. *Drummond: a estilística da repetição*. Rio de Janeiro: José Olympio, 1970.

Villaça, Alcides. *Passos de Drummond*. São Paulo: Cosac Naify, 2006.

Emílio Moura

Moura, Emílio. *Ingenuidade*. Belo Horizonte: Os Amigos do Livro, 1931.

_____. *Poesia*. Rio de Janeiro: José Olympio, 1953.

_____. *Itinerário poético*. Belo Horizonte: Editora UFMG, 2ª ed., 2002.

Andrade, Carlos Drummond de. "O secreto Emílio Moura" (*Confissões de Minas*), *in Poesia e prosa*. Rio de Janeiro: Nova Aguilar, 8ª ed., 1992.

_____. "Palma severa" (*Passeios na ilha*), *in Poesia e prosa*. Rio de Janeiro: Nova Aguilar, 8ª ed., 1992.

Andrade, Mário de. "Emílio Moura: *Ingenuidade*", *Revista Nova*, n° 4, São Paulo, 15/12/1931, pp. 633-4.

Anjos, Cyro dos. "O poeta Emílio", *Suplemento Literário de Minas Gerais*, Belo Horizonte, 13/11/1971.

Faria, Aloysio Jansen de. "Emílio Moura", *in* Azevedo Filho, Leodegário Amarente de (org.). *Poetas do modernismo: antologia crítica*, v. II. Brasília: INL, 1972.

Lucas, Fábio. "O poeta Emílio Moura", *in Poesias de Emílio Moura*. São Paulo: Art Editora, 1991.

Bibliografia   259

MARTINS, Wilson. "20 poetas", *in Pontos de vista*, v. 1. São Paulo: T. A. Queiroz, 1991.

MENDES, Oscar. "Emílio Moura", *in Poetas de Minas*. Belo Horizonte: Imprensa Publicações, 1970.

MENEGALE, Heli. "Emílio Moura e sua ilha deserta", *in Roteiros de poesia*. Belo Horizonte: Itatiaia, 1960.

MILLIET, Sérgio. *Diário crítico*. São Paulo: Martins/Edusp, 2ª ed., 1981.

SECCHIN, Antonio Carlos. "?", *in Poesia e desordem*. Rio de Janeiro: Topbooks, 1996.

SUPLEMENTO LITERÁRIO DE MINAS GERAIS, nº 137 e 138, edições especiais dedicadas a Emílio Moura, Belo Horizonte, 12 e 19/4/1969.

JOÃO ALPHONSUS

ALPHONSUS, João. *Contos e novelas*. Rio de Janeiro/Brasília: Imago/INL, 3ª ed., 1976.

_____. *Totônio Pacheco*. Rio de Janeiro/Brasília: Imago/INL, 3ª ed., 1976.

_____. *Rola-Moça*. Rio de Janeiro/Brasília: Imago/INL, 2ª ed., 1976.

_____. "À deriva", *in* CAVALHEIRO, Edgard. *Testamento de uma geração*. Porto Alegre: Globo, 1944.

_____. "Bernardo Guimarães, romancista regionalista", *in* HOLANDA, Aurélio Buarque de (org.). *O romance brasileiro*. Rio de Janeiro: Edições O Cruzeiro, s.d.

ANDRADE, Carlos Drummond de. "João Alphonsus", *in Passeios na ilha. Poesia e prosa*. Rio de Janeiro: Nova Aguilar, 8ª ed., 1992.

ANDRADE, Mário de. "João Alphonsus: *Galinha cega*", *Revista Nova*, nº 8-10. São Paulo, 15/12/1932, pp. 106-8.

BANDEIRA, Manuel. *Andorinha, andorinha*. Rio de Janeiro: José Olympio, 2ª ed., 1986.

BEDRAN, Sylvia. "Literatura e violência em João Alphonsus", *Suplemento Literário de Minas Gerais*, nº 666, Belo Horizonte, 7/7/1979.

BUENO, Antônio Sérgio. "O campo e a cidade em Totônio Pacheco", *Suplemento Literário de Minas Gerais*, nº 32, Belo Horizonte, dez. 1997.

CANDIDO, Antonio. "Um contista", *Folha da Manhã*, São Paulo, 19/9/1943.

DIAS, Fernando Correia. *João Alphonsus: tempo e modo*. Belo Horizonte: UFMG/ Centro de Estudos Mineiros, 1965.

_____. "O romance urbano em Belo Horizonte", *in Seminário João Alphonsus: da ficção mineira de Bernardo Guimarães aos primeiros modernistas*. Belo Horizonte: Conselho Estadual de Cultura de Minas Gerais, 1981.

ETIENNE FILHO, João. *João Alphonsus*. Coleção Nossos Clássicos. Rio de Janeiro: Agir, 1971.

FRANCO, Afonso Arinos de Melo. "Contos", *in Portulano*. São Paulo: Martins, 1945.

FRIEIRO, Eduardo. "*Rola-Moça*, romance de João Alphonsus", *in Páginas de crítica e outros escritos*. Belo Horizonte: Itatiaia, 1955.

LINHARES, Temístocles. *História crítica do romance brasileiro*, v. 3. Belo Horizonte/São Paulo: Itatiaia/Edusp, 1987.

LISBOA, Henriqueta. "João Alphonsus", *in Convívio poético*. Belo Horizonte: Secretaria da Educação, 1955.

MARTINS, Wilson. "Modernista mineiro", *Suplemento Literário de O Estado de S. Paulo*, n° 486, São Paulo, 16/7/1966.

MILLIET, Sérgio. *Diário crítico*, v. II. São Paulo: Martins/Edusp, 1981.

MENSAGEM, n° 8 e 9, edição especial dedicada a João Alphonsus, Belo Horizonte, 4/4/1944.

SODRÉ, Nelson Werneck. *História da literatura brasileira*. Rio de Janeiro: Graphia, 10ª ed., 2002.

SUPLEMENTO LITERÁRIO DE MINAS GERAIS, n° 33, edição especial dedicada a João Alphonsus, Belo Horizonte, 15/4/1967.

SUPLEMENTO LITERÁRIO DE MINAS GERAIS, n° 789, edição especial dedicada a João Alphonsus, Belo Horizonte, 14/11/1981.

CYRO DOS ANJOS

ANJOS, Cyro dos. *O amanuense Belmiro*. Belo Horizonte/Rio de Janeiro: Garnier, 2001.

_____. *Abdias*. Belo Horizonte/Rio de Janeiro: Garnier, 1994.

_____. *Poemas coronários*. São Paulo: Globo, 2009.

_____. *Montanha*. Rio de Janeiro: José Olympio, 2ª ed., 1956.

_____. *A criação literária*. Rio de Janeiro: MEC, 1956.

_____. *A menina do sobrado*. Belo Horizonte/Rio de Janeiro: Garnier, 1994.

_____. "Cyro aos 70", entrevista ao *Jornal do Brasil*, 5/10/1976.

ANJOS, Rui Veloso Versiani dos. *História da família Versiani*. Belo Horizonte: 1944.

BILENKY, Marlene. *Poética do desvio: a forma do diário em* O amanuense Belmiro *de Cyro dos Anjos*. São Paulo: FFLCH-USP, Tese de Doutoramento, 1992.

Bibliografia   261

CANDIDO, Antonio. "Estratégia", in *Brigada ligeira*. São Paulo: Editora da Unesp, 1992.

_____. "Apostilas ao amanuense", *Folha da Manhã*, 8/10/1944.

FÁVERO, Afonso Henrique. *Prosa lírica de Cyro dos Anjos*. São Paulo: FFLCH-USP, Dissertação de Mestrado, 1991.

FRIEIRO, Eduardo. "*O amanuense Belmiro*, romance de Cyro dos Anjos", in *Páginas de crítica e outros escritos*. Belo Horizonte: Itatiaia, 1955.

GERSEN, Bernardo. "Autoanálise e caráter — I e II", *Suplemento Literário de O Estado de S. Paulo*, 15 e 22/7/1961.

GIL, Fernando. *O romance da urbanização*. Porto Alegre: EDIPUCRS, 1999.

HETTI, Maria Patrícia Cândido. *Razão e paixão de um intelectual: oscilações, indeterminações e influências do pensamento moderno em O amanuense Belmiro de Cyro dos Anjos*. São Paulo: FFLCH-USP, Dissertação de Mestrado, 2005.

IVO, Ledo. "A moça e o prosador", "Satélites", "A nave da vitória", *Suplemento Literário de O Estado de S. Paulo*, 17/11/1956, 1 e 8/12/1956.

LAFETÁ, João Luiz. "À sombra das moças em flor", in PRADO, Antonio Arnoni (org.). *A dimensão da noite*. São Paulo: Duas Cidades/Editora 34, 2004.

MAGALDI, Sábato. *As luzes da ilusão*. São Paulo: Global, 1995.

MILANESI, Vera Márcia Paráboli. *Cyro dos Anjos: memória e história*. São Paulo: Arte & Ciência, 1997.

MILLIET, Sérgio. *Diário crítico*, v. IV. São Paulo: Martins/Edusp, 2ª ed., 1981.

MIRANDA, Wander Melo. "Reler *Montanha*", *Suplemento Literário de Minas Gerais*, nº 18, out. 1996.

MONTEIRO, Adolfo Casais. "Cyro dos Anjos: *O amanuense Belmiro*", in *O romance (teoria e crítica)*. Rio de Janeiro: José Olympio, 1964.

NOBILE, Ana Paulo Franco. *A recepção crítica de O amanuense Belmiro, de Cyro dos Anjos (1937)*. São Paulo: Annablume, 2005.

PÉCORA, Alcir. "Um romance reticente", in ANJOS, Cyro dos. *O amanuense Belmiro*. São Paulo: Globo, 2006.

PORTELLA, Eduardo. "Cyro dos Anjos e a psicologia da forma", in *Dimensões I*. Rio de Janeiro: José Olympio, 1958.

SANTIAGO, Silviano. *A vida como literatura*: O amanuense Belmiro. Belo Horizonte: Editora UFMG, 2006.

SCHWARZ, Roberto. "Sobre *O amanuense Belmiro*", in *O pai de família e outros estudos*. Rio de Janeiro: Paz e Terra, 1978.

STEEN, Edla Van. "Cyro dos Anjos" (entrevista), in *Viver e escrever*, v. 2. Porto Alegre: L&PM.

SUPLEMENTO LITERÁRIO DE MINAS GERAIS, edição especial dedicada a Cyro dos Anjos, Belo Horizonte, 17/12/1966.

VASCONCELOS, Sandra Guardini Teixeira. "Narciso e antinarciso: um estudo das relações entre *O amanuense Belmiro* e *A menina do sobrado*", *Revista do Instituto de Estudos Brasileiros*, n° 24, São Paulo, IEB, 1982.

MODERNISMO MINEIRO

A REVISTA, edição fac-similar. São Paulo: Metal Leve, 1978.

ANDRADE, Luciana Teixeira de. *Representações ambivalentes da cidade moderna: a Belo Horizonte dos modernistas*. Rio de Janeiro: IUPERJ, Tese de Doutoramento, s.d.

ARAÚJO, Laís Corrêa de. "A poesia modernista de Minas", *in* ÁVILA, Affonso (org.). *O modernismo*. São Paulo: Perspectiva, 1975.

ÁVILA, Affonso. "Nas vertentes da Semana de 22: o grupo mineiro de *A Revista*", *Revista de Cultura Vozes*, v. LXVI, n° 1, jan./fev. 1972.

BOMENY, Helena. *Guardiães da razão: modernistas mineiros*. Rio de Janeiro: Editora UFRJ/Tempo Brasileiro, 1994.

BUENO, Antônio Sérgio. *O modernismo em Belo Horizonte: década de 20*. Belo Horizonte: UFMG/PROED, 1982.

CURY, Maria Zilda Ferreira. *Horizontes modernistas: o jovem Drummond e seu grupo em papel jornal*. Belo Horizonte: Autêntica, 1998.

DIAS, Fernando Correia. *O movimento modernista em Minas*. Brasília: Ebrasa, 1971.

MARTINS, Wilson. "Temas modernistas", *in Pontos de crítica*, v. 9. São Paulo: T. A. Queiroz, 1995.

MOURÃO, Rui. "A ficção modernista de Minas", *in* ÁVILA, Affonso (org). *O modernismo*. São Paulo: Perspectiva, 1975.

NAVA, Pedro. *Beira-mar*. Rio de Janeiro: Nova Fronteira, 4ª ed., 1985.

SILVA, Margaret Abdulmassih Wood. A Revista: *contribuição para o estudo do modernismo em Minas Gerais*. São Paulo: FFLCH-USP, Dissertação de Mestrado, 1984.

VERDE, edição fac-similar. São Paulo: Metal Leve, 1978.

WERNECK, Humberto. *O desatino da rapaziada*. São Paulo: Companhia das Letras, 1992.

BIBLIOGRAFIA GERAL

ADORNO, Theodor W. *Teoría estética*. Tradução Fernando Riaza. Madri: Taurus, 1971.

_____. "Lírica e sociedade". Tradução Rubens Rodrigues Torres Filho. *In Benjamin, Adorno, Horkheimer, Habermas*. Coleção Os Pensadores. São Paulo: Abril, 1980.

AGUIAR, Joaquim Alves de. *Espaços da memória: um estudo sobre Pedro Nava.* São Paulo: Edusp, 1998.

AMARAL, Aracy. *Tarsila: sua obra e seu tempo.* São Paulo: Editora 34/Edusp, 3ª ed., 2003.

_____. "Cendrars e a descoberta do Brasil", *Suplemento Literário de Minas Gerais*, nº 130, Belo Horizonte, 22/2/1969.

ANDRADE, Carlos Drummond de (org.). *Brasil, terra e alma: Minas Gerais.* Rio de Janeiro: Editora do Autor, 1967.

ANDRADE, Mário de. *Poesias completas.* São Paulo/Brasília: Martins/INL, 3ª ed., 1972.

_____. *Aspectos da literatura brasileira.* São Paulo: Martins, 5ª ed., 1974.

_____. *Táxi e crônicas no Diário Nacional.* São Paulo: Duas Cidades, 1976.

_____. *Entrevistas e depoimentos.* São Paulo: T. A. Queiroz, 1983.

ANDRADE, Oswald de. *Poesias reunidas.* Rio de Janeiro: Civilização Brasileira, 1972.

ARANTES, Paulo Eduardo. *Sentimento da dialética na experiência intelectual brasileira.* Rio de Janeiro: Paz e Terra, 1992.

ARRIGUCCI JR., Davi. *Humildade, paixão e morte.* São Paulo: Companhia das Letras, 1990.

_____. *Enigma e comentário.* São Paulo: Companhia das Letras, 1987.

_____. *O cacto e as ruínas.* São Paulo: Duas Cidades/Editora 34, 2ª ed., 2000.

ARRUDA, Maria Arminda do Nascimento. *Mitologia da mineiridade: o imaginário mineiro na vida política e cultural do Brasil.* São Paulo: Brasiliense, 1999.

ASSIS, Machado de. *Memorial de Aires.* Rio de Janeiro/Belo Horizonte: Garnier, 1988.

AZEVEDO, Neroaldo Pontes de. *Modernismo e regionalismo: os anos 20 em Pernambuco.* João Pessoa: Secretaria de Educação e Cultura da Paraíba, 1984.

BAKHTIN, Mikhail. *A cultura popular na Idade Média e no Renascimento: o contexto de François Rabelais.* Tradução Yara Frateschi. São Paulo: Hucitec, 4ª ed., 1998.

BALAKIAN, Anna. *O simbolismo.* Tradução José Bonifácio A. Caldas. São Paulo: Perspectiva, 1985.

BANDEIRA, Manuel. *Poesia completa e prosa.* Rio de Janeiro: Nova Aguilar, 4ª ed., 1993.

BELLUZO, Ana Maria de Moraes (org.). *Modernidade: vanguardas artísticas na América Latina.* São Paulo: Memorial da América Latina/Unesp, 1990.

Benjamin, Walter. "Sobre alguns temas em Baudelaire" e "A obra de arte na época de suas técnicas de reprodução", *in Benjamin, Adorno, Horkheimer, Habermas*. Coleção Os Pensadores. São Paulo: Abril, 1980.

_____. "Paris, capital do século XIX", *in* Kothe, Flávio (org. e tradução). *Walter Benjamin*. São Paulo: Ática, 1985.

Bento, Antonio. *Ismael Nery*. São Paulo: Gráficos Brunner, 1973.

Berman, Marshall. *Tudo que é sólido desmancha no ar*. Tradução Carlos Felipe Moisés e Ana Maria L. Ioriatti. São Paulo: Companhia das Letras, 1997.

Bosi, Alfredo. *História concisa da literatura brasileira*. São Paulo: Cultrix, 39ª ed., 1994.

_____. *O ser e o tempo da poesia*. São Paulo: Cultrix, 1983.

_____. *Dialética da colonização*. São Paulo: Companhia das Letras, 2ª ed., 1992.

_____. *Céu, inferno*. São Paulo: Duas Cidades/Editora 34, 2ª ed., 2003.

_____. *Machado de Assis: o enigma do olhar*. São Paulo: Ática, 1999.

_____. *O pré-modernismo*. São Paulo: Cultrix, 1976.

Bosi, Alfredo. "Por um historicismo renovado: reflexo e reflexão na história literária", *Teresa: Revista de Literatura Brasileira*, nº 1, São Paulo: USP/ Editora 34, 2000.

_____. *O conto brasileiro contemporâneo*. São Paulo: Cultrix, 1975.

Brait, Beth. *Ironia em perspectiva polifônica*. Campinas: Unicamp, 1996.

Brayner, Sônia (org.). *Graciliano Ramos*. Coleção Fortuna Crítica. Rio de Janeiro: Civilização Brasileira, 2ª ed., 1978.

Brito, Mário da Silva. *História do modernismo brasileiro*. Rio de Janeiro: Civilização Brasileira, 5ª ed., 1978.

Britto, Paulo Henriques. "Poesia e memória", *in* Pedrosa, Célia (org.). *Mais poesia hoje*. Rio de Janeiro: 7 Letras, 2000.

Bueno, Luís. *Uma história do romance de 30*. São Paulo/Campinas: Edusp/ Unicamp, 2006.

Bürger, Peter. *Teoria da vanguarda*. Tradução Ernesto Sampaio. Lisboa: Vega, 1993.

Campos, Haroldo de. *Morfologia do Macunaíma*. São Paulo: Perspectiva, 1973.

_____. *Metalinguagem & outras metas*. São Paulo: Perspectiva, 4ª ed., 1992.

Campos, Milton. *Testemunhos e ensinamentos*. Rio de Janeiro: José Olympio, 1972.

Camus, Albert. *Le mythe de Sisyphe*. Paris: Gallimard, 1985.

Candido, Antonio. *Formação da literatura brasileira*. Belo Horizonte: Itatiaia, 7ª ed., 1993.

Bibliografia 265

_____. *Literatura e sociedade.* São Paulo: Companhia Editora Nacional, 5ª ed., 1976.

_____. *A educação pela noite e outros ensaios.* São Paulo: Ática, 2ª ed., 1989.

_____. *Ficção e confissão: ensaios sobre Graciliano Ramos.* São Paulo: Editora 34, 1992.

_____. *O discurso e a cidade.* São Paulo: Duas Cidades, 1993.

_____. *Iniciação à literatura brasileira.* São Paulo: Humanitas, 1997.

_____. "Ironia e latência", *in* BERRINI, Beatriz (org.). A ilustre casa de Ramires: *cem anos.* São Paulo: Educ, 2000.

CARPEAUX, Otto Maria. *Pequena bibliografia crítica da literatura brasileira.* Rio de Janeiro: MEC, 2ª ed., 1955.

_____. *História da literatura ocidental*, v. IV. Rio de Janeiro: Alhambra, 3ª ed., 1985.

CASTELLO, José Aderaldo. *José Lins do Rego: modernismo e regionalismo.* São Paulo: Edart, 1961.

COELHO, Nelly Novaes. "Sertanismo e regionalismo: Bernardo Guimarães", *in Seminário João Alphonsus: da ficção mineira de Bernardo Guimarães aos primeiros modernistas.* Belo Horizonte: Conselho Estadual de Cultura de Minas Gerais, 1981.

CROCE, Benedetto. *Breviário de estética/Aesthetica in nuce.* Tradução Rodolfo Ilari Jr. São Paulo: Ática, 1997.

DELUMEAU, Jean. *A confissão e o perdão.* Tradução Paulo Neves. São Paulo: Companhia das Letras, 1991.

DUTRA, Eliana (org.). *BH: horizontes históricos.* Belo Horizonte: C/Arte, 1996.

DUTRA, Waltensir; CUNHA, Fausto. *Biografia crítica das letras mineiras.* Rio de Janeiro: MEC/INL, 1956.

FABRIS, Annateresa. *O futurismo paulista.* São Paulo: Perspectiva/Edusp, 1994.

FACIOLI, Valentim. "O Brasil e o surrealismo (aspectos do campo da produção artística erudita no período de 1920 a 1950)", *Organon*, nº 22, Porto Alegre, Instituto de Letras da UFRGS, 1994.

FAUSTO, Boris. *A revolução de 1930.* São Paulo: Brasiliense, 15ª ed., 1995.

FIGUEIREDO, Priscila. *Em busca do inespecífico: leitura de* Amar, verbo intransitivo *de Mário de Andrade.* São Paulo: Nankin Editorial, 2001.

FREUD, Sigmund. *Obras completas.* Tradução Luis López-Ballesteros y de Torres. Madri: Editorial Biblioteca Nueva, 4ª ed., 1981.

FREYRE, Gilberto. *Casa-grande & senzala.* Rio de Janeiro: Record, 26ª ed., 1989.

FRIEDRICH, Hugo. *Estrutura da lírica moderna.* Tradução Marise M. Curioni. São Paulo: Duas Cidades, 2ª ed., 1991.

FRIEIRO, Eduardo. *O clube dos grafômanos*. Belo Horizonte: Itatiaia, 1981.

_____. *Basileu*. Belo Horizonte: Itatiaia, 1981.

_____. *Páginas de crítica e outros escritos*. Belo Horizonte: Itatiaia, 1955.

FUSCO, Rosário; RESENDE, Enrique; LOPES, Ascânio. *Poemas cronológicos*. Cataguases: Editora Verde, 1928.

GAGNEBIN, Jeanne Marie. *Sete aulas sobre linguagem, memória e história*. Rio de Janeiro: Imago, 1997.

GOLDSTEIN, Norma. *Do penumbrismo ao modernismo*. São Paulo: Ática, 1983.

GOMES, Angela Maria de Castro. *Essa gente do Rio...: modernismo e nacionalismo*. Rio de Janeiro: Fundação Getúlio Vargas, 1999.

GUIDIN, Márcia Lígia. *Armário de vidro: velhice em Machado de Assis*. São Paulo: Nova Alexandria, 2000.

GUIMARAENS, Alphonsus de. *Poesia completa*. Rio de Janeiro: Nova Aguilar, 2001.

HOLANDA, Sérgio Buarque de. *Raízes do Brasil*. Rio de Janeiro: José Olympio, 26ª ed., 1994.

JAMESON, Fredric. *Pós-modernismo: a lógica cultural do capitalismo tardio*. Tradução Maria Elisa Cevasco. São Paulo: Ática, 1996.

JORGE, Eduardo. "Nuno Ramos: a literatura, um boneco de piche", *Suplemento Literário de Minas Gerais*, n° 1.326, nov. 2009.

LAFETÁ, João Luiz. *1930: a crítica e o modernismo*. São Paulo: Duas Cidades/ Editora 34, 2ª ed., 2000.

_____. *Figuração da intimidade: imagens na poesia de Mário de Andrade*. São Paulo: Martins Fontes, 1986.

_____. "A representação do sujeito lírico na *Pauliceia desvairada*", *in* PRADO, Antonio Arnoni (org.). *A dimensão da noite*. São Paulo: Duas Cidades/Editora 34, 2004.

LEITE, Ligia Chiappini Moraes. *Regionalismo e modernismo*. São Paulo: Ática, 1978.

LOPEZ, Telê Porto Ancona. *Mário de Andrade: ramais e caminho*. São Paulo: Duas Cidades, 1972.

_____. *Mariodeandradiando*. São Paulo: Hucitec, 1996.

LÖWY, Michael; SAYRE, Robert. *Revolta e melancolia: o romantismo na contramão da modernidade*. Tradução Guilherme João de Freitas Teixeira. Petrópolis: Vozes, 1995.

LUCAS, Fábio. *Mineiranças*. Belo Horizonte: Oficina de Livros, 1991.

LUKÁCS, Georg. *A teoria do romance*. Tradução José Marcos Mariani de Macedo. São Paulo: Duas Cidades/Editora 34, 2000.

Bibliografia

MACHADO, Aníbal. *João Ternura*. Rio de Janeiro: José Olympio, 5ª ed., 1980.

_____. *A morte da porta-estandarte e outras histórias*. Rio de Janeiro: José Olympio, 4ª ed., 1972.

MATOS, Olgária C. F. *O iluminismo visionário: Benjamin, leitor de Descartes e Kant*. São Paulo: Brasiliense, 1993.

MENDES, Murilo. *Poesia completa e prosa*. Rio de Janeiro: Nova Aguilar, 1994.

_____. *Recordações de Ismael Nery*. São Paulo: Edusp/Giordano, 1996.

MERQUIOR, José Guilherme. "A poesia modernista", *in Razão do poema*. Rio de Janeiro: Topbooks, 2ª ed., 1996.

_____. *O elixir do Apocalipse*. Rio de Janeiro: Nova Fronteira, 1983.

_____. "A estética do modernismo do ponto de vista da história da cultura", *in Formalismo e tradição moderna: o problema da arte na crise da cultura*, parte II. Rio de Janeiro/São Paulo: Forense Universitária/Edusp, 1974.

MICELI, Sergio. *Intelectuais à brasileira*. São Paulo: Companhia das Letras, 2001.

MICHELI, Mario de. *As vanguardas artísticas*. Tradução Pier Luigi Cabra. São Paulo: Martins Fontes, 1991.

MORAES, Marcos Antonio de (org.). *Mário e o pirotécnico aprendiz: cartas de Mário de Andrade e Murilo Rubião*. Belo Horizonte/São Paulo: Editora UFMG/IEB-USP/Giordano, 1995.

MOURA, Murilo Marcondes de. *Murilo Mendes: a poesia como totalidade*. São Paulo: Edusp, 1995.

MUECKE, D. C. *A ironia e o irônico*. Tradução Geraldo Gerson de Souza. São Paulo: Perspectiva, 1995.

OEHLER, Dolf. *Quadros parisienses*. Tradução José Marcos Mariani de Macedo e Samuel Titan Jr. São Paulo: Companhia das Letras, 1997.

OLIVEIRA, Solange Ribeiro de; RENAULT, Affonso Henrique Tamm (orgs.). *Abgar Renault*. Belo Horizonte: Centro de Estudos Literários/Edições Ouvidor, 1996.

PAES, José Paulo. "Um aprendiz de morto", *in Gregos & baianos*. São Paulo: Brasiliense, 1985.

_____. "O pobre diabo no romance brasileiro", *in A aventura literária*. São Paulo: Companhia das Letras, 1990.

PAZ, Octavio. *Signos em rotação*. Tradução Sebastião Uchoa Leite. São Paulo: Perspectiva, 3ª ed., 1996.

_____. *El arco y la lira*. México: Fondo de Cultura Económica, 1998.

PERLOFF, Marjorie. *O momento futurista*. Tradução Sebastião Uchoa Leite. São Paulo: Edusp, 1993.

PRADO JR., Caio. *Formação do Brasil contemporâneo*. São Paulo: Brasiliense, 20ª ed., 1987.

QUEIROZ, Maria Isaura Pereira de. *Carnaval brasileiro: o vivido e o mito*. São Paulo: Brasiliense, 1999.

RABELLO, Ivone Daré. *A caminho do encontro: uma leitura de* Contos novos. São Paulo: Ateliê Editorial, 1999.

RAMOS, Nuno. *Ensaio geral: projetos, roteiros, ensaios, memória*. São Paulo: Globo, 2007.

REBELO, Marques. *O espelho partido 2 (A mudança)*. Rio de Janeiro: Nova Fronteira, 1984.

RESENDE, Enrique. *Pequena história sentimental de Cataguases*. Belo Horizonte: Itatiaia, 1969.

RILKE, Rainer Maria. *Elegias de Duíno*. Tradução Dora Ferreira da Silva. Porto Alegre: Globo, 3ª ed., 1984.

_____. *Cartas a um jovem poeta*. Porto Alegre: Globo, 12ª ed., 1984.

ROSA, Guimarães. "Aí está Minas: a mineiridade", *Suplemento Literário de Minas Gerais*, 29/3/2003.

ROSENFELD, Anatol. *Letras e leituras*. São Paulo: Perspectiva/Edusp, 1994.

_____. "Mário e o cabotinismo", *in Texto/contexto 1*. São Paulo: Perspectiva, 5ª ed., 1996.

_____. "Romantismo e classicismo", *in* GUINSBURG, Jacó (org.). *O romantismo*. São Paulo: Perspectiva, 3ª ed., 1993.

RUBIÃO, Murilo. "O ex-mágico da taberna minhota", *in Contos reunidos*. São Paulo: Ática, 1997.

SANTIAGO, Silviano. "A permanência do discurso da tradição no modernismo", *in Nas malhas da letra*. São Paulo: Companhia das Letras, 1989.

SARTRE, Jean-Paul. *Qu'est-ce que la littérature?* Paris: Gallimard, 1999.

SCHILLER, Friedrich. *Poesia ingênua e sentimental*. Tradução Márcio Suzuki. São Paulo: Iluminuras, 1991.

SCHWARTZ, Jorge. *Vanguardas latino-americanas*. São Paulo: Edusp/Iluminuras/Fapesp, 1995.

SCHWARZ, Roberto. *Ao vencedor as batatas*. São Paulo: Duas Cidades/Editora 34, 2000.

_____. *Um mestre na periferia do capitalismo*. São Paulo: Duas Cidades/Editora 34, 4ª ed., 2000.

_____. *Que horas são?* São Paulo: Companhia das Letras, 1987.

SCLIAR, Moacyr. *Saturno nos trópicos: a melancolia europeia chega ao Brasil*. São Paulo: Companhia das Letras, 2003.

V SEMINÁRIO DE ESTUDOS MINEIROS: A República Velha em Minas. Belo Horizonte: Editora UFMG/PROED, 1982.

VI SEMINÁRIO DE ESTUDOS MINEIROS: A Revolução de 1930. Belo Horizonte: Editora UFMG/PROED, 1987.

Bibliografia

SIMON, Iumna Maria. "Considerações sobre a poesia brasileira em fim de século", *Novos Estudos Cebrap*, n° 55, nov. 1999.

_____. "As vanguardas poéticas no contexto brasileiro (1954-1969)", *in* PIZARRO, Ana (org.). *América Latina: palavra, literatura e cultura*, v. III. São Paulo/Campinas: Memorial da América Latina/Unicamp, 1995.

SOUZA, Eneida Maria (org.). *Mário de Andrade: carta aos mineiros*. Belo Horizonte: Editora da UFMG, 1997.

_____. (org.). *Modernidades tardias*. Belo Horizonte: Editora UFMG, 1978.

SOUZA, Gilda de Mello e. "Vanguarda e nacionalismo na década de 20", *in Exercícios de leitura*. São Paulo: Duas Cidades/Editora 34, 2ª ed., 2009.

_____. *O tupi e o alaúde: uma interpretação de* Macunaíma. São Paulo: Duas Cidades/Editora 34, 2ª ed., 2003.

STAROBINSKI, Jean. *Jean-Jacques Rousseau: a transparência e o obstáculo*. Tradução Maria Lúcia Machado. São Paulo: Companhia das Letras, 1991.

SUBIRATS, Eduardo. *A flor e o cristal*. Tradução Eduardo Brandão. São Paulo: Nobel, 1988.

_____. *Da vanguarda ao pós-moderno*. Tradução Luiz Carlos Daher, Adélia Bezerra de Menezes e Beatriz A. Canabrava. São Paulo: Nobel, 4ª ed., 1991.

_____. *Vanguarda, mídia, metrópoles*. Tradução Nilson Moulin. São Paulo: Nobel, 1993.

TELES, Gilberto Mendonça. *Vanguarda europeia e modernismo brasileiro*. Petrópolis: Vozes, 7ª ed., 1983.

VALÉRY, Paul. *Variété I et II*. Paris: Gallimard, 1998.

VEYNE, Paul. *A elegia erótica romana*. Tradução Milton Meira do Nascimento e Maria das Graças de Souza Nascimento. São Paulo: Brasiliense, 1985.

WATT, Ian. *A ascensão do romance*. Tradução Hildegard Feist. São Paulo: Companhia das Letras, 1990.

_____. *Mitos do individualismo moderno*. Tradução Mario Pontes. Rio de Janeiro: Jorge Zahar, 1997.

Sobre o autor

Ivan Marques nasceu em Montes Claros, MG, e vive em São Paulo há 22 anos. É professor de Literatura Brasileira na Faculdade de Filosofia, Letras e Ciências Humanas da Universidade de São Paulo (FFLCH-USP). Como pesquisador, tem se dedicado ao estudo da produção literária e intelectual do período modernista, com ênfase nas obras de Mário de Andrade e Carlos Drummond de Andrade. Outro objeto de interesse é a poesia brasileira contemporânea, sobre a qual vem publicando, há mais de dez anos, artigos e resenhas em livros, jornais e revistas.

Organizou o livro *Melhores poemas de Augusto Frederico Schmidt* (Editora Global, 2010). Também foi o organizador do volume *O espelho e outros contos machadianos* (2008) e das antologias de contos *Histórias do Romantismo* (2007), *Histórias do Realismo* (2007), *Histórias do Pré-Modernismo* (2008) e *Histórias do Modernismo* (2009), que saíram pela Editora Scipione. Como jornalista, foi diretor do programa literário *Entrelinhas* e editor-chefe do programa *Metrópolis*, ambos da TV Cultura de São Paulo. Na mesma emissora, realizou documentários sobre literatura, como *Versos diversos: a poesia de hoje*, *Orides: a um passo do pássaro* e *Assaré: o sertão da poesia*.

ESTE LIVRO FOI COMPOSTO EM SABON PELA
BRACHER & MALTA, COM CTP DA FORMA
CERTA E IMPRESSÃO DA BARTIRA GRÁFICA E
EDITORA EM PAPEL PÓLEN SOFT 80 G/M² DA
CIA. SUZANO DE PAPEL E CELULOSE PARA A
EDITORA 34, EM MARÇO DE 2011.